王靜芝先生七十壽慶論文集

臺靜農敬署

文學之部

柳毅傳書故事之考察

王夢鷗

太平廣記卷四百十九，載有「柳毅」一篇，篇末注云「出異聞集」。異聞集，據新唐書藝文志著錄爲唐末人陳翰撰。陳翰生世約在唐宣宗大中至僖宗乾符年代，其收載柳毅故事，則此故事當早出於大中年代以前。更以異聞集撰成年代相近之裴鉶傳奇稽之，傳奇中有「蕭曠」一篇（輯於太平廣記卷三一一），言蕭曠遇見洛浦龍女，曾問及「近日人世或傳柳毅靈姻之事」云云，按其旣稱爲「近日人世或傳」，則柳毅故事當非古已有之，可自明也。唯玆事於唐末流傳頗廣：太平廣記卷四九二輯有「靈應傳」一卷，因其不題出處，疑爲唐末單篇流傳之文。靈應傳言涇州「善女湫」女神九娘子，爲鄰右之湫神侵迫，求救於周寶，並自陳身世曰：「頃者涇陽君與洞庭外祖世爲姻戚，後以琴瑟不調，棄擲少婦，遭錢塘之一怒，涇水窮鱗，尋斃於外祖之牙齒。今涇上車輪馬跡猶在，史傳具存，固非謬也。」，觀此直以柳毅篇爲現存之「史傳」，則其見重於當時，亦甚顯矣。周寶（新唐書一八六有傳）與高駢同時，而卒於僖宗光啓三年（通鑑唐紀七三），則靈應傳所播述者抑當在後。孫光憲北夢瑣言（見太平廣記四二四轉載）記彭州「濛陽湫」龍與「慈母池」龍爲婚姻，且謂「柳毅洞庭之事，與此相符」云云。孫光憲卒於北宋初年，可見柳毅故事之流傳，於唐末五代間已獲讀者之共信，寖假而見有典據地位。無怪乎後代詩人或獵取以爲艷詞，說書者並採以爲佳話，如綠窗新話卷上，醉翁談錄辛集，共取並載，厠於宋人話本之列；自餘其見播於管弦，演爲戲曲者，如元尚仲賢之「柳毅傳書」，明黃說仲之「龍簫記」，清李漁之「蜃中樓」等雜劇傳奇，又可稱爲世代傳襲，一似覼摩不厭者。昔胡應麟筆叢嘗謂「唐人傳奇小說如柳毅、陶峴、紅線、虬髯客，諸篇，撰述濃至，有范曄李延壽之所不及。」以玆篇與陶峴、紅線、虬髯客爲等夷，尚可稱爲擬得其倫；然以「撰史」之事與「傳奇」之文相提並論，則近乎妄評。稽其讚美玆篇佳處，乃在於「撰述濃至」四字。然細按全文，所謂濃至者，似指傳世之龍女報恩故事，未有敷衍至如此冗長者。僅爲「傳遞家書」一細事，既不惜酬之以重寶，而且至於相許以終身。誇張過實，翻成俗套。蓋作者雜採舊聞，貪多務得，但顧劇談，都忘理趣。例如增入錢塘一龍，徒使洞庭君失其活力，形同虛設；而敍錢塘龍之剛愎暴躁於前，忽又謙抑溫恭於後，無論其爲人性或龍性之描述，皆顯矯揉不直。至於柳毅見義勇爲，誠信可嘉；然於龍宮受贈，既不辭逾分之報酬，且謂宮人咸以珠璧「投於毅側，重疊煥赫。須臾，埋沒前後」，而毅則「笑語四顧，愧揖不暇。」倘以此爲濃至之撰述，則柳毅何異於江湖賣藝者之揖謝觀衆投錢之狀？用此構造一「信士」或「義士」形象，不特其人品不高，卽作者之想像力亦進於庸俗。然玆篇之流傳，夙與其他名篇偉構相當，寧非異數乎？

茲爲分析其雜採舊聞之來源，先就本文包括之重大情節分爲三部分：第一爲柳毅下第還鄉，途遇洞庭君小女爲夫家虐待，託柳毅傳書父母，因授以進入水府之秘法，柳毅果獲完成任務大受報酬。第二敍錢塘龍爲洞庭小女復仇，並欲爲柳毅撮合婚事。第三敍小女爲報恩，終嫁與柳毅，因而夫婦俱登仙界。

雖然龍之傳說，早見於吾國先秦載籍，但其始似猶視同畜類，稍後乃有潛龍飛龍之說，而此畜類乃漸近於神化。史記晉世家載「介子推不言祿」事，特有介子推從者懸書晉文公宮門曰：「龍欲上天，五蛇爲輔。龍以升雲，四蛇各入其宇；一蛇獨怨，終不見處所。」之紀述。然此一紀事，並見於僖公二十五年左傳，左傳本無「龍升」「蛇輔」等語，因疑史記乃兼採其他傳記而爲說；抑且此說當出於左傳成書之後（蓋左氏浮誇，倘早有是說，必先大書特書矣）。因而龍之爲鱗蟲之長，可用此隱喻人類中領袖人物者，並非亙古卽有之觀念。自漢以下，其物稀見而傳說獨存，故王充猶著「龍虛」之篇（見論衡卷六），以斥其妄。然其書晚至漢末始爲學者所重視，而中國龍之傳說不特未受影響，浸假域外之龍傳說，因佛書之翻譯亦流播於中土矣。如柳毅故事所言龍女遇救以及報恩之行爲，雖潤色以種種人情之描述，但按其大意，似有取於法苑珠林卷一〇九轉載之「僧祇律」，（其文並轉載於太平廣記卷四二〇）略云：

佛住舍衞國，南方有邑名大林。時有商人驅八牛到北方俱名國。有一商人在澤中牧牛，時有離車捕龍食之。捕得一龍，離車穿鼻牽行，商人見之，卽起慈心，問離車言：汝牽此龍，欲作何用？答言：我欲殺而為噉。商人言：勿殺，我與汝一牛貿取。捕者不肯，乃至八牛。商人卽放龍令去；旣而復慮離車追逐，復捕取放池中。龍忽變為人，語商人曰：君施我命，今欲報恩，可共入宮。商人答言：龍性率暴，瞋恚無常，或能殺我。答云：不爾！前人繫我，我力能殺彼人，但以我受菩薩法，都無殺心，何況今施我壽命，顧當加害？……商人復入宮內……見龍宮中，寶物莊嚴飾宮殿，卽問：汝有如是莊嚴，因受菩薩法何為？……答言：人道中生，為畜生苦不知法，故欲就如來出家。龍女卽與八餅金，言此金足汝父母眷屬終身用之不盡。……

此文，太平廣記以之編次於柳毅篇後，或亦有見於二者情節之近似也，唯所據法苑珠林轉載此譯文，語句窘質，僅能述其梗概而已。唐人本乎此意而潤飾之者：柳毅傳之外，見於太平廣記卷四二一，復有劉貫詞一篇，言劉貫詞求丐於蘇州，遇龍子託賫家書，獲贈寶椀，其機杼似兼取俱名國之大意而又與洛陽伽藍記所載洛子淵故事（見太平廣記卷二九二）相若。其言賫書進入水府方法，雖語焉未詳，實則其構想並爲六朝志怪之舊套，例如：

搜神記卷四胡母班篇（並見太平廣記卷二九三）云：胡母班者，曾至泰山之側，忽於樹間逢一絳衣騶，呼班曰：泰山府君召……遂隨行數十步，騶請班暫瞑，少頃，便見宮室。班乃入閤拜謁，王為設食，語班曰：欲見君無他，欲附書與女壻身……女為河伯婦。班曰：輒當奉書，不知何緣得達？答曰：今適河中流，便叩舟呼青衣，當自有取書者。班乃辭出……遂西行，如神言而呼青衣，須臾，果有一女僕出，取書而沒。少頃復出云：河伯欲暫見君。婢亦請瞑目，遂拜謁河伯……。

今本搜神記流傳經過，雖多疑點，然此怪談，至少於兩晉時卽頗流行，故劉宋時代，沈懷遠撰「南越志」猶得衍其說，如太平廣記卷二九一觀亭江神篇云：

南越志云：秦時……中宿縣民至洛，及路，見一行旅，寄其書曰：吾家在觀亭廟前，石間懸藤卽是也。但扣藤，自有應者。乃歸，如言，果有二人從水中出，取書而沒。尋還云：河伯欲見君。此人不覺隨去，覩屋宇精嚴……。

沈懷遠著書，見於宋書沈懷文傳，觀其所敍進入水府方法較搜神記爲詳，從扣舟而扣樹，而至扣藤樹，稽其爲說，與柳毅篇之扣橘樹，殆出一轍；但踵事增華，益爲「濃至」。按此數事，皆以洛水與河伯爲言，是否因其說出於中原，玆不置論；至於龍女賷書求救於父母之情節，其於唐代，與廣異記之三衛篇則尤爲近似，摘錄如下：

太平廣記卷三百，三衛篇云：開元初，有三衛自京還青州。至華嶽廟前，見青衣婢，衣服故惡，來白云：娘子欲見。因引前行，遇見一婦人，年十六七，容色憔悴，曰：已非人，華嶽第三新婦。夫壻極惡，家在北海，三年無書信，以此，尤為嶽子所薄，為嶽子所薄。聞君遠還，欲以尺書仰累，若能為達，家君當有厚報。遂以書付之。其人亦信士也，問北海當於何所送之？婦人云：海池上第二樹，但扣之，當有應者。言訖訣去。及至北海，如言扣樹畢，忽見朱門在樹下，有人從門中受事，人以書付之。入頃之，出云：大王請客入。隨行百餘步，後入一門，有朱衣人長丈餘，左右侍女數千百人。坐畢乃曰：三年不得女書。讀書大怒曰：奴輩敢爾！乃傳敎，召左右虞候——須臾而至，皆長丈餘，巨頭大鼻，狀貌可惡，令召兵五萬，至十五日西伐華山，無令不勝。二人受敎走出，乃謂三衞曰：無以上報。命左右取絹二疋贈使者。三衞不悅。心怨二疋之少也。持別，朱衣人曰：兩絹得二萬貫，方可賣，愼勿賤與人也。三衞既出，欲驗其事，復往華陰。至十五日，旣暮，遙見東方黑氣如蓋，稍稍西行，雷震雷掣，聲聞百里。須臾，華山大風折樹，自西吹雲，雲勢益壯，直至華山。雷火噴薄，遍山凋赤，久之方罷。及明，山色焦黑。三衞乃入京賣絹……得錢，東還青土，行至華險，復見前時青衣云：娘子故來謝恩……（出廣異記）

以上敍事雖欠濃至，然大意與柳毅篇第一部分略無不同。北海大王，不必明書爲龍，但觀其虞候皆巨頭大鼻，身長丈餘，已足暗示其爲何物矣。抑且三衞入水，僅隨行百餘步即入門見及大王，似無意誇張水府之寬廣，較之柳毅始至水府所見「臺閣相向，門戶千萬，奇草珍木，無所不有」之狀況，遜色頗多。然柳毅篇言及洞庭君以龍女來書傳達於後宮，「須臾，宮中皆慟哭，君驚，謂左右曰：疾告宮中，無使有聲」云云，倘非慟哭之聲無遠弗屆，則龍宮之狹隘，亦可於言外見之。是以知柳毅篇雖極意鋪張，而水府狹隘之原狀，實與三衞篇所述者相同。縱使二者於構想間無互相承襲之關係，亦疑其本於同一傳說而各爲繁簡不同之演述。其繁演之者，洞庭君既同於北海王，唯增入錢塘之龍，而錢塘龍之龍性，蓋亦從俱名國故事中「龍性率暴，瞋恚無常」二語作示例之描述，猶如劉貫詞篇言：龍母對客不失常禮，然時復「眼亦，口角流涎，瞪視其客」之狀，皆在「瞋恚無常」性上着墨也。唯柳毅篇演述範圍既已擴充，而北海王之復仇亦改由錢塘龍替代之，「涇陽小兒」遂爲錢塘所食，然事有可疑者，據靈應傳之複述，「涇水窮鱗，斃於外祖之牙齒」，外祖既非錢塘，豈其所見情節早有出入乎？

人與非人互婚之傳說，自昔有之，且其所爲互婚者，種類頗多。至於龍女之幻作人形以偶世人，則似出自佛書。佛書中人龍雜糅，故婚配事似平常，如大唐西域記卷三所載「龍池」故事，釋種與龍女爲婚，雖後果不甚美滿，然龍族許婚之意，則與柳毅篇之情節相通，其中特以施恩不望報之「義行」觀念作梗，乃使婚事暫受波折，因而演爲第三部分情節，亦即「再度姻緣」。再度姻緣以情感言之，有如玉簫之再世（事見雲溪友議中卷玉簫記及太平廣記卷二七四）；其奇譎處，則又似韋固之遲婚（見續玄怪錄及太平廣記卷一五九）。至於篇末言「毅之表弟薛嘏，謫官東南，過洞庭」於碧波間見柳毅，其事頗與沈亞之所撰「湘中怨解」之結局相似（見沈下賢文集卷三太平廣記卷二九八），一爲洞庭龍宮之女，一爲湘中蛟宮之娣；一爲柳毅，一爲鄭生；一爲柳毅之表弟京畿令，一則爲鄭生之長兄岳州刺史，二者機杼相當，皆不離於水域。唯至唐末，裴鉶撰寫雲英故事（見太平廣記卷五十裴航條）仿此而敍裴航婚後登仙，與之相遇者則易「表弟薛嘏」而爲「故人盧顥」，然而彼此之用以結篇者正復相同。

凡此互見之迹緒，其間關係如何，如有可言，不得不先較量諸篇文章行世之先後。蓋唯先行後效，而後者踵前，故可從其時代按見其大凡。間如法苑珠林所錄僧祇律之文以及搜神記、洛陽伽藍記，皆屬唐代以前舊籍，可以毋論；卽如大唐西域記所載異域之舊聞，亦當遠在唐代以前。至於同爲唐人著述，如廣異記之成書，不得晚於貞元初年（以顧況序文推之，廣異記作者蓋已卒於是時）。沈亞之卒年約在唐文宗大和之末，而湘中怨解自序謂作於元和十三年。二者時代相去四、五十年；至於雲溪友議及續玄怪錄之成書，益當在後。今若比對柳毅篇之寫作年代，宜厠於廣異記與湘中怨解之間。何以明之？蓋柳毅篇雖自述其事發生於唐高宗「儀鳳中」（相當西紀六七六—六七八），然其敍至薛嘏晤見柳毅，則在唐玄宗「開元末」（七四一）。其時，柳毅贈薛嘏仙藥五十丸，並告之曰：「此藥一丸，可增一歲，歲滿復來。」然則更增五十年，薛嘏可以再晤柳毅矣，惟撰者僅稱「嘏常以是事告於人世，殆四紀，嘏亦不知所在。」意者，薛嘏無須五十年，卽已不居人世。倘從開元末增四十餘年，已是唐德宗貞元之世。按其所記之年如此，則柳毅篇之完成，當在廣異記三衞篇後。據顧況序文，廣異記原書二十卷，都十餘萬言；今能見其輯存於太平廣記中者猶有三百餘篇。雖敍事稍見粗略，然所記怪力亂神而晚唐人勦取以敷衍成文者，於原化記及續玄怪錄中猶數見之。劉公嘉話錄云（引見太平廣記卷二五一劉禹錫條）劉禹錫嘗舉「昔有一話」以答高寓，述虎報恩而人不堪其擾之笑話，而此「話」實卽揑合廣異記之張魚舟（見太廣記卷四二九）及虎恤人（見同書卷四三二）二篇而爲之。可知廣異記之於當時，既爲士林所傳誦，亦爲稗官取材之淵藪，而李朝威所受之影響，殆亦此類也。

至於李朝威，其姓名僅見於此，生卒事迹向爲後世讀者所未詳。今檢柳毅篇末自紀「隴西李朝威」五字，亦僅能知其原籍「隴西」而非「趙郡」。然李淵興唐，以隴西爲祖籍，故其支屬，新唐書另闢宗室世系表上下卷以統之。其中支庶既多，瓜瓞綿遠，後代子孫雖系出宗室，而自稱或被稱，往往亦但書「隴西李某」，如李翱之撰侯高墓誌，自稱「隴西李翺」（見李文公集卷十四）卽屬此例。然則柳毅篇末自稱「隴西李朝威」者，豈亦出於宗室中人乎？今檢宗室表上，渤海王房之六世孫有李朝晟、朝式、朝威、朝良等一輩十餘人，並皆沉迹下僚或竟無仕履可書；同表，略有可考者唯其近屬姪輩中李戡一人，新唐書卷七八嘗附敍之於宗室傳，云：

> 戡字定臣，幼孤，年十歲卽好學，夜無燃膏，默念所記。年二十明六經，舉進士，就禮部試，吏唱名乃入，戡耻之，遲返江東，隱陽羨里……凡論著數百篇。常惡元和有元白詩，多纖艷不逞，乃集詩人之類夫古者，斷為唐詩，以譏正其失云。平盧節度使王彥威表為巡官，府遷，還洛陽，卒。

按此文實據杜牧所作「唐故平盧節度巡官隴西李府君墓誌」（見樊川集卷九）而節略之。李戡出於唐宗室之後，而杜牧稱之爲「隴西李」，正猶李朝威自稱隴西李也。且二人同出渤海王房，疑亦同爲末及第進士，以隱淪終其一生。然李戡平生論著數百篇，竟無一字流傳於後世，而李朝威獨以柳毅一篇留名千載，亦可謂厚幸矣。其實柳毅篇於唐人諸小說中並非上乘之作：所採情節既乏獨創之安排，而敍筆又多生澀，倘非歷代傳抄，時有譌訛，則其難解語句，當屬强作苟簡之文所致。其尤重要者如篇末，仿司馬遷撰列傳之例作評曰：「五蟲之長，必以靈者，別斯見矣；人，裸也，移信鱗蟲；洞庭含納大直，錢塘迅疾磊落，宜有承焉；嘏詠而不載，獨可鄰其境；愚義之，爲斯文。」其中「嘏詠而不載」五字，倘其中無一訛字，則反顧全篇，殊難索解。蓋詠者歌吟之謂也，豈薛嘏當時嘗向人歌咏柳毅之奇遇，但不載之於楮墨乎？若然者，則尤近似沈亞之之解湘中怨，因其先有韋敖之樂府而後始製爲斯文也。抑又可疑者，清人蒲松齡嘗依柳毅篇撰寫「織成」故事（見聊齋誌異卷十一），其篇末引述云：

相傳唐柳毅遇龍女，洞庭君以為壻。後遜位於毅，又以毅貌文，不能懾服水怪，付以鬼面，朝戴夜除，久之漸習忘除，遂與面合為一。毅覽鏡自慚，故行人泛湖，或以手指物，則疑為指己也；以手覆額，則疑其窺己也；風波輒起，舟多覆。故初登舟，舟人必以此告戒之；不則設牲牢祭享，乃得渡。許真君偶至湖，浪阻不得行。真君怒，執毅付郡獄。獄吏檢囚，恆多一人，莫測其故。一夕，毅示夢郡伯，哀求拔救，伯以幽明異路，謝辭之。毅云：真君於其日臨境，但為求懇，必合有濟。既而真君果至，因代求之，遂得釋，嗣後湖禁稍平。

按此記述，雖非李朝威手筆，然可據以知柳毅篇之流傳實曾經後人增删者不一；如太平廣所錄之末段「李朝威敍而歎曰」以下文字，自曾慥類說、綠窗新話、醉翁談錄等書，皆從删略之本；而蒲松齡所見者，則疑其又出於道士所傳之增續本，故柳毅成仙之後，仍不免爲許眞君（道教十二眞君之一）所困，使道術遠在靈蟲之上，則顯非原作者擬意之所在矣。

玆爲取便於參考，特據太平廣記輯入者略爲校勘，附錄於後。

唐㈠儀鳳中，有儒生柳毅者，應舉下第，將還湘濱。念鄉人有客於涇陽者，遂往告別，至六七里，鳥走馬驚，疾逸道左。又六七里乃止。見有婦人，牧羊於道畔。毅怪視之，乃殊色也。然而蛾臉㈡不舒，巾袖無光，凝聽翔立，若有所伺。毅詰之曰：『子何苦而自辱如是？』婦始楚㈢而謝，終泣而對曰：『賤妾不幸，今日見辱㈣於長者。——然而恨貫肌骨，亦何能愧避，幸一聞焉。妾洞庭龍君小女也，父母配嫁涇川次子。而夫壻樂逸，爲婢僕所惑，日以厭薄。既而將訴於舅姑，舅姑愛其子，不能禦。迨訴頻切。又得罪舅姑。舅姑毀黜以至此。』言訖，歔欷流涕，悲不自勝。又曰：『洞庭於玆，相遠不如其幾多也。長天茫茫，信耗莫通，心目斷盡，無所知哀。聞君將還吳，密邇洞庭，或以尺書寄託侍者，未卜將以爲可乎？』毅曰：『吾義夫也。聞子之說，氣血俱動，恨無毛羽，不能奮飛，是何可否之謂乎？然而洞庭，深水也。吾行塵間，寧可致意耶？唯恐道途顯晦，不相通達，致負誠託，又乖懇願。子有何術，可導我邪？』女悲泣且謝曰：『負載㈤珍重，不復言矣，脫獲回耗，雖死必謝。君不許，何敢言；既許而問，則洞庭之與京邑，不足爲異也』。毅請聞之。女曰：『洞庭之陰，有大橘樹焉，鄉人謂之社橘。君當解去玆帶，束以他物，然後叩樹三發，當有應者。因而隨之，無有礙矣。幸君子書敍之外，悉以心誠之話倚㈥託，千萬無渝！』毅曰：『敬聞命矣』。女遂于襦間解書：再拜以進。東望愁泣，若不自勝。毅深爲之戚，乃置書囊中。因復問曰：『吾不知子之牧羊，何所用哉？神祇豈宰殺乎？』女曰：『非羊也，雨工也』。『何爲雨工？』曰：『雷霆之類也』。

數顧視之，則皆矯顧怒步，飲齕甚異，而大小毛角，則無別羊焉。毅又曰：『吾爲使者，他日歸洞庭，幸勿相避！』女曰：『寧止不避，當如親戚耳』。語竟，引別東去。不數十步回望，女與羊俱亡所見矣。其夕，至邑。而別其友，曰余㈦到鄉還家，乃訪於洞庭。洞庭之陰，果有橘社。遂易帶，向樹三擊而止。俄有武夫，出於波間，再拜請曰：『貴客將自何所至也？』毅不告其實。曰：『走謁大王耳』。武夫揚水指路，引毅以進。謂毅曰：『當閉目，數息可達矣』。毅如其言，遂至其宮。始見臺閣相向，門戶千萬，奇草珍木，無所不有。夫乃止毅，停於大室之隅曰：『客當居此以伺焉』。毅曰：『此何所也』。夫曰：『此靈虛殿也』。諦視之：『則人間珍寶，畢盡於此。柱以白璧，砌以青玉，牀以珊瑚，簾以水精，雕琉璃於翠楣，飾琥珀於虹棟。奇秀深香㈧，不可殫言。然而王久不至。毅謂夫曰：『洞庭君安在哉？』曰：『吾君方幸玄珠閣。與太陽道士講大經㈨，少選當畢』。毅曰：『何謂大經？』夫曰：『吾君，龍也。龍以水爲神，擧一滴可包陵谷。道士，乃人也，人以火爲神聖㈩。發一燈㈠可燎阿房。然而靈用不同，玄化各異。太陽道士，精於人理。吾君邀以聽焉』。語畢而宮門闢，景從雲合，而見一人：披紫衣，執青玉，夫躍曰：『此吾君也』。乃至前以告之。君望毅而問曰：『豈非人間之人乎？』毅對曰：『然』。毅卽㈢設拜，君亦拜。命坐於靈虛之下，謂毅曰：『水府幽深，寡人暗昧，夫子不遠千里，將有爲乎？』毅曰：『毅，大王之鄉人也。長於楚，遊學於秦。昨下第，間驅涇水右涘。見大王愛女，牧羊於野。風鬟雨鬢，所不忍視。毅因詰之，謂毅曰：爲夫婿所薄，舅姑不念，以至於此。悲泗淋漓，誠怛人心。遂託書於毅，毅許之，今以至此』。因取書進之。洞庭君覽畢，以袖掩面而泣曰：『老父之罪！不診堅聽㊂，坐貽聾瞽。使閨窗孺弱，遠罹搆害㊃。公乃陌上人也，而能急之，幸被齒髮，何敢負德』。詞畢，又哀咤良久，左右皆流涕。時有宦人密視君者㊄，君以書授之㊅，令達宮中。須臾，宮中皆慟哭。君驚謂左右曰：『疾告宮中，無使有聲，恐錢塘所知』。毅曰：『錢塘何人也？』曰：『寡人之愛弟，昔爲錢塘長，今則致政矣』。毅曰：『何故不使知？』曰：『以其勇過人耳。昔堯遭洪水九年者，乃此子一怒也。近與天將失意，塞㊆其五山，上帝以寡人有薄德於古今，遂寬其同氣之罪。然猶縻繫於此。故錢塘之人，日日候焉』。語未畢，而大聲忽發，天拆地裂，宮殿擺簸，雲烟沸湧。俄有赤龍長千餘尺，電目血舌，朱鱗火鬣，項掣金鎖，鎖牽玉柱，千雷萬霆，激繞其身。霰雪雨雹，一時㊇皆下，乃擘青天而飛去。毅㊈恐蹶仆地，君親起持之曰：『無懼！固無害』。毅良久稍安，乃獲自定。因告辭曰：『願得生歸，以避復來』。君曰：『必不如此。其去則然，其來則不然，幸爲少盡繾綣』。因命酌互舉，以款人事。俄而祥風慶雲，融融怡怡，幢節玲瓏，簫韶以隨。紅粧千萬，笑話熙熙。後㊉有一人，自然蛾眉。明璫滿身，綃縠參差。迫而視之，乃前寄辭⑪者。然若喜若悲，零淚如系⑫。須臾，紅烟蔽其左，紫氣舒其右，香氣環旋，入於宮中。君笑謂毅曰：『涇水之囚人至矣』。君乃辭歸宮中。須臾，又聞怨苦，久而不已。有頃，君復出，與毅飲食。又有一人，披紫裳，執青玉，貌聳神溢，立於君左右㉓。謂毅曰：『此錢塘也』。毅起趨拜之，錢塘亦盡禮相接。謂毅曰：『女姪不幸爲頑童所辱，賴名君子，信義昭彰，致達遠冤。不然者，是爲涇陵之土矣。饗德懷恩，詞不悉心。』毅撝退辭謝㉔，俯仰唯唯，然後回㉕告兄曰：『向者辰發靈虛，巳至涇陽；午戰於彼，未還於此；中間馳至九天，以告上帝，帝知其冤，而宥其失。前所遣責㉖，因而獲免。然而剛腸激發，不遑辭候，驚擾宮中，復忤賓客，愧惕慚懼，不知所失』。因退而再拜。君曰：『所殺幾何？』曰：『六十萬』。『傷稼乎？』曰：『八百里』。『無情郎安在？』曰：『食之矣』。君憮然曰：『頑童之爲是心也㉗，誠不可忍；然汝亦太草草。賴上帝靈聖，諒其至冤，不然者，吾何辭焉？從此已去，勿復如是！』錢塘復再拜。是夕，遂宿毅於凝光殿。明日，又宴毅於凝碧宮。會友戚，張廣樂，具以醪醴，羅以甘潔。初笳角鼙鼓。旌旗劍戟，舞萬夫於其右。中有一夫前曰：『此錢塘破陣樂』。旌鋋㉘傑氣，顧驟悍慄，坐客視之，毛髮皆竪。復有金石絲竹，羅綺珠翠，舞千女於其左。中有一女前進曰：『此貴主還宮樂』。淸音宛轉，如訴如慕，坐客聽之，不覺淚下。二舞既畢，龍君大悅，錫以紈綺，頒於舞人。然後密席貫坐，縱酒極娛。酒酣，洞庭君乃擊席而歌曰：『大天蒼蒼兮大地茫茫，人各有志兮何可思量。狐神鼠聖兮薄社依墻，雷霆一發兮其孰敢當。荷眞人兮信義長，令骨肉兮還故鄉，齊言慚愧兮何時忘』。洞庭君歌罷。錢塘君再拜而歌曰：『上天配合兮生死有途，此不當婦兮彼不當夫。腹心辛苦兮涇水之隅，風霜滿鬢兮雨雪羅襦，賴明公兮引素書，令骨肉兮家如初，永言珍重兮無時無』。錢塘君歌闋。洞庭君俱起奉觴於毅，毅踧踖而受爵；飲訖，復以二觴奉二君，乃歌曰：『碧雲悠悠兮涇水東流，傷美人兮雨泣花愁。尺書遠達兮以解君憂，哀冤果雪兮還處其休。荷和雅兮感甘羞，山家寂寞兮難久留，欲將辭去兮悲綢繆』。歌罷，皆呼萬歲。洞庭君因出碧玉箱，貯以開水犀；錢塘君復出琥珀盤，貯以照夜璣；皆起進毅，毅辭謝而受。然後宮中之人，咸以綃綵珠璧，投於毅側，重疊煥赫，須臾埋沒前後。毅笑語四顧，愧揖不暇。洎酒闌歡極，毅辭起，復宿於凝光殿。翌日，又宴毅於清光閣。錢塘因酒作色，踞謂毅曰：『不聞猛石㉙可裂不可捲，義士可殺不可羞邪？愚有衷曲，欲一陳於公。如可，則俱在㉚雲霄；如不可，則皆夷糞壤。足下以為何如哉？』毅曰：『請聞之』。錢塘曰：『涇陽之妻，則洞庭君之愛女也。淑性茂質，為九姻所重。不幸見辱於匪人，今則絕矣。將欲求託高義，世為親戚，使受恩者知所歸，懷愛者知其所付，豈不為君子始終之道者㉛？』毅肅然而作，欻然而笑曰：『誠不知錢塘君孱困如是！毅始聞跨九州，懷五岳，洩其憤怒。復見斷鎖金，掣玉柱，赴其急難。毅以為剛決明直，無如君者。蓋犯之者，不避其死；感之者，且愛其生；此真丈夫之志。奈何簫管方洽，親賓正和，不顧其道，以威加人，豈僕之素望哉！若遇公於洪波之中，玄山之間，鼓以鱗鬚，被以雲雨，將迫毅以死，毅則以禽獸視之，亦何恨哉？今體被衣冠，坐談禮義，盡五常之志性，負百行之微旨，雖人世賢傑，有不如者，況江河靈類乎？而欲以蠢然之軀，悍然之性，乘酒假氣，將迫於人，豈近直哉？且毅之質，不足以藏王一甲之間㉜，然而敢以不伏之心，勝王不道之氣，惟王籌之！』錢塘乃逡巡致謝曰：『寡人生長宮房，不聞正論。向者詞述狂妄，唐突高明。退自循顧㉝，戾不容責。幸君子不爲此乖間可也』。其夕，復歡宴，其樂如舊。毅與錢塘，遂爲知心友。明日毅辭歸，洞庭君夫人，別宴毅於潛景殿。男女僕妾等㉞，悉出預會。夫人泣謂毅曰：『骨肉受君子深恩，恨不得展媿戴，遂至睽別』。使前涇陽女，當席拜毅以致謝。夫人又曰：『此別豈有復相遇之日乎？』毅其始雖不諾錢塘之請，然當此席，殊有歎恨之色。宴罷辭別，滿宮悽然。贈遺珍寶，怪不可述。毅於是復循途出江岸，見從者十餘人，擔囊以隨，至其家而辭去。毅因適廣陵寶肆，鬻其所得。百未發一，財以盈兆。故淮右富族，咸以爲莫如。遂娶於張氏，而㉟又娶韓氏。數月，韓氏又亡，徙家金陵，常以鰥曠多感，或謀㊱新匹。有媒氏告之曰：『有盧氏女，范陽人也。父名曰浩，嘗爲清流宰。晚歲好道，獨遊雲泉，今則不知所在矣。母曰鄭氏。㊲前年適清河張氏，不幸而張夫早亡。母憐其少㊳，惜其慧美，欲擇德以配焉。不識何如？』毅乃卜日就禮。既而男女二姓，俱爲豪族，法用禮物，盡其豐盛。金陵之士，莫不健仰。居月餘㊴，毅因晚入戶視其妻，深覺類於龍女；而逸艷豐厚，則又過之。因與話昔事，妻謂毅曰：『人世豈有如是之理乎？』然君與余㊶有一子，毅益重之。既產踰月。乃穠飾換服，召親戚相會之間㊵，笑謂毅曰：「君不憶余之於昔也」。毅曰：「夙爲洞庭君女傳書。至今爲憶㊷」。妻曰：「余卽洞庭君之女也。涇川之冤，使君得白。銜君之恩，誓心求報。洎錢塘季父，論親不從，遂致睽違，天各一方，不能相間。父母欲配嫁於濯錦小兒，某惟以心誓難移，親命難背，既爲君子棄絕，分無見期。而當初之冤，雖得以告諸父母，而誓報不得其志。復欲馳白於君子㊸。值君子累娶，當娶於張。已而又娶於韓㊹。迨張韓繼卒，君卜居於兹，故余之父母，乃喜余得遂報君之意。今日獲奉君子，咸善終世，死無恨矣』。因嗚咽泣涕交下，對毅曰：『始不言者，知君無重色之心；今乃言者，知君有感余㊺之意。婦人匪薄，不足以確厚永心㊻。故因君愛子，以託相生㊼。未知君意如何，愁懼兼心，不能自解。君附書之日，笑謂妾曰：他日歸洞庭，愼無相避。誠不知當此之際，君豈有意於今日之事乎？其後季父請於君，君固不許，君乃誠將不可邪？抑忿然邪？君其話之』。毅曰：『似有命者！僕始見君於長涇之隅，枉抑憔悴，誠有不平之志。然自約其心者，達君之冤，餘無及也。以言愼勿相避者，偶然耳，豈有意哉？洎錢塘逼迫之際，唯理有不可，直乃激人之怒耳。夫始以義行爲之志，寧有殺其壻而納其妻者邪？一不可也；善㊽素以操貞爲志尚，寧有屈於己而伏於心者乎？二不可也。且以率肆胸臆，酬酢紛綸，唯直是圖，不遑避害。然而將別之日，見君有依然之容，心甚恨之。終以人事扼策，無由報謝。吁！今日，君盧氏也，又家於人間，則吾始心未爲惑矣。從此以往，永奉歡好，心無纖慮也』。妻因深感嬌泣，良久不已。有頃，謂毅曰：『勿以他類，遂爲無心，固當知報耳。夫龍壽萬歲，今與君同之。水陸無往不適，君不以爲妄也。』毅嘉之曰：『吾不知國客，乃復爲神仙之餌』。乃相與覲洞庭。既至，而賓主盛禮，不可具紀。後居南海，僅四十年，其邸第輿馬，珍鮮服玩，雖侯伯之室，無以加也。毅之族，咸遂濡澤。以其春秋積序，容狀不衰，南海之人，靡不驚異。洎開元中，上方屬意於神仙之事，精索道術，毅不得安，遂相與歸洞庭。凡十餘歲，莫知其跡。至開元末，毅之表弟薛嘏，爲京畿令，謫官東南，經洞庭。晴晝長望，俄見碧山出於遠波，舟人皆側立曰：『此本無山，恐水怪耳』。指顧之際，山與舟相逼。乃有彩船，自山馳來，迎問於嘏。其中有一人呼之曰：『柳公來候耳』。嘏省然記之，乃促至山下，攝衣疾上。山有宮闕如人世，見毅立於宮室之中，前列絲竹，後羅珠翠，物玩之盛，殊倍人間。毅詞益玄，容顏益少。初迎嘏於砌，持嘏手曰：『別來瞬息，而髮毛已黃』。嘏笑曰：『兄爲神仙，弟爲枯骨，命也』。毅因出藥五十丸遺嘏曰：『此藥一丸，可增一歲耳。歲滿復來，無久居人世以自苦也』。歡宴畢，嘏乃辭行。自是已後，遂絕影響。嘏常以是事告於人世，殆四紀，嘏亦不知所在。隴西李朝威敍而嘆曰：『五蟲之長，必以靈者，別斯見矣。人裸也，移信鱗蟲。洞庭含納大直，錢塘迅疾磊落，宜有承焉。嘏詠而不載，獨可鄰其境㊃。愚義之。爲斯文㊄。

校　注：

一、龍威秘書本無『唐』，類說同。
二、蛾臉，龍威本及虞初志並作『娥臉』。
三、龍威本虞初志『楚』皆作『笑』，當是也。

四、龍威本陳校本『辱』下有『問』字。此脫文，宜據補。
五、『負載』明抄本作『負戴』。
六、『倚託』龍威本作『倍託』。
七、『曰余』二字有誤，明抄本虞初志作『月餘』，類說同。
八、『奇秀深香』，香字誤，龍威本作『杳』。
九、『大經』明抄本作『火經』，證以下文，是也。類說亦作『火經』。
一〇、『神聖』虞初志及龍威本但作『神』。
一一、『發一燈』虞初志作『發一炷』。
一二、『毅郎』明鈔本作『毅既』。
一三、『不診堅聽』龍威本作『不能鑒聽』當是。
一四、『構害』類說作『橫害』。
一五、『密視君者』廣記校勘記云：『視一本作侍』。作『侍』者是，明抄本不誤。
一六、『君以書授之』龍威本作『君目以書授之』，目字虞初本作『自』是。
一七、『塞』龍威本及虞初志皆作『穿』。
一八、『一時』龍威本作『瞬時』。
一九、龍威本虞初志『毅』下皆有『初』字。
二〇、『後』字明抄本作『中』。
二一、『寄辭』明抄本作『寄書』，類說同。
二二、『系』字，龍威本作『絲』。
二三、『謂毅曰』諸本並同。依文『謂』上似脫『君』字。
二四、『俯仰唯唯』無主格，依文『俯仰』上宜有『錢塘』二字。

二五、『回』龍威本作『廼』，蓋廼字誤爲廻，又誤省爲回也。

二六、『遣責』明抄本並作『譴責』，類說同。

二七、『頑童之爲是心也誠不可忍』諸本並同，但疑其中『心也』二字誤倒，依文當作『頑童之爲是也，心誠不可忍』。

二八、『旌銈』龍威本作『旌銚』。銚，長矛也。

二九、『猛石』不辭，似有誤，然諸本皆同。

三〇、『俱在』類說作『俱逸』；龍威本作『俱覆』。

三一、『者』明抄本作『耶』，疑其本作『哉』。哉誤爲者，明人又改爲『耶』字以就文氣。

三二、『不足以藏王一甲之間』明諸本同。類說作『不足以乘王一甲之力』，此宋人所見本，但『乘』當作『承』。

三三、『循顧』，循或爲『省』字之訛。

三四、『僕妾等』龍威秘書本，此處無『等』字。

三五、此『而』字醉翁談錄作『亡』字，明抄本龍威本同。『亡』字斷句。

三六、『或謀』龍威本作『欲求』。

三七、此處『前年』句上，似脫『女』字。前年適清河張氏者是女，非其母鄭氏也。

三八、龍威本虞初志『少』下皆有『艾』。『少艾』與『慧美』對文，當是。

三九、『居月餘』疑係下文錯出於此。依理：柳毅不能與張氏同居月餘，始見妻之貌有類龍女也。

四〇、『然君與余』，醉翁談錄及明諸本皆作『經月餘』。疑此三字與上文互相錯誤。『然君與余』即上文『然居月餘』之訛字。

四一、『召親戚相會之間』，醉翁談錄作『召毅於簾室之間』是也。

四二、『夙爲洞庭君傳書至今爲憶』，龍威本虞初志並作『夙非姻好，何以爲憶』。

四三、『而當初之寃……復欲馳白於君子』此處蓋原文脫落，重編廣記者妄行增補，故語意顢頇。龍威本但作『而當初之心，死不自替。他日，父母憐其志，復欲馳白於君』，似猶近是。

四四、『已而又娶於韓』疑亦妄改之文。龍威本此句連上作『値君累娶，當娶於張韓二氏，理不可遣』。

四五、『感余』明諸本並作『愛子』。

四六、『婦人匪薄不足以確厚永心』，『匪薄』當爲『菲薄』；確厚龍威本作『権厚』。

四七、『相生』明抄本作『賤質』。

四八、『善』龍威本作『某』是也。

四九、『鄰其境』虞初志作『憐其意』。

五〇、『爲斯文』龍威本『爲』上有『遂』字。

李娃傳的寫作技巧

葉慶炳

李娃傳是唐人傳奇中設計精巧，而且富有創意的一篇作品。此篇的寫作技巧，很值得一談。爲了方便起見，本文採引錄原文逐段評析方式撰寫。所引原文係據汪國垣校錄唐人小說本。

汧國夫人李娃，長安之娼女也。節行瓌奇，有足稱者，故監察御史白行簡為傳述。

以上說明寫作動機。唐人傳奇，每於篇首或篇末交代寫作動機或故事來源。此類文字，不屬於傳奇本身。

天寶中，有常州刺史滎陽公者，略其名氏，不書！時望甚崇，家徒甚殷。知命之年，有一子，始弱冠矣。雋朗有詞藻，迥然不羣，深為時輩推伏。其父愛而器之，曰：「此吾家千里駒也。」應鄉賦秀才舉，將行，乃盛其服玩車馬之飾，計其京師薪儲之費，謂之曰：「吾覺爾之才，當一戰而霸。今備二載之用，且豐爾之給，將為其志也。」生亦自負，視上第如指掌。

以上有伏筆三：「愛而器之」云云，預伏後文當滎陽公發現公子竟淪爲凶肆輓歌手時「以馬鞭鞭之數百。生不勝其苦而斃。」情事。「豐爾之給」云云，亦已預伏後文公子擬追求李娃時所謂「苟患其不諧，雖百萬何惜。」以及滎陽公所云「吾子以多財為盜所害」之推論。至於「雋朗有詞藻，迥然不羣。」以及「盛其服玩車馬之飾」，則為下文「娃回眸凝睇，情甚相慕。」張本。

> 自毗陵發，月餘抵長安，居於布政里。嘗遊東市還，自平康東門入，將訪友於西南。至鳴珂曲，見一宅，門庭不甚廣，而室宇嚴邃。闔一扉，有娃方凭一雙鬟青衣立，妖姿要妙，絕代未有。生忽見之，不覺停驂久之，徘徊不能去。乃詐墜鞭於地，候其從者，敕取之。累眄於娃；娃回眸凝睇，情甚相慕。竟不敢措辭而去。

寫滎陽公子與李娃初次相見：公子則「不覺停驂久之，徘徊不能去。……累眄於娃。」李娃則「回眸凝睇，情甚相慕。」下文公子一意追求李娃，李娃欣然接納，已成必然之勢。下文侍兒「馳走大呼曰：前時遺策郎也！」不但回應此段公子「乃詐墜鞭於地」一事，亦有加强李娃「情甚相慕」之作用。此段文字雖簡短，但往後情節，均由此展開。

> 生自爾意若有失，乃密徵其友遊長安之熟者，以訊之。友曰：「此狹邪女李氏宅也。」曰：「娃可求乎？」對曰：「李氏頗贍。前與通之者多貴戚豪族，所得甚廣。非累百萬，不能動其志也。」生曰：「苟患其不諧，雖百萬，何惜。」他日，乃潔其衣服，盛賓從，而往扣其門。俄有侍兒啓扃。生曰：「此誰之第耶？」侍兒不答，馳走大呼曰：「前時遺策郎也！」娃大悅曰：「爾姑止之，吾當整粧易

服而出。」生聞之私善。乃引至蕭牆間，見一姥垂白上僂，卽娃母也。生跪拜前致詞曰：「聞茲地有隙院，願稅以居，信乎？」姥曰：「懼其淺陋湫隘，不足以辱長者所處，安敢言直耶？」延生於遲賓之館，館宇甚麗。與生偶坐，因曰：「某有女嬌小，技藝薄劣，欣見賓客，願將見之。」乃命娃出。明眸皓腕，舉步豔冶。生遽驚起，莫敢仰視。與之拜畢，敘寒燠，觸類姸媚，目所未覩。復坐，烹茶斟酒，器用甚潔。久之，日暮，鼓聲四動。姥訪其居遠近。生紿之曰：「在延平門外數里。」冀其遠而見留也。姥曰：「鼓已發矣。當速歸，無犯禁。」生曰：「幸接歡笑，不知日之云夕。道里遼闊，城內又無親戚，將若之何？」娃曰：「不見責僻陋，方將居之，宿何害焉。」生數目姥。娃曰：「唯唯。」生乃召其家僮，持雙縑，請以備一宵之饌。娃笑而止之曰：「賓主之儀，且不然也。今夕之費，願以貧窶之家，隨其粗糲以進之。其餘俟他辰。」固辭，終不許。俄徙坐西堂，幃幙簾榻，煥然奪目；粧奩衾枕，亦皆侈麗。乃張燭進饌，品味甚盛。徹饌，姥起。生娃談話方切，詼諧調笑，無所不至。生曰：「前偶過卿門，遇卿適在屏間。厥後心常勤念，雖寢與食，未嘗或捨。」娃答曰：「我心亦如之。」生曰：「今之來，非直求居而已。願償平生之志，但未知命也若何？」言未終，姥至，詢其故，具以告。姥笑曰：「男女之際，大欲存焉。情苟相得，雖父母之命，不能制也。女子固陋，曷足以薦君子之枕席？」生遂下階，拜而謝之曰：「願以己為厮養。」姥遂目之為郎。飲酣而散。及旦，盡徙其囊橐，因家於李之第。

此番會宴，公子、李娃、李姥之性情為人，於彼此言談舉措間表露無遺。作者刻畫人物，絲毫不落痕跡。公子追求李娃，至此完成；而公子之墮落，亦自此開始。本篇整體佈局，屬於前後二段式設計。前段公子因迷戀李娃，由富貴而貧賤；後段公子因得李娃之助，由貧賤而富貴。而前段又可分為二小段，前一小段致力寫公子意亂情迷，後一小段致力寫公子困躓潦倒。

自是生屏跡戢身，不復與親知相聞。日會倡優儕類，狎戲遊宴。囊中盡空，乃鬻駿乘，及其家童。歲餘。資財僕馬蕩然。邇來姥意漸怠，娃情彌篤。

此為前段後一小段之開端。「自是生屏跡戢身，不復與親知相聞。」暗示此墮落之公子已非當初之滎陽公子。「姥意漸怠，娃情彌篤。」為重要伏筆。不但說明下文遺棄公子由姥主使，非李娃所願，更為後段李娃補贖行為張本。

他日，娃謂生曰：「與郎相知一年，尚無孕嗣。常聞竹林神者，報應如響，將致薦酹求之，可乎？」生不知其計，大喜。乃質衣於肆，以備牢醴，與娃同謁祠宇而禱祝焉。信宿而返。策驢而後，至里北門。娃謂生曰：「此東轉小曲中，某之姨宅也。將憩而覲之，可乎？」生如其言，前行不踰百步，果見一車門。窺其際，甚弘敞。其青衣自車後止之曰：「至矣。」生下，適有一人出訪曰：「誰？」曰：「李娃也。」乃入告。俄有一嫗至，年可四十餘，與生相迎，曰：「吾甥來否？」娃下車，嫗迎訪之曰：「何久疏絕？」相視而笑。娃引生拜之。既見，遂偕入西戟門偏院中。有山亭，竹樹葱蒨，池榭幽絕。生謂娃曰：「此姨之私第耶？」笑而不答，以他語對。俄獻茶果，甚珍奇。食頃，有一人控大宛，汗流馳至，曰：「姥遇暴疾頗甚，殆不識人。宜速歸。」娃謂姨曰：「方寸亂矣。某騎而前去，當令返乘，便與郎偕來。」生擬隨之。其姨與侍兒偶語，以手揮之，令生止於戶外，曰：「姥且歿矣，當與某議喪事以濟其急，奈何遽相隨而去？」乃止，共計其凶儀齋祭之用。日晚，乘不至。姨言曰：「無復命，何也？郎驟往視之，某當繼至。」生遂往，至舊宅，門扃鑰甚密，以泥緘之。生大駭，詰其鄰人。鄰人曰：「李本稅此而居，約已周矣，第主自收。姥徙居，而且再宿矣。」徵：「徙何處？」曰：「不得其所。」生將馳赴宣陽，以詰其姨，日已晚矣，計程不能達。乃弛其裝服，質饌而食，賃榻而寢。生恚怒方甚，自昏達旦，目不交睫。質明，乃策蹇而去。既至，連扣其扉，食頃無人應。生大呼數四，有宦者徐出。生遽訪之：「姨氏在乎？」曰：「無之。」生曰：「昨暮在此，何故匿之？」訪其誰氏之第。曰：「此崔尚書宅。昨者有一人稅此院，云遲中表之遠至者，未暮去矣。」生惶惑發狂，罔至所措。

此爲由李姥主謀之遺棄公子詭計。自運用詭計至解開眞相，其設計頗具巧思。抵姨之宅一段，諸如：其青衣自車後止之曰：「至矣！」「相視而笑。」「笑而不答。」等句，以及姨與侍兒阻止公子隨李娃歸去一事，蛛絲馬跡，隱隱可見，然公子非精明之人，此計仍足使公子落入圈套。關於文中「生不知其計」一句，或以爲敗筆，苟無此句，則連讀者一併瞞過，更富懸疑效果。然保留此句，使讀者眼看公子一步步落入圈套，不禁爲之擔憂，則此句亦自有其佳處。

因返訪布政舊邸。邸主哀而進膳。生怨懣，絕食三日，遘疾甚篤，旬餘愈甚。邸主懼其不起，徙之於凶肆之中，綿綴移時，合肆之人共傷歎而互飼之。後稍愈，杖而能起。由是凶肆日假令之執繐帷，獲其直以自給。累月，漸復壯。每聽其哀歌，自歎不及逝者，輒嗚咽流涕，不能自止，歸則效之。生聰敏者也，無何，曲盡其妙，雖長安無有倫比。

此謂公子絕處逢生，在凶肆中得以餬口。然凶肆爲死者停屍之地，則作者置公子於凶肆，殆有深意，蓋以此象徵墮落公子之步向死亡。至下文其父「以馬鞭鞭之數百，生不勝其苦而斃」，則公子死矣。死而後乃有再生。公子一生，面目凡四變。見李娃之前，爲其本來面目。既見李娃，並賦同居，一變也。凶肆餬口，並唱輓歌，二變也。死而復活，市上行乞，三變也。重逢李娃，再求功名，四變也，變回本來面目矣。一變二變，由貴而賤，由生而死；三變四變，賤而復貴；死而復生。

初，二肆之傭凶器者，互爭勝負。其東肆車轝皆奇麗，殆不敵，唯哀挽劣焉。其東肆長知生妙絕，乃醵錢二萬索顧焉。其黨耆舊，共較其所能者，陰教生新聲，而相讚和。累旬，人莫知之。其二肆長相謂曰：「我欲各閱所傭之器於天門街，以較優劣。不勝者罰直五萬，以備酒饌之用，可乎？」二肆許諾。乃邀立符契，署以保證，然後閱之。士女大和會，聚至數萬。於是里胥告於賊曹，賊曹聞於京尹。四方之士，盡赴趨焉，巷無居人。自旦閱之，及亭午，歷擧輦轝威儀之具，西肆皆不勝，師有慚色。乃置層榻於南隅，有長髯者擁鐸而進，翊衛數人，於是奮髯揚眉，扼腕頓顙而登，乃歌白馬之詞。恃其夙勝，顧眄左右，旁若無人。齊聲讚揚之。自以為獨步一時，不可得而屈也。有頃，東肆長於北隅上設連榻，有烏巾少年，左右五六人，秉翣而至，卽生也。整衣服，俯仰甚徐，申喉發調，容若不勝。乃歌薤露之章，舉聲清越，響振林木。曲度未終，聞者歔欷掩泣。西肆長為衆所誚，益慚恥。密置所輸之直於前，乃潛遁焉。四座愕眙，莫之測也。

插入兩家凶肆比賽情節，主要在爲下文公子父子相會預作佈置。賽會之壓軸主戲爲唱輓歌比賽，作者寫西肆髯翁則「顧眄左右，旁若無人」，寫東肆公子則「容若不勝」，以對比技巧狀人敍事，極爲生動。

先是，天子方下詔，俾外方之牧，歲一至闕下，謂之入計。時也適遇生之父在京師，與同列者易服章竊往觀焉。有老豎，卽生乳母壻也，見生之擧措辭氣，將認之而未敢，乃泫然流涕。生父驚而詰之。因告曰：「歌者之貌，酷似郎之亡子。」父曰：「吾子以多財為盜所害，奚至是耶？」言訖，亦泣。及歸，豎間馳往，訪於同黨曰：「向歌者誰？若斯之妙歟？」皆曰：「某氏之子。」徵其名，且易之矣。豎凜然大驚；徐往，迫而察之。生見豎色動，回翔將匿於衆中。豎遂持其袂曰：「豈非某乎？」相持而泣，遂載以歸。至其室，父責曰：「志行若此，汚辱吾門。何施面目，復相見也？」乃徒行出，至曲江西杏園東，去其衣服，以馬鞭鞭之數百。生不勝其苦而斃。父棄之而去。

父子相逢，應是可喜之事。但公子已淪落至此，不能復爲高門滎陽鄭氏所容，遂有滎陽公親手鞭打公子至死之慘劇。全文至此爲前段。墮落之公子既已死亡，則再生在望矣。

其師命相狎暱者陰隨之，歸告同黨，共加傷歎。令二人齎葦席瘞焉。至，則心下微溫。擧之，良久，氣稍通。因共荷而歸，以葦筒灌勺飲，經宿乃活。月餘，手足不能自擧。其楚撻之處皆潰爛，穢甚。

同輩患之，一夕，棄於道周。行路咸傷之，往往投其餘食，得以充腸。十旬，方杖策而起。被布裘，裘有百結，襤褸如懸鶉。持一破甌，巡於閭里，以乞食為事。自秋徂冬，夜入於糞壤窟室，晝則周遊廛肆。

自此起全文進入後段。公子面目，至此已三變。雖然淪爲乞丐，貧窮不堪，但死而復生，而且離開了象徵死亡之凶肆，則轉機已在望矣。

一旦大雪，生為凍餒所驅，冒雪而出，乞食之聲甚苦。聞見者莫不悽惻。時雪方甚，人家外戶多不發。至安邑東門，循理垣北轉第七八，有一門獨啓左扉，卽娃之第也。生不知之，遂連聲疾呼「饑凍之甚」，音響悽切，所不忍聽。娃自閤中聞之，謂侍兒曰：「此必生也，我辨其音矣。」連步而出，見生枯瘠疥厲，殆非人狀。娃意感焉，乃謂曰：「豈非某郎也？」生憤懣絶倒，口不能言，頷頤而已。娃前抱其頸，以繡襦擁而歸於西廂，失聲長慟曰：「令子一朝及此，我之罪也！」絶而復蘇。

敍公子巧遇李娃，作者突顯公子「枯瘠疥厲，殆非人狀」，以之與李娃初見公子時之美少年形象相比，用意在激發李娃之補贖決心。由前文「姥意漸怠，娃情彌篤」二句，可見李娃本無意遺棄公子，只是逼於姥命，不敢違背耳。今見公子此狀，自覺罪孽深重，而悔恨當初不該屈從姥命，於是奮起補贖，就李娃而言，今而後之李娃，已非今以前之李娃。公子意外遇到李娃，作者以「憤懣絶倒，口不能言，頷頤而已。」數句回應當初中計被棄種種情事，極爲傳神。

姥大駭，奔至，曰：「何也？」娃曰：「某郎。」姥遽曰：「當逐之！奈何令至此？」娃斂容卻睇曰：「不然！此良家子也。當昔驅高車，持金裝，至某之室，不踰期而蕩盡。且互設詭計，捨而逐之，殆非人。令其失志，不得齒於人倫。父子之道，天性也，使其情絕，殺而棄之，又困躓若此，天下之人盡知為某也。生親戚滿朝，一旦當權者熟察其本末，禍將及矣。況欺天負人，鬼神不祐？無自貽其殃也！某為姥子，迨今有二十歲矣。計其貲，不啻直千金。今姥年六十餘，願計二十年衣食之用以贖身。當與此子別卜所詣。所詣非遙，晨昏得以溫凊：某願足矣。」姥度其志不可奪，因許之。

李姥當初接待多金之公子，是一種口吻；如今對待乞食之公子，則是另一番口吻。前後對比，老鴇之原形畢露。但今日之李娃，已非當初之李娃。李娃說服李姥一段言辭，動之以情，喻之以理，脅之以勢，誘之以利，爲昔日之李娃所不能言。以言語刻畫人物，此處是極佳典型。不過其中「父子之道，天性也，使其情絕，殺而棄之。」云云，其時公子尚未向李娃傾訴往事，李娃似不應知之。

給姥之餘，有百金。北隅因五家稅一隙院。乃與生沐浴，易其衣服；為湯粥，通其腸；次以酥乳潤其臟。旬餘，方薦水陸之饌。頭巾履襪，皆取珍異者衣之。未數月，肌膚稍腴；卒歲，平愈如初。異時，娃謂生曰：「體已康矣，志已壯矣，淵思寂慮，默想曩昔之藝業，可溫習乎？」生思之，曰：「十得二三耳。」娃命車出遊，生騎而從。至旗亭南偏門鬻墳典之肆，今生揀而市之，計費百金，盡載以歸。因令生斥棄百慮以志學，俾夜作晝，孜孜矻矻。娃常偶坐，宵分乃寐。伺其疲倦，即諭之綴詩賦。二歲而業大就，海內文籍，莫不該覽。生謂娃曰：「可策名試藝矣。」娃曰：「未也。且令精熟，以俟百戰。」更一年，曰：「可行矣。」於是遂一上登甲科，聲振禮闈。雖前輩見其文，罔不斂衽歎羨，願友之而不可得。娃曰：「未也。今秀士苟獲擢一科第，則自謂可以取中朝之顯職，擅天下之美名。子行穢跡鄙，不侔於他士。當礱淬利器，以求再捷，方可以連衡多士，爭霸羣英。」生由是益自勤苦，聲價彌甚。其年，遇大比，詔徵四方之雋。生應直言極諫科，策名第一，授成都府參軍。三事以降，皆其友也。

此李娃之補贖作為：先養公子之身，繼壯公子之志，再助公子學業精進，終使公子功名順遂。至此，公子面目已四變，而恢復其本來面目。

將之官，娃謂生曰：「今之復子本軀，某不相負也。願以殘年，歸養老姥。君當結媛鼎族，以奉蒸嘗。中外婚媾，無自黷也。勉思自愛，某從此去矣。」生泣曰：「子若棄我，當自剄以就死。」娃固辭不從；生勤請彌懇。娃曰：「送子涉江，至於劍門，當令我回。」生許諾。

此敍李娃功成思退。李娃「今之復子本軀，某不相負也」云云，回應前文「令子一朝及此，我之罪也。」公子「子若棄我，當自剄以就死」云云，亦與前文李娃遺棄公子一事漣漪相接。

月餘，至劍門。未及發而除書至，生父由常州詔入，拜成都尹，兼劍南採訪使。浹辰，父到。生因投刺，謁於郵亭。父不敢認，見其祖父官諱，方大驚，命登階，撫背慟哭移時，曰：「吾與爾父子如初。」

「吾與爾父子如初」一句，與本文開端「此吾家千里駒也」及中間「志行若此，汙辱吾門，何施面目，復相見也。」先後呼應。公子父子關係之離合，隨公子面目之改易而改易。今公子既已恢復本來面目，自當「父子如初」。

> 因詰其由。具陳其本末。大奇之，詰娃安在。曰：「送某至此，當令復還。」父曰：「不可！」翌日，命駕與生先之成都，留娃於劍門，築別館以處之。明日，命媒氏通二姓之好，備六禮以迎之，遂如秦晉之偶。娃既備禮，歲時伏臘，婦道甚修，治家嚴整，極為親所眷。向後數歲，生父母偕歿，持孝甚至。有靈芝產於倚廬，一穗三秀。本道上聞。又有白鷰數十，巢其層甍。天子異之，寵錫加等。終制，累遷清顯之任。十年間，至數郡。娃封汧國夫人。有四子，皆為大官，其卑者猶為太原尹。弟兄姻媾皆甲門，內外隆盛，莫之與京。嗟乎，倡蕩之姬，節行如是，雖古先烈女，不能踰也。焉得不為之歎息哉！

至此，主題已充分呈露，傳奇本身亦告結束。本文前段之李娃，倡蕩之姬耳。但進入後段，李娃形象大變，其節行漸次顯露。作者以李娃助公子登第得官，功成思退，以及婚後婦道甚修、治家嚴整等具體事實，正寫李娃德行；又以滎陽公親為主婚，側寫李娃德行；更以靈芝、白鷰等祥瑞，烘托李娃德行。文末直說：「嗟乎，倡蕩之姬，節行如是，雖古先烈女，不能踰也。焉得不為之歎息哉！」則是畫龍點睛之筆。就唐代社會背景而論，高門如滎陽鄭氏，斷無可能娶娼女為妻，而作者化不可能為可能，正是其理想所寄。故此，作者於本文主題之呈現，可謂三致力焉。

予伯祖嘗牧晉州，轉戶部，為水陸運使，三任皆與生為代，故暗詳其事。貞元中，予與隴西李公佐話婦人操烈之品格，因遂述汧國之事。公佐附掌竦聽，命予為傳。乃握管濡翰，疏而存之。時乙亥歲秋八月，太原白行簡云。

此交代故事來源及寫作動機，與本文開端數句同一性質，可不論。

「世說新語」中之沙門羣

韋 蘺 堂

劉義慶世說新語，原本儒說，故首標德行、言語、政事、文學四科，其後始及於他。書中所載，多魏晉人事，爲「談助」之資，隋志收入子部小說類，與燕丹子、雜語、要用語對、辨林同列。然是書頗多史料，並可窺其時之學術風尚，殊不能以小說視之。

世說新語之時代盛行清談，其內容以玄學爲主，惟其時佛教業已東來。佛教學者假老莊以釋佛理，謂之「格義」，就佛學之勝義而言，此僅是通權之法，可議處甚多。而其時之知識份子，於玄學之外，亦兼及佛法，遂與沙門之徒多所往還，是以世說新語中頗多記載佛教人物參與活動之情形。如：

1. 高座道人：與王丞相、周僕射遊。見言語篇。（明倫版世說新語校箋七八頁）
2. 佛圖澄：與諸石遊，澄以石虎爲海鷗鳥。見言語篇。（同上八二頁）
3. 竺法深：與簡文帝遊。見言語篇。（同上八五頁）
4. 康法暢：與庾太尉遊。見言語篇。（同上八八頁）。

5. 支道林：與謝安等人遊。見言語篇。（同上九七頁、一〇五頁等）
6. 道壹道人：與簡文帝遊。見言語篇。（同上一一六頁）
7. 杯度道人：見言語篇。（同上一一九頁）
8. 道安：與兩晉諸賢遊。見雅量篇。（同上二八五頁）
9. 深公：與晉元明二帝及王庾二公遊。見方正篇。（同上一四一頁、二五二頁、一六九頁、二七頁、六二二頁）
10. 法汰：與王領軍遊。見賞譽篇。（同上三六一頁）
11. 遠公：講論廬山、與當代諸名流遊。見箴規篇。（同上四三四頁）
12. 法虔：道林同學。見傷逝篇。（同上四九一頁）
13. 康僧淵：與庾公諸人遊。見棲逸篇。（同上五〇三頁、五九九頁）
14. 濟尼：與張謝二家遊。見賢媛篇。（同上五二八頁）
15. 于法開：與郗愔等人遊。見術解篇。（同上五三五頁）
16. 道曜：與桓南郡遊。見排調篇。（同上六一九頁）
17. 愍度道人：講「心無義」於江東。見假譎篇。（同上第六四二頁）
18. 竺僧潛：與殷荊州遊。見尤悔篇。（同上六八〇頁）

以上十八人，大部份名氏，經常出現於各篇，間有偶然出現一次者，但爲數極小。依據本書資料，這羣沙門皆與當時名流交往，從其活動情形中，可以窺見以下數事。

一、沙門多爲淸談健將：

魏晉人士談玄，以老莊哲理爲宗，涉及易學者較少，老莊之中，又以莊子之逍遙遊、齊物論、秋水篇爲談家必備之學問，其時之沙門人物，欲與高階層社會融爲一體，卽須研究老莊，參與淸談，此爲立足之第一步。由參與淸談進而援道入佛，此爲發展之第二步。及後更以佛學轉化社會思潮，此爲創局之第三步。世說新語中之沙門，循此途徑，週旋於名公鉅卿之間，先從上層建立據點，而後及於基層，故每一個淸談集團，卽是沙門的每一個橋頭堡，經過每一次搏戰以後，往往又成爲這羣沙門推展佛教之前進基地。

世說新語中之沙門羣，以支遁爲最活躍之人物。遁字道林，本姓關氏，陳留人，或云河東林慮人，家世事佛，早悟非常之理，年廿五出家，五十三歲死，梁慧皎所爲支遁傳，（高僧傳初集卷四）謂遁與「王洽、劉恢、殷浩、許詢、郗超、孫綽、桓彥、王敬仁、何次道、王文度、謝長遐、袁彥伯等，並一代名流，皆著塵外之狎。」按慧皎所著支遁傳內容取材於世說新語甚多，世說中有關於支遁部份有以下各條：

文學篇三十二條：

莊子逍遙遊，舊是難處，諸名賢所可鑽味，而不能拔理於郭向之外，支道林在白馬寺中，將馮太常共語，因及逍遙。支卓然標新理於二家之表，立異義於衆賢之外，皆是諸名賢尋味之所不得，後遂用支理。（明倫版世說一七〇頁）

文學篇三十六條：

王逸少作會稽，初至，支道林在焉，孫興公謂王曰：「支道林標新領異，胸懷所及，乃自佳，卿欣見不。」王本自有一往雋氣，殊自輕之。後孫與支共載往王許，王都領域，不與交言。須臾支退，後正值王當行，車已在門，支語王曰：「君未可去，貧道與君小語。」因論莊子逍遙遊，支作數千言，才藻新奇，花爛映發，王遂披襟解帶，流連不能已。（明倫版世說一七三頁）

文學篇五十五條：

支道林、許、謝盛德，共集王家，謝顧謂諸人：今日可謂彥會，時既不可留，此集固亦難常，當共言詠，以瀉其懷。許便問主人有莊子否？正得漁父一篇：謝看題，便各使四坐通。支道林先通，作七百許語，敘致精麗，才藻奇拔，衆成稱善。於是四座各言懷畢。謝問曰：卿等盡否？皆曰：今日之言，少不自竭。謝後粗難，因自敘其意，作萬餘語，才峯秀逸，既自難干，加意擬託，蕭然自得，四座莫不厭心。支謂謝曰：君一往奔詣，故復自佳耳。（明倫版世說一八五頁）

按以上數條，皆謂支遁精通老莊之學，於莊子之齊物、逍遙，尤具心得，新理異義，迴出談當時玄名家，所謂「支作數千言」，所謂「作七百許語」，應是先有文學著述，然後據以清談者。支遁之學甚博，除佛學外，（後當論之）於儒道之理皆有深究，其評論當時南北人士治學之態度，尤有特殊見解：

文學篇廿五條：

褚季野語孫安國云：「北人學問淵綜廣博。」孫答曰：「南人學問，清通簡要。」支道林聞之曰：「聖賢固所忘言，自中人以還，北人看書，如顯處視月，南人學問，如牖中窺日。」（明倫版世說一六五頁）

楊勇先生引唐長孺論叢曰：「褚裒、陽翟人，居河北。孫盛，太原人，居河之南，所謂南北，應指河南北也。東遷僑人，並不放棄原先籍貫，孫褚對話，爲河北僑人彼此推重、與隋書儒林傳序所云：『南人約簡，得其精華，北學深蕪，窮其枝葉不一。』（世說新語文學廿五條校箋）按劉孝標註此條曰：「支所言但譬孫褚之理也。然則學廣則難周，難周則識闇，故如顯處視月。學寡則易竅，易竅則智明，故如牖中窺日也。」細按支遁之語，孝標實已得其本意，「顯處視月」，其優處在視野廣濶，但難以精到，「牖中窺日」，其缺處在局限一點，但能透視深刻，隋書儒林傳序所謂南人「得其精華」，正是孝標之「學寡則易竅」，北人「窮其枝葉」，正是孝標之「學廣則難周」，支遁之言，雖係就孫褚之理而作譬喻，然其中實含有褒貶成份。

支遁好辯，又好爭勝，然亦使人生畏。

賞譽篇一一〇條：

王、劉聽林公講，王語劉曰：「向高坐者，故是凶物！」復更聽，王又曰：「自是鉢釪後王、何人也。」

劉孝標註引高逸沙門傳曰：「王濛恆尋遁，遇祇洹寺中講，正在高坐上，每舉麈尾，常領數百言，而情理俱暢，預坐百餘人，皆結舌，注耳，濛云聽講衆僧：『向高坐者，是鉢釪後王，何人也。』楊勇楊箋「鉢釪」卽鉢緇，猶今語衣鉢。王、何指王弼何晏，二人兼宗儒道，辭才騁逸，爲風流之冠，又爲正始盟主，江右稱有才辯者，皆以王何名之焉。（明倫版世說新語三五九頁）

文學篇四十條：

支道林，許掾諸人，共在會稽王齋頭，支為法師，許為都講，支通一義，四座莫不厭心，許送一難，衆人莫不抃舞，但共嗟二家之美，不辯其理之所在。（明倫版世說一七六頁）

文學篇四十一條：

謝車騎在安西艱中，支道人往就語，將夕乃退，有人道上見者，問云：「公何處來？」答云：「今日與謝孝劇談一出來。」（明倫版世說一七七頁）

文學篇四十二條：

支道林初從東出，往東安寺中，王長史宿構精理，並撰其才藻，往與支語，不大當對，王敍致作數百語，自謂是名理奇藻。支徐徐謂曰：「身與君別多年，君義言了不長進。」王大慙而

退。（明倫版世說一七八頁）

支遁在當時議論風發，凡遇有可以言談的對象，雖孺子亦不錯過講論機會。

文學篇三十九條：

林道人詣謝公，東陽時始總角，新病起，體未堪勞，與林公講論，遂至相苦，母王夫人在壁後聽之，再遣信令還，而太傅留之使竟論。王夫人因自出云：「新婦少遭家難，一生所寄，唯在此兒。」因流涕抱兒以歸。謝公語同座曰：「家嫂辭情慷慨，致可傳述，恨不使朝士見。」（明倫版世說一七六頁）

文學篇四十五條：

于法開始與支公爭名，後情漸歸支，意甚不分，（分，據文選李善註謂有恆也。）遂遁跡剡下，遣弟子出都，語使過會稽。於時支公正講小品，開戒弟子：「道林講，比汝至，當在某品中。」因示語攻難數十番，云：「舊此中不可復通。」弟子如言詣支公，正值講，因謹述開意，往反多時，林公遂屈。厲聲曰：「君何足復受人寄載來。」（明倫版世說一七九頁）

講論語難，乃所以明理，理之所在，勝負所分，若以取勝爲第一目標，置理於不顧，殊失講學之義。支遁不甘爲于法開弟子所屈，負氣好勝，殊覺可怪。惟淸談家談玄論道，頗重輸贏，不講是非，世說新語文學篇曰：「何晏爲吏部尙書，有位望，時談客盈坐，王弼未弱冠，往見之，晏聞弼來，乃倒屣迎之，因條向者勝理語弼曰：『此理僕以爲理極，可得復難不？』弼便作難，一坐人便以爲屈，於是弼自爲客主數番，皆一坐所不及。」（明倫版世說一五一頁）王弼爲正反兩方主辯，皆能取勝於人，則所辯之理，孰爲是非，非所計較，如此談玄，恐亦徒亂人意耳。此風流傳至晉，並未衰歇，文學篇又曰：「許掾詢年少時，人以比王苟子，許大不平，時諸人及林法師，並在會稽西寺講，王亦在焉。許意甚忿，便往西寺與王論理，共決優劣，苦相折挫，王遂大屈。許復執王理，更相覆疏，王復屈。許謂支法師曰：弟子向語何似？支從容曰：君語佳則佳矣，何至相苦耶？豈是求理中之談哉！」（明倫版世說一七五頁）如此講論，成爲口舌之爭，以支遁之賢，尚不能免，何況餘人。

支遁與殷浩交談一次，結果敗北。

文學篇五十一條：

支道林，殷淵源俱在相王許（相王指簡文）相王謂二人：「可試一交言，而才性殆是淵源崤函之固，君其愼焉！」支初作，改轍遠之，數四交，不覺入其玄中。相王撫肩笑曰：「此自是其勝場，安可爭鋒。」（明倫版世說一八二頁）

才性問題，爲當時淸談家主題之一，鍾會曾撰四本論以示嵇公（世說新語文學篇第五條）據魏志曰：「會論才性同異傳於世，四本者，言才性同，才性異，才性合，才性離也。尙書傅嘏論同，中書令李豐論異，侍郎鍾會論合，屯騎校尉王廣論離，文多不載。」陳寅恪先生以爲四本之論，與當時政治有關，或爲曹氏，或爲司馬。故其發言各異。（陳寅恪書世說新語四本論後一文）其時談士如殷仲堪「精竅玄論，人謂莫不研究，殷乃歎曰，使我解四本，談不翅爾。」（世說新語文學篇六十條）而殷浩本爲才性學專家，世說新語謂：「殷中軍（卽殷浩）雖思慮通長，然於才性偏精，忽言及四本，便若湯池鐵城，無可攻之勢。」（明倫版世說新語文學三十四條）支遁與殷浩講辯才性，自是以短敵長，遂有敗北之譏。

支遁論辯而敗，另見於與王文度之談會。世說新語排調篇五十二條：

王文度（卽王坦之）在西州，（楊州）與林法師講，孫（孫興公）韓（韓康伯）諸人並在座，林公理每欲小屈，孫興公曰：「法師今日如箸弊絮在荊棘中，觸地掛閡。」（明倫版世說新語六四一頁）

支遁其人多嗜好，嗜馬：

言語篇二十二條：

支道林常養數匹馬，或言道人畜馬不韻。支曰：「貧道重其神駿。」（明倫版世說九十六頁）

嗜鶴：

言語篇七十六條：

支公好鶴，住剡東岇山，有人遺其雙鶴。少時，翅長欲飛，支意惜之，乃鍛其翮，鶴軒翥不能復起，乃舒翼反頭視之，如有懊喪意。林曰：「旣有凌霄之姿，何肯為人作耳近玩。」養令翮成，置使飛去。（明倫版世說一〇五頁）

嗜棋：

巧藝篇第十條：

王中郎以圍棋是坐隱，支公以圍棋為手談。（明倫版世說五四二頁）

嗜山：

排調篇二十八條：

支道林因人就深公買岇山，深公答曰：「未聞巢由買山而隱。」

按高逸沙門傳曰：「遁得深公之言，慙恧而已。」釋氏喜山居，乃是其傳統，支遁之嗜山而欲買之，可見嗜愛之深，高僧傳謂遁初隱餘杭山，後居支山，晚入剡山，於沃州山嶺立寺行道，又移石城山，宴坐山門，木食澗飲，（高僧傳初集卷四，支遁傳）故唐劉長卿詩曰：「莫買沃洲山，時人知其處。」頗有譏諷之意。

支遁儀容不佳。

容止篇三十一條：

王長史嘗病，親疏不通，林公來，守門人遂啓之曰：「一異人在門，不敢不啓。」王笑曰：「此為林公。」（明倫版世說四七七頁）

劉孝標註引語林曰：「諸人嘗要阮光祿共詣林公，阮曰：『欲聞其言，惡見其面』，此林公之形，信當醜異。」又據世說新語排調篇四十三條：

王子猷詣謝萬，林公先在坐，瞻矚甚高，王曰：「若林公鬚髮並全，神情當復勝此否？」謝曰：「脣齒相須，不可以偏亡，鬚髮何關於神明？」林公意色甚惡，曰：「七尺之軀，今日委君二賢。」（明倫版世說六〇八頁）

依以上二條顯示，支遁之貌不揚，但鬚髮悉剃，乃是沙門規矩，並非天生，王子猷以此戲謔，即俗所謂「指着和尚罵禿子」之意。支遁交遊廣雜，又好臧否人物，意氣飛揚，頗招人尤，結怨於王氏家族者特多。

其評王右軍曰「太苦」。

賞譽篇九十二條：

林公謂王右軍，長史作數百語，無非德音，如恨不苦。王曰：長史自不欲苦物。（明倫版世說三五三頁）

其評王子猷兄弟曰「白頸烏」。

輕詆篇三十條：

支道林入東，見王子猷兄弟，還，人問：「見諸王何如？」答曰：「見一羣白頸烏，但聞喚啞啞聲。」（明倫版世說六三五頁）

輕詆篇二十一條：

王中郎與林公絕不相得，王謂林詭辯，林公道王云：「箸膩顏帢，緆布單衣，挾左傳，逐鄭康成車後，問是何物塵垢囊。」（明倫版世說六三一頁）

王中郎卽王坦之，與支遁關係最爲惡劣，除見於語言外，並見諸文學，曾對沙門階層，作普遍性之攻擊。

支遁於當時名流之評論，王氏以外，尙有多處：

賞譽篇八十三條：

王長史謂林公，眞長可謂金玉滿堂。林公曰：金玉滿堂，復何為簡選。王曰：非有簡選，直致處自寡耳。（明倫版世說三五〇頁）

賞譽篇一二三條：

林公云：王敬仁是超悟人。（明倫版世說三六三頁）

賞譽篇一三六條：

林公云：見司州警悟交至，使人不得住，亦終日忘疲。（明倫版世說三六七頁）

品藻篇六十條：

或問林公，司州何如二謝，林公曰：故當攀安提萬。（明倫版世說四〇三頁校箋）（所謂攀安提萬，卽在安下萬上二者之間也。）

容止篇二十九條：

林公道王長史：斂衿作一來，何其軒軒韶舉。

惟支遁與謝安相處甚善，其相交蓋始於謝安尚在東山未仕之時，世說新語雅量篇二十八條：劉孝標註引中興書曰：

安、元居會稽，與支道林、王羲之，許詢共遊處，出則漁戈山水，入則談說屬文，未嘗有處世意也。（明倫版世說二八二頁）

其後謝安出仕，支遁入都，謝安爲吳興守時，遁欲入剡隱居，謝安與書懇留，高僧傳初集卷第四支遁條：

謝安為吳興守，與遁書曰：思君日積，計辰傾遲，知欲還剡自治，甚以悵然。人生如寄耳，頃風流得意之事，殆為都盡，終日慼慼，觸事惆悵，唯遲君來，以晤言消之，一日當千載耳。山縣閒靜差可養疾，事不異剡，而醫藥不同，必思此緣，副其積想也。

支遁東還，爲當時之一大事，世說新語劉孝標註引高逸沙門傳曰：「遁爲哀帝所迎，游京邑久，心在故山，乃拂衣王都，還就巖穴。」雅量篇三十一條：

支道林還東，時賢並送於征虜亭，蔡子叔前至，坐近林公，謝萬石後來，坐小遠。蔡暫起，謝移就其處，蔡還，見謝在焉，因合褥舉謝擲地，自復坐。謝冠幘傾脫，乃徐起振衣就席，神意甚平，不覺瞋沮。坐定，謂蔡曰：「『卿奇人，殆壞我面。』蔡答曰：『我本不為卿面作計。』其後二人俱不介意。」（明倫版世說二八四頁）

支遁與其同學法虔相處最得，虔雋朗有理義，遁甚重之，世說新語傷逝篇曰：

支道林喪法虔之後，精神霣喪，風味轉墜，常謂人曰：「昔匠石廢斤於郢人，牙生輟絃於鍾子，推己外求，良不虛也，冥契旣逝，發言莫賞，中心蘊結，余其亡矣。」却後一年，支遂殞。（明倫版世說四九一頁）

遁死，袁宏爲之銘讚，周曇寶爲之作誄，孫綽作道賢論，以遁方向子期，論曰：「支遁向秀，雅尚莊老。二子異時，風好玄同矣。」又作喻道論曰：「支道林者，識淸佳順，而不對於物，玄道冲濟，與神情同住，此遠流之所以歸宗，悠悠者之所以未悟也。」（高僧傳初集卷四支遁傳）遁葬於剡之石城山，世說新語傷逝篇十二條：

戴公（指戴逵）見林法師墓曰：「德音未遠，而拱木已積，冀神理緜緜，不與氣運俱盡耳。」（明倫版世說四九二頁）

同條劉孝標註引王珣法師墓下詩序曰：

余以寧康二年，命駕之剡石城山，卽法師之丘也。高墳鬱為荒楚，丘隴化為宿莽，遺迹未滅，而其人已遠，感想平昔，觸物凄懷。其為時賢所惜如此。（註：同上）

世說新語另有「支道林造卽色論」，「三乘論」兩條，爲當時佛教七宗之一，此待後論。高僧傳謂遁「每至講肆？善標宗會，而章句或有所遺，時爲守文者所陋，謝安聞而善之曰，此乃九方歅之相馬也，略其玄黃，而取其駿逸。」（高僧傳初集四卷一〇〇頁）世說新語輕詆篇二十四條：

庾道季詫謝公曰：「裴郎云：謝安謂裴郎，乃可不惡，何得為復飲酒。」裴郎又云：「謝安目支道林如九方皐之相馬，略其玄黃，取其儁逸。」謝公云：「都無此二語，裴自為此辭耳。」……（明倫版世說六三二頁）

二說不同，然於支遁初無損益也。

支遁以外，餘如：

道壹道人：世說新語言語篇九十三條：

道壹道人好整飾音辭。

劉孝標註引名德沙門題目曰：

道壹文鋒富贍，孫綽為之讚曰：馳騁遊說，言固不虛，唯茲壹公，綽然有餘，譬若春圃，載芬載敷，條柯猗蔚，枝幹扶疏。

高僧傳卷五：

竺道壹，姓陸，吳人也，少出家，真正有學，而晦迹隱智，人莫能知，晉太和中出都，止瓦官寺，從汰公受學，數年之中，思徹淵深，講傾都邑，晉簡文深所知重，及帝崩，汰死，壹乃還東，止虎丘山，隆安中遇疾而卒，卽葬山南，春秋七十有一。

高僧傳並稱道壹：

博通內外，又律行清嚴，四遠僧尼咸附諮禀，時人號曰九州都維那。」

竺法深：世說新語德性篇三十條：

桓常侍聞人道深公者，輒曰：「此公旣有宿名，加先達知稱，又與先人至交，不宜說之。」（明倫版世說二六頁）

又言語篇四十八條：

竺法深在簡文坐，劉尹問曰：道人何以游朱門？答曰：君自見其朱門，貧道如游蓬戶。或云卞令。（明倫版世說八五頁）

又故事篇十八條：

王劉與深公共看何驃騎，驃騎看文書不顧之。王謂何曰：我今故與深公來相看，望卿擺撥常務，應對共言，那得方低頭看此耶？何曰，我不看此，卿等何以得存。諸人以為佳。（明倫版世說一四一頁）

又文學篇三十條：

有北來道人好才理，與林公相遇於瓦官等，講小品，于時竺法深，孫興公悉共聽，此道人語，屢設疑難，林公辯答清晰，辭氣俱爽。此道人每輒摧屈。孫問深公，上人當是逆風家，向來何以都不言。深公笑而不答。林公曰：白旃檀非不馥，焉能逆風。深公得此義，夷然不屑。（明倫版世說一六八頁）

又方正篇四十五條：

後來少年，多有道深公者，深公謂曰：黃吻年少，勿為評論宿士，昔嘗與元明二帝，王庾二公週旋。（明倫版世說二五二頁）

慧皎高僧傳卷四竺道潛傳曰：

竺道潛字法深，姓王，瑯琊人，晉丞相武昌郡公敦之弟也，年十八出家，事中州劉元真為師，元真早有才解之譽，（略）潛伏膺已後，剪削浮華，崇本務學，微言興化，譽溢西朝，風姿容貌，堂堂如也。至年二十四，講法華大品，旣蘊深解，復善說，故觀風味道者，常數盈五百，晉永嘉初，避亂過江，中宗元皇，乃肅祖明帝，丞相王茂弘、太尉庾元規，並欽其風德，友而敬焉。（高僧傳卷四九八頁）

元、念常佛祖歷代通載謂：

哀帝詔法師竺潛（卽法深）講般若於禁中，常着屐於殿中，人聚觀歎道德高風，初不省有市朝。又謂：「支遁寓書求買沃洲小嶺歸隱，潛答曰：欲來當給，未聞巢由買山而隱也。寧武二年卒，武帝下詔曰：法深理悟虛遠，風鑑清高，棄宰輔之榮，襲染衣之素，山居世外，篤勤匪懈，方賴宣道以濟蒼生，奄從遷謝，用痛於懷。其賜緡錢十萬，助建塋塔，凡中國敕葬沙門，自潛而始。」（新文豐版佛祖歷代通載第七五〇頁）

按法深佛學思想，主張「本無義」，列爲六家七宗之一。玆不詳述。

康僧淵：世說新語棲逸篇第十一條：

康僧淵在豫章，去郭數十里立精舍，旁連嶺帶長川，芳林列於軒庭，清流激於堂宇，乃閑居研講，希心理味。庾公諸人多往看之，觀其運用吐納，風流轉佳，加處之怡然，亦有以自得，聲名乃興。」（明倫版世說五〇三頁）

據慧皎高僧傳：

康僧淵本西域人，生於長安，貌雖梵人，語實中國，容止詳正，志業弘深，誦放光、道行二般若，卽大小品也。又謂：「後因分衞之次，遇陳郡殷浩，浩始問佛經深遠之理，却辯俗書性情之義，自晝至曛，浩不能屈，由是改觀。」（高僧傳初集卷四九四頁）世說新語排調篇並謂：「康僧淵目深而鼻高，王丞相每調之，僧淵曰：鼻者面之山，目者面之淵，山不高則不靈，淵不深則不清。」（世說新語五九八頁）高僧傳稱此事「時人以為名答。」並謂康僧淵「於豫章山之寺，去邑數十里，帶江傍嶺，松竹鬱茂，名僧勝達，響附成羣，常以持心梵天經，空理幽遠，故偏加講說，尚學之徒，往還塡委。」（併見高僧傳）

康法暢：世說新語言語篇第五十二條：

康法暢造庾太尉，握麈尾至佳。公曰：此至佳，那得在。法暢曰：廉者不求，貪者不與，故得在耳。（明倫版世說八八頁）

高僧傳卷四謂法暢：

常執麈尾行，每值名賓，輒清談竟日。（高僧傳卷四康僧淵傳第九四頁）

法暢氏族，所出未詳，法暢著人物始義論，自敍其美云：悟銳有神，才辭通辯。法苑珠林亦謂：「人物始義論」一卷，右晉成帝時沙門釋法暢撰。」清談家多以人物為論辯題材，魏劉邵撰「人物志」，其書討論人才問題，以外見之符，驗內藏之器，分別流品，研析疑似，近於名家之言，及後鍾會之「四本論」，究才性異同，稍涉哲理，永嘉南渡，舊云「王丞相過江，止道聲無哀樂、養生、言盡意三理而已，然宛轉關生，無所不入。」(世說新語文學篇第二十一條) 按三理均與人物品質相同。蓋內藏之器，外見之情，概可於三者證之。法暢之「人物始義論」，當係融通諸說，自鑄偉辭。故云：「悟說有神，才辭通辯。」其自負如此。

以上諸僧，皆清談健將，亦有不善口辯，而能厠身於清談之列者如高座道人，世說新語言語篇第三十九條：

高座道人，不作漢語，或問此意，簡文曰：以簡庭對之煩。(明倫版世說七八頁)

劉孝標註引高座別傳曰：

和尚胡名帛尸黎密，西域人，傳云國王子，以國讓弟，遂為沙門，永嘉中，始到此土，止於大市中，和尚天姿高朗，風韻道邁，丞相王公，一見奇之，以為吾之徒也。周僕射領選，撫其背而歎曰，若選得此賢，令人無恨。俄而周侯遇害，和尚對其靈坐，作胡咒數千言，音聲高暢，既而揮涕收淚，其哀樂廢興皆此類，性高簡，不學晉語，諸公與之言，皆因傳譯，然神領意得，頓在言前。

另世說新語賞譽篇第四十八條：

時人欲題目高坐而未能。（明倫版世說三三八頁）

劉孝標註引高坐傳曰：

庚亮、周顗、桓彝一代名士，一見和尚，披衿致契，曾為和尚作目，久之未得，有云尸黎密可稱卓朗。於是桓始咨嗟，以為標之極。

高座與高坐當爲一人，因其胡名皆爲尸黎密。據高僧傳卷一高傳，其全名爲「帛尸黎密多羅，此云吉友，西域人，時人呼爲高座。」密評王丞相導爲「王公風道期人。」評卞尚書望之爲「卞令軌度格物」，瑯琊王珉嘗師事於密，晉咸康中卒，春秋八十餘，諸公聞之，痛惜流涕，其爲當時所重如此。（見高僧傳卷一帛尸黎密多羅傳）。

以上所擧，只是顯例，至沙門之參與清談活動，亦與當時談客同持麈尾，世說新語中亦有所見。按談士之用麈尾，早見於王夷甫，容止篇八條：

王夷甫，容貌整麗，妙於談玄，恆捉白玉柄麈尾與手都無分別。（明倫版世說四六八頁）

文學篇第三十一條：

孫安國往殷中軍許共論，往反精苦，主客無間，左右進食，冷而復煖者數四，彼我奮擲，麈尾

悉脫落……。（明倫版世說一六九頁）

賞譽篇第五十九條：

何道往丞相許，丞相以麈尾指坐，呼何共坐曰、來來，此是君坐。（明倫版世說三四二頁）

傷逝篇第十條：

王長史病篤，寢臥燈下，轉麈尾視之，歎曰：如此人，曾不得四十，及亡，劉尹臨殯，以犀柄麈尾箸柩中，因慟絕。」（明倫版世說四九一頁）

握麈是當時風氣，沙門之持麈尾者如世說言語篇五十二條：

康法暢造庾太尉，握麈尾至佳。（明倫版世說八八頁）

另高僧傳卷五晉京師瓦官寺竺法汰傳：

時沙門道恆頗有才力，常執心無義，大行荊土，（中略）以麈尾扣案。（高僧傳初集卷五）

自宋齊以後，僧人之持麈尾者尤多，齊道慧至以麈尾殉葬，事見高僧傳卷八。

麈尾何物？

釋　藏音義指歸曰：

「名苑曰，鹿之大者曰麈，羣鹿隨之，皆看麈所往，隨麈尾所轉為準。今講僧執麈尾拂子，蓋象彼有所指麈故耳。」

僧家講說，多用拂子助興，其來已久，固非魏晉談士之專利，後世道教人物亦相沿持用，想亦係因襲魏晉風尚。

除麈尾外，亦持「如意」，世說簡傲篇十四條：

謝萬北征，常以嘯詠自高，未嘗撫慰衆士，謝公甚器愛萬，而審其必敗，乃俱行，從容謂萬曰：汝爲元帥，宜數喚諸將宴會，以悅衆心。萬從之，因召集諸將，都無言說，直以如意指四坐云，諸君皆是勁卒，諸將甚忿恨之……。（明倫版世說五八四頁）

排調篇二十三條：

庾征西大舉征胡，旣成行，止鎭襄陽，殷豫章與書，送一折角如意以調之。庾答書曰：「得所致，雖是敗物，猶欲理而用之。」（明倫版世說五九九頁）

「如意」是搔杖，音義指歸云：「如意者古之爪杖也，或骨、角、竹、木削作人手指爪，柄可長三尺許，或脊有癢，手所不到，用以搔抓，如人之意。」吳曾能改齋漫錄卷二謂「齊高祖隱士胡僧詔竹根如意，梁武帝賜昭明太子木犀如意，石季倫、王敦皆執鐵如意，三者竹、木、鐵爲之，蓋爪杖也。」又謂：「釋流如文殊亦執之，豈欲搔癢耶？蓋講僧尚執之，私記節文祝辭於柄，以備忽忘，手執目對，如人之意，凡兩意耳。」

如意搔養之物，用於淸談助興，以今日視之，殊覺不雅，然在當時，用途頗多，石崇與王愷爭豪，崇以鐵如意擊愷珊瑚樹。（汰侈篇第八條）王處仲（王敦）酒後詠詩，以如意打唾壺，壺口盡缺。（豪爽篇第四條）殷荊州以如意點文示意。（雅量篇第四十一條）而陳林道鎭淮南，與都下諸人會於牛渚，以如意拄頰望鷄籠山，嘆曰：孫伯符志業不遂。於是竟坐不得談。（豪爽篇第十一條）世說新語中，無沙門持如意記載，然如吳曾能改齋漫錄所云，如意本出釋氏，魏晉講僧持如意節錄經文於上，以備談資，當不乏其例。

二、沙門多以穿透淸談爲方法，全力推行佛法爲目的：

世說新語之起訖年代，正當東漢佛法初傳，至東晉而大盛，書中人物，除談老莊易理以外，佛學氣息最厚，然偶有譏佛者。言語篇四十一條：

庾公嘗入佛圖，見臥佛，曰：此子疲於津梁。於時以為名言。（明倫版世說八〇頁）

劉孝標說：「涅槃經云，如來背痛，於雙樹間北首而臥，故後之圖繪者爲此象。」津梁以喻接引，庾公之語，亦猶楚狂之譏孔子栖栖遑遑之意。然庾公本身固未排佛，當康僧淵在豫章山間立精舍，閑居研講：「庾公諸人多往看之，觀其運用吐納，風流轉佳。」（世說新語棲逸第十一條）庾公卽庾亮，字元規，史謂其「美姿容，善談論，性好莊老，風格峻整，動由禮節。」（晉書卷七十三庾亮傳）其行事在道法之間，故其譏刺佛圖，自無足怪。

早在西晉之末，五胡亂作，石勒嗜殺，中原塗炭，佛圖澄欲以道化勒，於是杖策軍門，勸勒憫念無辜，此事於佛法之推行，有其深遠影響。石勒死，其從弟石虎卽位，亦師澄，號大和尚，世說新語言語篇第四十五條：

佛圖澄與諸石遊，林公曰：澄以石虎為海鷗鳥。（明倫版世說八二頁）

據晉書佛圖澄傳：「佛圖澄天竺人他，本姓帛氏，少學道，妙通玄學，永嘉四年，來適洛陽，自云百餘歲，常服氣自養，能積日不食，善誦神咒，役使鬼神，腹旁有一孔，常以絮塞之，每夜讀書則拔絮，孔中出光，照於一室。」神異之事，固無庸考辨，然佛圖澄之化石勒，首以神異之事見信於石氏，此在宗教家而言，僅爲一種手段，魏晉西來沙門，偶以神異法術見稱，時或有之，社會大衆驚眩其術，轉而信其道，亦理之常，卽連高級智識份子，初亦未能免除此種想法。

其時佛教僧徒推廣佛法，有二大策略，一曰寄生權貴，會通老莊以釋佛理，是曰格義之學。二曰：創立寺廟，招引徒衆以信佛法，姑曰宗派之學。此二策略之推行，皆可於世說新語中證之，本文資料所引，皆以世說新語一書爲主，詳細徵論，另俟他文。

關於寄生權貴者，

永嘉之亂，沙門渡江，紛紛依附權貴，其計始自道安，道安爲佛圖澄弟子，當石虎死，石氏國運衰危，道安師徒爲慕容俊所逼，南投襄陽，行至新野，謂徒衆曰：「今遭凶年，不依國主，則法事難立，又教化之體，宜令廣布，咸曰：隨法師教，乃令法汰詣揚州，曰彼多君子，好尚風流。法和入蜀，山水可以修閑，安與弟子慧遠等四百餘人渡河。」（高僧傳一集卷五道安傳）安抵襄陽，卽依時宰弘法，世說新語雅量篇第三十二條：

郗嘉賓欽崇釋道安德問，餉米千斛，修書累紙，寄意殷勤，道安答，直云：損米，愈覺有待之

爲煩。（明倫版世說二八五頁）

郗嘉賓卽郗超，郗鑒子，交遊士林，性好施與，散盡所有而不吝，官雖不高，而權重當時，桓溫爲征西大將軍，嘉賓黨於溫氏，餉米千斛於道安，當在此時。據晉書六十七卷郗鑒傳，並謂沙門支遁亦與嘉賓交厚，許爲一時之俊。

高僧傳釋道安傳謂道安抵襄陽後，與征西將軍桓朗子、及朱序善。荆襄大富捐資建塔，起房舍四百，涼州刺史楊弘忠送銅萬斤，符堅送外國金箔倚像。又襄陽名流習鑿齒，鋒辯天逸，籠罩當時，與安接交，四海仰慕，習鑿齒與謝安書曰：「來此見釋道安，故是遠勝，非常道士，師徒數百，齋講不倦，無變化技術，可以惑常人耳目，無重威大勢，可以整羣小之參差，而師徒肅肅，自相尊敬，洋洋濟濟，乃是吾由來所未見，（中略）作義乃似法簡法道，恨足下不同日而見，其亦每言思得一敍。」道安之爲時賢所重如此。晉孝武帝，遣使通問，以同於王公之俸給之。其後符堅攻襄陽，獲道安及習鑿齒，謂以十萬師取襄陽唯得一人半，蓋指道安一人，習鑿齒半人耳。（見高僧傳初集卷五道安傳）

當道安弘教荆襄以及關中之時，其徒衆之東下者以法汰最著，世說新語賞譽篇第一一四條：

初法汰北來未知名，王領軍供養之，每與周旋行，來往名勝許，輒與俱，不得汰，便停車不行，因此名遂重。（明倫版世說第三六一頁）

法汰與道安同學，據高僧傳謂汰才辯不逮道安，而姿貌過之，與道安避難至新野，安命法汰東下，於荆州識桓溫，至都，止瓦官寺，渡江，至揚士，領軍王洽，東亭王珣，太傅謝安，並欽敬無極，晉太宗簡文帝，深相敬重，請講放光經，帝親臨幸，王侯公卿，莫不畢集，汰形解過人，流名四遠，開講之日，黑白觀聽，士庶成羣。（高僧傳初集卷五法汰傳）然法汰東來之初，係得王領軍宣揚之力，王領軍丞相王導第三子，累遷吳郡內史，爲士民所懷，領軍之與法汰，可謂有緣：「來往名勝許，輒與俱，」二人交情可知，及汰死，烈宗詔曰：「法汰師喪逝，哀痛傷懷，可賵錢十萬。」（世說新語賞譽一一四條，劉孝標註轉引泰元起居注。」可以想見其哀榮。法和亦與安同學，入蜀後巴漢之士，慕德成羣，僞晉王姚緒亦敬禮有加。（註高僧傳初集卷五法和傳）

其次有康僧淵，世說新語文學篇第四十七條：

康僧淵初過江，未有知者，恆周旋市肆，乞索以自營，忽往殷淵源許，值盛有賓，殷使坐，粗與寒溫，遂及義理，語言辭旨，曾無愧色，領略粗擧，一往參詣，由是知之。（明倫版世說一八〇頁）

沙門欲求寄生於權貴，必先求知於權貴，有以術者如佛圖澄，有以學者如道安，前已論之。有以技受知者如于法開。世說新語術解篇第十條：

郗愔信道甚精勤，常患腹內惡，諸醫不可療，聞于法開有名，往迎之，既來，便脈云：君侯所患，正是精進太過所致耳。合一劑湯與之，一服，卽大下，去數段許紙如拳大。（明倫版世說第五三五頁）

劉孝標註引晉書曰：「法開善醫術，嘗行，暮投主人家，值妻生，而兒積日不墮，法開曰，此易治耳，殺一肥羊，食十餘臠而針之，須臾兒下，羊膜裹兒出。」高僧傳謂開妙通醫法：「或問法師高明剛簡，何以醫術經懷。答曰：明六度以除四魔之病，調九候以療風寒之疾，自利利人，不亦可乎，年六十卒於山寺，孫綽爲之目曰，才辯縱横，以數術弘教，其在開公乎。」（高僧傳卷四一〇六頁）按佛教因明之學有五，醫方明爲其一，爲方便弘教之用，（早期來華傳教之西人，亦多具醫術，馬偕即爲一例，）佛法之來中國，僧衆精醫方技藝者，不乏其人，如漢安世高通七曜五行醫方異術，乃至鳥獸之聲，無不綜達。（高僧傳初集卷一，安世高傳）晉佛圖澄於痼疾莫能治者，澄爲醫療，應時瘳損。（高僧傳卷十佛圖澄傳）吳支亮世間伎藝，多所綜習。（高僧傳初集卷康僧會傳）秦鳩摩羅什博覽四韋陀典及五明諸論，陰陽星算，莫不畢盡，妙達吉凶，言若符契。（高僧傳卷二，鳩摩羅什傳）宋之求那跋陀羅，幼學五明緒論，天文書算，醫方咒術，靡不該博。（高僧傳初集求那跋陀羅傳）僧含精天文算術，數論兼明，尤曉讖緯。（高僧傳卷七僧含傳）而齊之僧祐精建築彫刻，於大像石佛，能自準心計，經始儀則，匠人依圖施工，尺寸無爽。（高僧傳卷十三、僧祐傳）因于法開以醫術受知於權貴士庶之間，故附論及之。

有以宗教信仰受知者如慧遠。世說新語規箴篇二十四條：

遠公在盧山中，雖老，講論不輟，弟子中或有墮者，遠公曰桑榆之光，理無遠照，但願朝陽之暉，與時並明年。執經登坐，諷誦，詞色甚苦，高足之徒 皆肅然增敬也。（明倫版世說一八八頁）

另世說新語文學篇第十一條，記載慧遠論易曰：

殷荊州曾問遠公，易以何為體？答曰：易以感為體。殷曰：銅山西崩，靈鐘東應，便是易耶？遠公笑而不答。

劉孝標註引張野遠法師銘曰：「沙門釋慧遠，雁門樓煩人，本姓賈氏，世爲冠族，年十二，隨舅令孤氏遊學許洛，年二十一，欲南渡，就范宣子學，道阻不通，遇釋道安爲師，抽簪落髮，研求法藏。釋曇翼，每資以燈燭之費。識鑒淹遠，高悟冥頤，安常歎曰：道流東國，其在遠乎？襄陽旣沒，振錫南遊，結宇靈岳，自年六十，不復出山，名被流沙，彼國僧衆，皆稱漢地有大乘沙門，每至然香禮拜，輒東向致敬，年八十三而終。」高僧傳慧遠傳謂慧遠奉道安命，初與弟子數十人，南適荊州，後欲往羅浮山，及屆潯陽，見廬峯清靜，足以息心，始住龍泉精舍，後營東林寺，別置禪林，其時達官顯貴與遠遊者，有刺史桓伊，彭城劉遺民，豫章雷次宗，雁門周續之，新蔡畢穎之，南陽宗炳、張萊民、張季碩、殷仲堪、王謐、王默、盧循、桓氏、陶淵明，謝靈運等人。

慧遠在佛教史上之地位極高，其學至博，而特宗淨土，持精靈不滅之說，嘗作釋三報論，明報應論，於人生沉溺生死之苦，累刼轉輪之痛，尤所深懼，因與劉遺民等人，創精舍無量壽佛，像前建齋立誓，共期西方，乃令劉遺民著其文，首曰：

維歲在攝提格，七月戊辰朔，二十八日乙未，法師釋慧遠，貞感幽奧，霜懷特發，乃命延同志息心貞信之士百有二十三人，集於廬山之陰，般若雲臺精舍阿彌陀像前，率以香華，敬薦而誓焉。（高僧傳慧遠傳）

謝靈運遠法師誄曰：

昔釋安公振玄風於關右，法師嗣沫流於江左，聞風而說，四海同歸，爾乃懷仁山林，隱居求志，於是衆僧雲集，勤修淨行。（廣弘明集）

按釋迦牟尼佛在耆闍崛山說無量壽經，在王舍城說觀無量壽經，在祇樹給孤獨園說阿彌陀經，宣示彌陀因位之願行，果成之利益及衆生往生之因果等，開闢往生淨土之法門，佛滅度後，馬鳴、龍樹、天親造往生淨土等論，贊述三經要義，此宗在中國興起，當以東晉慧遠爲始，遠公在廬山，結蓮社，專倡淨土，修習此宗，一稱淨行、或淨業，特重他力往生，以念佛爲三昧，一心專念阿彌陀佛爲往生法門。此後持名念佛，漸行於大江南北之民間，至北魏之曇鸞大弘淨土念佛之業，常被推爲淨土教之初祖，然倡導推廣之功，慧遠之蓮社，實有重大影響，蓋慧遠之所交遊，皆當時高級智識份子，如：

劉遺民，原名劉程之，彭城人，妙善老莊，旁通百氏，乃之廬山，傾心自託於遠，劉裕以其不屈，乃旌其號曰遺民，專心念佛坐禪，逝時五十九。（廬山志卷九，歷代人物）

雷次宗，字仲倫，南昌人，博學明詩禮，入廬山，預蓮社，立館東林之東，元嘉十五年，召至京師，立學館鷄籠山，數幸問，資給甚厚，久之還南昌，公卿祖道以送。二十五年，召拜散騎常侍不就，復徵詣京師，築室鍾山，謂之招隱館，每自華林園入延賢堂，爲太子諸王講喪服經。（廬山志卷九，歷代人物）

周續之，字道祖，雁門人，十二詣范甯受業，通五經五緯，時號十經童子。養志閑居，窮研老易，公卿交辟無所就，入廬山事遠公預蓮社，宋武帝踐祚，召至都館郭外，乘輿行幸問禮經，時號通隱先生，與劉遺民陶淵明，俱隱廬山名尋陽三隱。（廬山志卷九歷代人物）

宗炳，字少文，南陽人，妙善琴書，尤精玄理，殷仲堪、桓玄、劉毅徵辟皆不就，乃入廬山築室依遠公蓮社。（廬山志卷九，歷代人物）

張野，字萊民，與淵明有婚姻之契，學兼華梵，善屬文，舉秀才府功曹州治中，徵爲散騎常侍俱不就，入匡廬山，師釋慧遠，與劉遺民、雷次宗同修淨業，研味釋典，及遠公卒，謝靈運爲碑銘而野爲之序稱門人。（廬山志卷九歷代人物）

張銓字秀碩，野之族子，朝庭徵爲散騎常侍不起，庾悅起爲尋陽令不就，入廬山依遠研窮釋典，宋景平元年，無疾向西念佛安臥而卒。（廬山志卷九歷代人物）

按慧遠蓮社，人數至衆，舊著有蓮社高賢傳，列十八人，以上劉遺民等六人，爲十八賢中之儒家，而皆爲時名士，另陶淵明與慧遠之關係如何，傳說不一，或謂慧遠居東林，遠送客不過虎溪，過則虎輒鳴吼，曾送淵明、修靜過溪，虎鳴吼相顧大笑，世傳爲虎溪三笑。」事見廬山志卷九，歷代人物陸修靜條，然他處不載。淵明與蓮社中人多所交往，又與蓮社健將張野有親，雖無入社之迹，關係必很密切。當蓮社風動四方之時，亦有若干名流不肯參與其活動者，如周續之師范甯痛斥虛浮之習，指王弼何晏之罪深於桀紂，爲豫章太守，去廬山最近，慧遠招之入社，甯不能往。（事見廬山寺卷九慧遠條附註）此種情形當時恐尚不止此例。

兩晉朝野人士，於佛法之東來，大致採接納態度，其理論與當時玄學，確有部份近似之處，僧徒亦善於掌握此一機勢，託迹權門，交遊王公，名士道人，名流道侶，治爲一爐，佛法之盛，於焉以啓。高僧傳初集卷四竺道潛傳）

晉永嘉初，避亂過江，中宗元皇，及肅祖明帝，丞相王茂弘，太尉庾元規，並顯其風德(指道潛)友而敬焉。及中宗肅祖昇遐，王庾又薨，乃隱迹剡山，以避當世，追蹤問道者，已復結侶山門。（略）至哀帝好重佛法，頻遣兩使慇懃徵請，潛以詔旨之重，暫遊宮闕，即於御筵開講大品，上及朝士並稱善焉。於時簡文作相，朝野以為至德，以潛是道俗標領，又先朝友敬，尊重挹服，頂戴兼常，迄乎龍飛，虔禮彌篤。（高僧傳初集卷四九八頁）

僧徒遊於貴顯之門者，豈止道潛，而達官顯貴同時之遊於佛門者，爲數尤衆。高僧傳宋京師東安寺釋慧嚴傳：

中朝已遠，難復盡知，度江以來，則王導、周顗、庾亮、王蒙、謝尚、郗超、王坦、王恭、王謐、郭文、謝敷、戴逵、許詢、及亡高祖兄弟王元琳毘季、范汪、孫綽、張玄、殷顗、或宰輔之冠蓋，或人倫之羽儀，或置情天人之際，成抗迹煙霞之表，並稟志歸依，厝心崇信。（高傳初集卷七一七頁）

慧嚴傳所引向佛名流，亦係略舉，並未盡列，然亦可概其餘。僧徒既與貴人交，間亦涉及政治鬭爭，尤悔篇十七條，劉孝標注引周祇隆安記曰：

仲堪以人情注於玄。疑朝廷欲以玄代己，遣道人竺僧慭齎寶物遺相王寵幸，媒尼、左右，以罪狀玄，玄知其謀而擊滅之。（明倫版世說六八〇頁）

當時女尼，亦與朱門交遊、賢媛篇三十條：

謝遏絕重其姊，張玄常稱其妹，欲以敵之。有濟尼者，並遊張、謝二家，人問其優劣，答曰：王夫人神情散朗，故有林下風氣。顧家婦清心玉映，自是閨房之秀。（明倫版世說五二八頁）

謝遏卽謝玄，其姊謝道韞，爲王凝之妻，有咏絮之才。其姊嘗責玄：「汝何以都不復進，是爲塵務經心，天分有限。」（世說賢媛二十八條）張玄妹，劉孝標注：「顧家婦，殆是顧敷與張玄中表再姻。」此濟尼能往來張謝二家，當係僧尼中之活躍份子。

關於創立宗派者：

佛學至深，非常人易解，當時智識份子，或因政治因素，或因果報之說，紛紛信佛，初亦難懂佛學眞義，世說新語文學篇第五十條：

殷中軍被廢東陽，始看佛經，初視維摩詰，疑般若波羅密太多，後見小品，恨此語少。（明倫版世說一八一頁）

殷中軍卽殷浩，以中軍將軍鎭壽陽，於姚襄歸降事，處置失當，襄叛，浩以罪遷於東陽信安縣，「終日恆書空作字，揚州吏民尋義逐之，竊視，唯作咄咄怪事四字而已。」（世說新語黜免篇第三條）以殷浩之能，讀佛經猶有難處，世說新語文學篇第二十三條：

殷中軍見佛經云：理應在阿堵上。

「阿堵」，晉人習語，阿，發語辭，堵音者，此也。楊勇世說校箋謂：「殷中軍之言，理應在阿堵上，以宋元語錄之，乃名理應當在者上也。」（明倫版楊勇著世說新語校箋一六五頁）

文學篇四十三條：

殷中軍讀小品，下二百籤，皆是精微，世之幽滯。嘗欲與支道林辯之，竟不得，今小品猶存。

（明倫版世說一七八頁）

按釋氏辯空經，有詳有略，詳者爲大品，略者爲小品，據劉孝標註，引高逸沙門傳曰：「殷浩能言名理，自以有所不達，欲訪之於遁，遂邂逅不遇，深以爲恨，其爲名識賞重，如此之至焉。」但據孝標另引語林曰：「浩於佛經，有所不了，故遣人迎林公。林公乃虛懷欲往。王右軍駐之曰：『淵源思致淵富，既未易爲敵，且己所不解，上人未必能通，縱復服從，亦名不益高，若佻脫不合，便喪十年所保，可不須往。』林公亦以爲然，遂止。」語林與沙門傳所記不同，以支遁之好辯，殷浩訪之不遇，遁應有回拜之禮，自可使浩無恨，以情理衡之，語林所記似有可能，支遁自全之道，得之老莊，恐非釋氏教化之精神。

文學篇第五十二條：

殷中軍被廢，徙東陽，大讀佛經，皆精解，唯至『事數』處不解，遇見一道人，問所籤，便釋

然。（明倫版世說一八八頁）

劉孝標註：「事數，謂若五陰、十二入、四諦、十二因緣、五根、五力、七覺之屬。」按佛學之基本理論爲四諦：如苦集滅道是。五陰：如色受想行識是。十二入：如六根、六塵是。十二因緣：如無明、行、識、名色、六入、觸、受、愛、取、有、生、老死是。五力：如信力、精進力、念力、定力、慧力是。七覺：如眼耳口鼻七孔之覺是。讀佛典阿含經，大致皆可通此理。以殷浩之學，如循序而讀佛書，當無不通，惟殷所讀，想自空宗之學入手，故於基礎佛學容有未解，乃屬當然之事。道人能爲殷浩說，此道人應是佛門中人。蓋魏晉南北朝之世，佛徒亦稱道人，鳩摩羅什傳：「光（指呂光）曰道士之操，不踰先父，何所固辭。」（高僧傳初集卷二）曇摩流支傳：「頃有西域道士弗若多羅是罽賓人。」（高僧傳初集卷二）求那跋摩傳：「闍婆王母夜夢見一道士飛舶入國。」（高僧傳初集卷三）道安傳：「時人語曰：漆道人（指道安）驚四鄰。」（高僧傳初集卷五）慧受傳：「是昔時外國道人起塔之基。」（高僧傳初集卷十四）僧護傳：「道人笑曰：宜更思之。」（高僧傳列集卷十四）法悅傳：「時虜帥蘭陵公攻陷此營，獲諸沙門，於是盡執二州道人，幽繫囹裏。」（高僧傳初集卷十四）凡此均可證明道人卽佛徒之通稱。

文學篇四十八條：

殷謝諸人共集，謝因問殷：眼往屬萬形，萬形入眼不。（明倫版世說一八〇頁）

此爲佛學上之認識論，殷浩與謝安辯，而浩無答。劉孝標疑有闕文，孝標並引成實論曰：『眼識不待到而知虛塵，假空與明，故得見色，若眼到色，則無空明，如眼篦觸目，則不能見色，當知眼識不到而知。』依如此說，則眼不往，形不入，遙屬而見也。」殷浩未就此問題，加以討論，恐亦屬「不解」範圍。

文學篇六十四條：

提婆初至，為東亭第講阿毗曇，始發講，坐裁半，（僧彌）僧珍便云：都已曉。即於坐分數四，（有意道人）更就餘屋自講。提婆講竟，東亭問法綱道人曰，弟子都未解，（阿彌）（僧珍）那得已解，所得云何。曰：大略全是，故當小未精覈耳。（明倫版世說一九一頁）

東亭侯王珣，請提婆講阿毗曇，自是盛事，阿毗曇秦譯無比法，高僧傳卷六慧遠傳：「後有罽賓沙門僧伽提婆，博識衆典，以晉太元十六年來至尋陽，遠請譯阿毗曇心及三法度論。」是經由慧遠作序，稱為「管綜衆經，領其宗會。」高僧傳卷一僧伽提婆傳謂提婆遊京師：「晉朝王公及風流名士，莫不造席致敬，時衞軍東亭侯瑯琊王珣，淵懿有深信，扶持正法，建立精舍，廣招學衆，提婆既至，珣即延請，仍會於其舍講阿毗曇，名僧畢集。」王僧珍時亦在座聽講，於提婆所講纔及一半，便能知曉全義，而東亭都未盡解，故此提出疑問以詢法綱道人。佛法全講機緣，東亭之不解，並不足以證明僧珍亦不能解，然以此可見佛學之精深，雖在當時高級知識份子，並非盡人可以體悟。

文學篇五十七條：

僧意在瓦官寺中，王苟子來，與共語，便使其唱理，便謂王曰：聖人有情否？王曰：無。重問

曰：聖人如柱耶？王曰：如籌算，雖無情，運之者有情。僧意云：誰運聖人耶？苟子不得答而云。（明倫版世說一八六頁）

王苟子，劉孝標註爲王循小字，或作王修，聖人有情無情，與當時另一論題「聖人無喜怒哀樂論」相同，嵇康著「聲無哀樂論」，爲過江人士所標三理之一。（世說新語文學篇二十一條）莊子書中首曾論此，而將聖人之情歸結於「應而不藏」，應則爲有情，不藏則爲無情矣。佛學以衆生爲有情，而聖人之住世濟人，亦出於慈悲憐憫之情，此爲道佛兩家所共同之論題。僧意與王苟子在瓦官寺中討論此事，僧意所謂「誰運聖人耶」此尤近佛學。史謂苟子善言名理，乃不能作答，則其所論涉及佛學之部份必多。

言語篇五十一條：

張玄之顧敷，是顧和中外孫（指中表外孫）皆少而聰慧，和並知之，而常謂顧勝，親重偏至，張頗不懕。於是張年九歲，顧年七歲。和與俱至寺中，見佛般泥須像，（卽涅槃）弟子有泣者，有不泣者，和以問二孫，玄謂：彼親故泣，彼不親故不泣。敷曰：不然，當由忘情故不泣，不能忘情故泣。（明倫版世說八七頁）

此條可與僧意之聖人有情無情條參看。

棲逸篇十七條：

郗尚書與謝居士善，常稱：謝慶緒識見雖不絕人，可以累心處都盡。（明倫版世說五〇六頁）

郗尚書指郗恢，雍州刺史，謝敷字慶緒，劉孝標註引檀道鸞續晉陽秋謂謝敷：「崇信釋氏，初入太平山中十餘年，以長齋供養爲業，招引同事化納不倦，以母老還南山若邪中，內史郗愔表薦之，徵博士，不就，初，月犯少微星，一名處士星，占云：以處士當之。時戴逵居剡，旣美才藝，而交遊貴盛，先敷著名，時人憂之。俄而敷死，會稽人士以嘲吳人云：吳中高士，便是求死不得。」細玩會稽人士之嘲語，應以謝敷之評價爲高。謝敷學佛，做到「累心處都盡，」時時拂拭，不染塵埃，識見雖不絕人，其心志實已過人。郗恢雖未極譽，然贊譽之情，已見乎辭。

排調篇二十二條：

何次道往瓦官寺禮拜甚勤，阮思曠語之曰：卿志大宇宙，勇邁終古。何曰：卿今日何故忽見推。阮曰：我圖數千戶郡，尚不能得，卿乃圖作佛，不亦大乎。（明倫版世說五九九頁）

排調篇五十一條：

二郗奉道，二何奉佛，皆以財賄。謝中郎云：二郗諂於道 二何佞於佛。（明倫版世說六一三頁）

劉孝標註引晉陽秋曰：何充性好佛道，崇修佛寺，供給沙門以百數，久在揚州，徵役吏民，功賞萬計，是以爲遐爾所譏，充弟準，亦精勤，唯讀佛經，營治寺廟而已。」按二郗指郗愔及弟曇，皆奉天師道。阮思曠譏何妄想作佛，謝中郎譏二郗二何佞佛佞道，皆於其動機不純，有所指責。然阮思曠之信佛行爲，亦大有問題。

尤悔篇十一條：

阮思曠奉大法，敬信甚至，大兒年未弱冠，忽被篤疾，兒既是偏所愛重，為之祈請三寶，晝夜不懈，謂至誠有感者，必當蒙祐，而兒遂不濟，於是結恨釋氏，宿命都除。（明倫版世說六七六頁）

阮思曠字彥倫，仕至州主簿，以禱佛不靈，遂盡除宿昔本心所信奉之佛法，此蓋以祈求福報而奉佛者。劉孝標評之曰：「以阮公智識，必無此弊，脫此非謬，何其惑歟。夫文王期盡，聖子不能駐其年，釋種誅夷，神力無以延其命，故業有定限，報不可移，若請禱而望其靈，匪驗而忽其道，固陋之徒耳，豈可與言神明之智者哉。」（見尤悔第十一條劉註）按阮思曠學佛之動機，較何次道尤欠純正，次道學佛只圖作佛，其理並無不正，而阮思曠信佛乃是想圖數千戶郡，又圖爲兒子延壽，圖謀不成，遂至恨佛，眞可謂「固陋之徒」，殊不可法。

佛法非普通宗教，有其哲理，倘悟之不深，或信之不正，皆無以見其功，雖貴至帝王，於佛法亦有不甚了了者。文學篇四十四條：

佛經以為祛練神明，則聖人可致。簡文云：不知便可登峯造極不？然陶練之功，尚不可誣。

（明倫版世說一七八頁）

簡文之學養，不在當時名士之下，而於佛法之認識，亦僅止於「陶練之功」，餘人可知。是以佛徒之秀者，各自詮釋，對機說法。於是有「格義」之學，有宗派之分。所謂「格義」，係部份僧徒以老莊玄理解釋佛理，使之漸入人心，期於篤信，此在漢末，已有以儒理解釋佛理之情形。高僧傳初集吳建業建初寺康僧會傳：

（會曰）為惡於隱，鬼得而誅之，為惡於顯，人得而誅之，易稱積善餘慶，詩詠求福不回，雖儒典之格言，卽佛教之明訓。皓曰（指孫皓）若然，則周孔已明，何用佛教。會曰：周孔所言，略示近迹，至於釋教，則備極幽微，故行惡，則有地獄長苦，修善，則有天宮永樂，舉茲以明勸阻，不亦大哉。皓當時無以折其言。（高僧傳初集卷一，第十二頁）

僧會以詩易之理，釋佛法之果報，只是權教，事實上兩者應有分別，但當時並無「格義」之說，至竺法雅時，始有此名。高僧傳晉高邑竺法雅傳：

竺法雅河間人，凝正有器度，少善外學，長通佛義，衣冠仕子，咸附諮稟。時依雅門徒，並世典有功，未善佛理，雅乃與康法朗等，以經中事數，擬配外書，為生解之例，謂之「格義」。及毗浮曇相等，亦辯「格義」以訓門徒。雅風彩灑落，善於樞機，外通佛經，遞互講說，與道安法汰，每披釋湊疑，共盡經要。（高僧傳初集卷四，九五頁）

以外學經書，生解佛典，遞互講說，以釋羣疑，可說是一種轉相譬引比附之法，此非治學精深者不能，史謂道安：「內外羣書，略皆徧覩，陰陽算數，亦皆能通，佛經妙義，故所游刃。」（高僧傳道安傳）然若無道安之博學，卽恐難游刃，後道安果悟「格義」之說多有非是。高僧傳僧光傳：

釋僧光與道安相遇於逆旅，安時亦來受具戒，因共披陳志慕，神氣慷慨，臨別相謂曰：若俱長大，勿忘同遊，光受戒已後，厲行精苦，學通經論。值石氏之亂，隱於飛龍山，遊想巖壑，得志禪慧。道安後復從之，相會欣喜，謂昔誓始從，因共披文屬思，新悟尤多。安曰：先舊『格義』，於理多違。光曰：且當分析逍遙，何容是非先達。安曰：弘贊理敎，宜令允愜，法鼓競鳴，何先何後。（高僧傳初集卷五晉飛龍山釋僧光傳）

道安初與竺法雅等熱衷「格義」，後復批判「格義」，蓋格義乃是權宜之說，語其精處，中印之學，有其截然不同處，惟此非初學者所能知。道安弟子慧遠年二十四，奉安命爲客講解實相義，「往復移時，彌增疑昧，遠乃引莊子義爲連類，於惑者曉然，是後安公特聽慧遠不廢俗書。」（高僧傳初集卷六慧遠傳）所謂「連類」，亦與「格義」相似。自羅什大量精譯佛經，「格義」之說不行，然外典內典之比附連類，代有其事，玆不評論。（參閱陳寅恪先生著支愍度學說考，九思版陳寅恪先生論文集下册一二三六頁至一二四二頁）

僧徒講學，首重效果，其法有二：以外典比附內典是其一。以新義號召聽衆是其二。格義自第一種方法中產生。而宗派則自第二種方法中出現。梁釋寶唱作續法論，（道宣續高僧傳卷一寶唱傳作續法輪論）云：

宋釋曇濟作六家七宗論，論有六家，分成七宗，一本無宗，二本無無異宗，三卽色宗，四心無宗，五識含宗，六幻化宗，七緣會宗。今此言六家者，一深法師本無，二關內卽色，餘皆同前也。（安澄中論疏記卷三末引）

六家七宗之起，非在同時，但次第出現於晉室渡江前後，應無問題，今於世說新語中可以尋得其新宗者，爲「心無」及「卽色」兩宗。

假譎篇十一條：

愍度道人始欲過江，與一傖道人為侶，謀曰：「用舊義往江東，恐不辦得食。便共立『心無義』。既而，此道人不成渡，愍度果講義積年，後有傖人來，先道人寄語云：『為我致意愍度，無義那可立？治此計，權充饑耳，無為遂負如來也。』」（明倫版世說六四三頁）

高僧傳康僧淵傳謂：「晉成之世，與康法暢、支愍度等俱過江。」又謂：「愍度亦聰哲有譽，著傳譯經錄，今行於世。」（高傳卷四第九四頁）劉孝標註引名德沙門題目曰：「支愍度才鑒淸出。」又引孫綽愍度贊曰：「支度彬彬，好是拔新，俱稟昭見，而能越人。世重秀異，咸競爾珍，孤桐嶧陽，浮磬泗濱。」此外僅佛教經目中有愍度著作存目，其餘事蹟則不詳。

愍度等「舊義」不能在江東謀食，因立「心無義」，應是標新之說。但據高僧傳竺法汰傳，道安避亂新野，遣法汰東下，中途曾有一次學術論戰：

時沙門道恆頗有才力，常執心無義，大行荊土，汰曰：此是邪說，應須破之，乃大集名僧，令弟子曇壹難之，據經引理，析駁紛紜，恆拔其口辯，不肯受屈，日色既暮，明旦更集，慧遠就席攻難數番，關責鋒起。恆自覺義途差異，神色飛動，麈尾扣案，未卽有答。遠曰：不疾而速，杼柚何為；坐者皆笑，心無之義，於此而息。（高僧傳初集卷五竺法汰傳）

此爲心無宗。安澄中論疏記「支愍度追學前義」，陳寅恪先生於此有所考辨，認愍度係自立新義，而非追學前說。（見陳寅恪先生論文集下册愍度學說考）倘高傳所記無誤，道恆之「心無義」僅大行荆土，並非普及全國，戰亂之時，交通梗絕，江東之人，一時或未聞此說。故愍度大弘此一新說於東南，於情於理，非無可能。

「心無義」之解釋，僧肇不眞空論云：「心無者，無心於萬物，萬物未嘗無。此得在於神靜，失在於物虛。」元康肇論疏釋此節云：「心無者，破晉代支愍度心無之義也。（略）無心萬物，萬物未嘗無者，謂經中言空者，但於物上不起執心，故言其空。然物是有，不曾無也。此得在於神靜，失在於物虛者，正破也，能於法上無執，故名爲得，不知物性是空，故名爲失也，」劉孝標註謂「心無」有舊義，有新義，其說可參看。（明倫版世說六四三頁）

文學篇三十五條：

支道林造卽色論，論成，示王中郎，中郎都無言。支曰：默而識之乎？王曰：既無文殊，誰能見賞。（明倫版世說一七二頁）

高僧傳支遁傳謂遁曾「註安般四禪諸經，及卽色遊玄論，聖不辯知論，道行旨學，學道誡等，追蹤馬鳴、攝影龍樹，義應法本，不違實相。」（高僧卷四一〇三頁）劉孝標註引支道林集妙觀章云：「夫色之性也，不自有色，色不自有，雖色而空，故曰色卽爲空，色復異空。」僧肇評曰：「卽色者，明色不自色，故雖色而非色也。夫言色者，但當色卽色，豈待色色而後爲色哉，此直語色不自色，未領色之非色也。」（肇論卷二）僧肇以爲色體本空，支遁唯知依他起名假，不知圓成體眞，故評遁非正論。按支遁參與淸談之林，議論風發，當時孫興公卽曾謂王逸少曰：「支道林拔新領異。

（文學篇三十六條）其造卽色論」，先示王中郎，未予置評，而以「旣無文殊，誰能見賞」嘲之。按王中郎卽王坦之，仕至侍中、中書令，器度淳深，孝友天至，譽緝朝野，標的當時。於支遁新論，應無不解之理，故示沉默，或有異議也。文學篇三十七條：

三乘佛家滯義，支道林分判，使三乘炳然。諸人在下坐聽，皆云可通。支下坐，自共說，正當得兩，入三便亂。今義弟子雖傳，猶不盡得。（明倫版世說一七三）

三乘指聲聞乘，緣覺乘，菩薩乘，其界限甚明，支遁講經，喜用相互詰難法，高僧傳支遁傳：「晚出山陰，講維摩經，遁爲法師，許詢爲都講，遁通一義，衆人咸謂詢無以厝難，詢每設一難，亦謂遁不復能通，如此至竟，兩家不竭，凡在聽者，咸謂審得遁旨，迴令自說；得兩、三反便亂。」以支遁口辯，演說佛理，竟不能獲得滿意效果，其「卽色論」之不能見知於王中郎，餘人可想。

除以上引論外，世說新語記載佛學，尚另有一處。文學篇五十四條：

汰法師云：『六通』，『三明』同歸，正異名耳。（明倫版世說一八四頁）

法汰在瓦官寺講放光明經，三吳之士至者千數，爲當時一大盛事，前已述及。佛學之在當時，得以深入上層社會，與其時僧徒之學養有絕對關係。

三、沙門與名士

魏晉之間，特重「名士」，社會地位極高。又重「高士」，又重「賢人」，又重「第一流人」。又重「神仙中人」，又重「方外人」，又重「度外人」，此皆可於世說新語中證之。

品藻篇八十一條：

有人問袁侍中曰：殷仲堪何如韓康伯？答曰：義理所得優劣，乃復未辨，然門庭蕭寂，居然有名士風流，殷不及韓。故殷作誄云：荊門晝掩，閒庭晏然。（明倫版世說四一〇頁）

在袁侍中眼中，韓康伯較殷仲堪更具有「名士風流」之資格。「門庭蕭寂」，非但簡陋，抑且少所交遊。

任誕篇五十三條：

王孝伯言：名士不須奇才，但使常得無事，痛飲酒，孰讀離騷，便可稱名士。（明倫版世說五七五頁）

楊勇先生謂：「孝伯此言，雖存譏刺，然亦見當時士流之一斑。」（世說新語，本條校箋）此已具體說明名士條件須能飲酒，並能熟讀離騷。

輕詆篇第三條：

深公云：人謂庾元規名士，胸中柴棘三斗許。（明倫版世說六二二頁）

庾元規卽庾亮，曾爲太尉，孫綽庾亮碑文曰：「公雅好所託，常在塵垢之外。」

容止篇二十四條：

庾太尉在武昌，秋夜氣佳景清，佐吏殷浩、王胡元之徒登南樓理詠，音調始適，聞函道中有屐聲甚厲，定是庾公。俄而率左右十許人步來，諸賢欲起避之。公徐云：諸君少住，老子於此興復不淺。因便據胡牀，與諸人詠謔，竟坐甚得任樂。後王逸少下，與丞相言及此事，丞相曰：元規爾時風範，不得不小頹。右軍答曰：唯丘壑獨存。（明倫版世說四七四頁）

庾亮是當時名士領袖，據此條以窺其人，月夜登樓，衣冠不整，與部屬詠謔而歡，自是名士風範，丞相不以然，而右軍却許其胸中獨存丘壑。深公譏庾亮胸中有三斗柴棘，果爾，則當時名士不如亮者甚多，又不知深公作何看法。

品藻篇十七條：

明帝問謝鯤：君自謂何如庾亮？答曰：端委廟堂，使百僚準則，臣不如亮。一丘一壑，自謂過之。（明倫版世說三八六頁）

謝鯤是竹林中人物，晉書謝鯤傳：「鄰家高氏女有美色，鯤嘗挑之，女投梭折其兩齒，傲然長嘯曰：『猶不廢我嘯歌也。』」劉孝標注引鄧粲晉紀曰：「鯤與王澄之徒，慕竹林諸人，散首披髮，裸袒箕踞，謂之八達。故鄰家之女，折其兩齒，世爲謠曰：任達不已，幼輿折齒。鯤有勝情遠概，故時以庾亮方焉。」庾亮之在晉室，頗著勛名，亦能以繩墨自撿，時人竟以庾亮比謝鯤放誕，其時之價値觀念，可以想見。

巧藝篇十二條：

顧長康畫謝幼輿在巖石裏，人問其所以，顧曰謝云一丘一壑，自謂過之。此子宜置丘壑中。（明倫版世說五四三頁）

顧愷之善畫，此於謝鯤，含有調款作用，此又可證知魏晉名士，以山水丘壑爲構成條件之一。

品藻篇二十二條：

明帝問周伯仁：卿自謂何如庾元規？對曰：蕭條方外，亮不如臣，從容廊廟，臣不如亮。（明倫版世說三八八頁）

周伯仁是晉室名臣，明帝又以之與庾亮相比。伯仁自謂長於「蕭條方外」，是與一丘一壑之情調頗近。

品藻篇二十五條：

世論溫太真是過江第二流之高者。時名輩共說人物，第一將盡之間。溫常失色。（明倫版世說三八九頁）

第一流人及第二流人必有一種標準，以爲評騭，此仍是漢末月旦評之風氣。世說各篇多評論人物語，孫興公評劉眞長「清蔚簡令」，評王仲祖「溫潤恬和」，評桓溫「高爽邁出」，評謝仁祖「清令易達」，評阮思曠「弘潤通長」，評袁羊「洮洮清便」，評殷洪遠「遠有思致」，其自評曰：

下官才能所經，悉不如諸賢，至於斟酌時宜，籠罩當世，亦多所不及。然以不才，時復記懷玄勝，遠詠老莊，蕭條高寄，不以時務經懷，自謂此心無所與讓也。（世說新語品藻篇三十六條）

孫綽字興公，曾作遂初賦，陳止足之道，自許「蕭條高寄，不以時務經懷」，是眞莊子逍遙遊中以堯舜事業爲塵垢粃糠之旨。故以此自許，而於時人評論，亦皆以道家標準衡之，僅一桓溫得「高爽邁出」四字，而溫之事業，在晉室實與衆人不同。

品藻篇三十七條：

桓大司馬下都，問眞長曰：聞會稽王語奇進，爾耶？劉曰：極進，然故是第二流中人耳。桓曰：第一流復是誰，劉曰：正是我輩耳。（明倫版世說三九三頁）

劉孝標註引徐廣晉紀曰：「凡稱風流者，皆擧王劉爲宗焉。」劉眞長，名惔亦稱劉尹、劉丹陽。晉書劉惔傳謂「惔雅善言理，簡文帝初作相，與王濛並爲談客，俱蒙上賓禮。時孫盛作易象妙於見形論，帝使殷浩難之，不能屈。帝曰：使眞長來，故應有以制之。乃命迎惔。盛素敬服惔，及至，便與抗答，辭甚簡至，盛理遂屈，一坐撫掌大笑，咸稱美之。」惔爲丹陽尹門無雜賓，尤好老莊，任自然趣，其死，孫綽誄云：「居官無官官之事，處事無事事之心。」時人以爲名言。（參考晉書卷七十五，列傳四十五劉惔傳），觀劉眞長生平，誠屬淸談健客，自許爲第一流人物，固是反映當時之士風。有人問眞長，王濛何如？眞長答曰：「阿奴（王濛小字）今日不復減向子期。」（世說新語品藻篇四十四條）向秀字子期亦淸談人物，竹林賢人。是以第一流人物卽是名士，自西晉時已有。

言語篇二十三條：

諸名士共至洛水戲，還，樂令問王夷甫曰：今日戲樂乎？王曰：裴僕射善談名理，混混有雅致。張茂先論史漢，靡靡可聽。我與王安豐說延陵子房，亦超超玄著。（明倫版世說六五頁）洛水之會，諸名士所談者，除張華說史外，餘皆名理隱逸神仙之事，此爲名士之興趣所在，故隱逸與神仙，又成爲名士之輔助條件：

棲逸篇十二條：

戴安道既厲操東山，而其兄欲建式遏之功。謝太傅曰：卿兄弟志業何其太殊，戴曰：下官不堪其憂，家弟不改其樂。（明倫版世說五〇四頁）

不以做官爲樂，自是眞名士眞隱士，但亦有隱而不隱者，棲逸篇十三條：

許玄度隱在永興南幽穴中，每致四方諸侯之遺，或謂許曰：嘗聞箕山人似不爾耳。許曰：筐篚苞苴，故當輕於天下之寶耳。（明倫版世說五〇四頁）

如此隱士，似與終南山爲仕宦之捷徑相似。但其時達官多助人歸隱。

棲逸篇十五條：

郗超每聞高尚隱退者，輒為辦百萬資，並為造立居宇。在剡為戴公起宅，甚精整，戴始往居，與所親書曰：近在剡，如入官舍。郗為傅約亦辦百萬資，傅隱事差互，故不果遺。（明倫版世說五〇五頁）

名士隱士多屬不拘禮法，時人皆能予以諒解，並錫以嘉名。阮籍親喪飲酒食肉，太祖諒之曰「度外人也，宜共容之。」（文選竟陵文宣王行狀注引干寶晉紀）裴令公楷曰：「阮方外之人，故不崇禮制，我輩俗中人，故以儀軌自居。」（世說新語任誕篇十一條）桓宣武疏於禮數，自稱：「方外司馬。（世說新語簡傲篇八條）孟昶見王恭被鶴氅裘，微雪中行於籬落間，許爲「神仙中人」。（世說新語企羨篇六條）王洽於雪中望見王長史，歎爲「此不復似世中人。」（世說新語容止篇第三十三條）王右軍見杜弘治亦歎爲「此神仙中人。」（世說容止篇廿六條）荀中郎登北固山歎曰：「雖未覩三山，便自使人有凌雲意。」（世說新語言語篇七十四條）凡此所引，皆足以一窺其時風氣。

名士既多，最具有代表性者，爲竹林七賢，自西晉以降，久爲名士所期仰。

任誕篇第一條：

陳留阮籍，譙國嵇康，河內山濤，三人年皆相比，康年少亞之。預此契者，沛國劉伶，陳留阮咸，河內向秀，瑯琊王戎。七人常集於竹林之下，肆意酣暢，故世謂竹林七賢。（明倫版世說五四八頁）

水經注：「竹林佳處，在河南輝縣西南六十里。」陳寅恪先生曰：「竹林七賢，清談之著世也，其名七賢，本論語賢者避世，作者七人之義，乃東漢以來，名士標榜事數之名。如三君、八厨、八及之類，後因僧徒格義之風，始比附中西，而成此名，所謂竹林，蓋取義於內典，非其地眞有此竹林，而七賢遊其下也。」（見星島文史副刊，民國卅八年八月十六日版）楊勇先生謂一九六五年八月期文物載有南京西善橋東晉墓磚，刻竹林八賢圖則爲嵇康、阮籍、山濤、向秀、劉靈、阮咸、榮啓期八人。（見楊箋世說新語任誕第一條）又據考異注，畢卓與阮放、桓彝、謝鯤、胡毋輔之，羊曼、光逸、阮

秀號爲八達。(見世說任誕廿一條校)

排調篇第四條：

嵇、阮、山、劉在竹林酣飲、王戎後往，步兵曰：俗物已復來敗人意。王笑曰：卿輩意，亦復可敗耶。(明倫版世說五八七頁)

據此所載，竹林又似確有其地，王羲慶宋人，去晉未遠，使眞無竹林之地，應不至如此行文曰「往竹林酣飲」，如謂取義內典，亦應有竹林精舍等字樣。確解或尚有待。

名士既多，又不能無專書以記述之，故其時有關宣揚名士之作，爲數亦衆，亦可謂此一時代特色之一。依世說新語所載：

有王敬仁所作之賢人論。文學篇云：

王敬仁年十三，作賢人論，長史送示眞長，眞長答云：見敬仁所作論，便足參微言。(明倫版世說二〇四頁)

有謝萬所作之八賢論。文學篇云：

謝萬作八賢論，與孫興公往反，小有利鈍，謝復出以示顧君齊，顧曰：我亦作，知卿當無所名。(明倫版世說二〇八頁)

劉孝標註引中興書曰：

萬善屬文，能談論，萬集載其敍四隱四顯，爲八賢之論，謂漁父、屈原、季主、賈誼、楚老、

「龔勝、孫登、嵇康也，其旨以處者為優，出者為劣。孫綽難之，以謂體玄識遠者，出處同歸，文多不載。」

有袁彥伯所作之名士傳。文學篇云：

袁彥伯作名士傳成，見謝公，公笑曰：我嘗與諸人道江北事，特作狡獪耳，彥伯遂以著書。

（明倫版世說二一〇頁）

劉孝標注曰：

宏以夏侯太初、何平叔、王輔嗣、為正始名士，阮嗣宗，嵇叔夜、山巨源、向子期、劉伯倫、阮仲容、王濬冲為竹林名士。裴叔則、樂彥輔、王夷甫、庾子嵩、王安期、阮千里、衛叔寶、謝幼輿為中朝名士。

有嵇康所作之高士傳。品藻篇云：

王子猷、子敬兄弟，共賞高士傳及贊，子猷曰：未若長卿慢世。

有竹林七賢論。識鑒篇劉孝標註屢引：

竹林七賢論曰……（明倫版世說二九四頁）

有列仙傳贊。輕詆篇十五條：

孫綽作列仙商丘子贊曰。（明倫版世說六二八頁）

其時之「名士」輩出，「賢人」羣立之原因，應歸功於舉國崇尚老莊之結果，蓋此類「名士」「

賢人」之氣質，皆老莊思想之部份呈現，老子之自然，莊子之逍遙，本有其正面意義，學之不善，則流於放縱狂肆之負面弊端，遂至棄絕人情，敗壞禮法，「名士」自有佳者，固亦未可一概論之。

依據世說新語所提供之資料，魏晉名士無不精通老莊。兼及易理。

何晏、王弼善易老莊。何王復注老子。

文學篇六條：

何晏為吏部尚書，有位望，時談客盈坐，王弼未弱冠，往見之，晏聞弼來，乃倒屣迎之。(明倫版世說一五一頁)

劉孝標注引文章敍錄曰：「晏能清言，而當時權勢，天下談士多宗尚之。」又引魏氏春秋曰：晏少有異才，善談易老。又引弼別傳曰：弼十餘歲便好莊老。

文學篇第七條：

何平叔注老子始成，詣王輔嗣，見王注精奇，乃神伏曰：若斯人可與論天人之際矣。因以所注為道德二論。(明倫版世說一五二頁)

又文學篇第十條，亦言此事：

何晏注老子未畢，見王弼，自說注老子旨，何意多所短，不復得作聲，但應之，遂不復注，因作道德論。

孫齊田、齊莊，以學許由莊周為榮。

言語篇五十條：

孫齊由、齊莊二人少時詣庾公。公問齊由何字？答曰：字齊由。公曰：欲何齊邪？曰：齊許由。齊莊何字？曰：字齊莊。公曰：欲何齊？曰：齊莊周。公曰：何不慕仲尼而慕莊周？對曰：聖人生知，故難企慕。庾公大喜小兒對。（明倫版世說八六頁）

按劉孝標註引孫放別傳其答太尉庾公之言曰：「仲尼生而知之，非希企所及，至於莊周，是其次者，故慕耳。」此語雖出孩提之口，亦可見魏晉人士之不願學周孔者以其難學，故轉而學習老莊，大有避重就輕之意。

夏侯玄、阮籍，著道德論。

文學篇第十二條：

裴成公作崇有論，時人攻難之，莫能折。（明倫版世說一五四頁）

劉孝標注引晉諸公贊曰：「自魏太常夏侯玄、步兵校尉阮籍等，皆著道德論：…頠疾世俗，尚虛無之理，故著崇有、貴無二論以折之。」

諸葛宏看老莊。

文學篇第十三條：

諸葛宏年少不肯學問，始與王夷甫讀，便已超詣。王歎曰：卿天才卓出，若復小加研尋，一無所愧。宏後看莊老，更與王語，便足相抗衡。（明倫版世說一五五頁）

向秀、郭象注莊子。

文學篇第十七條：

初、注莊子者數十家，莫能究其旨要。向秀於舊注外為解義，妙析奇致，大暢玄風。唯秋水、至樂二篇未竟而秀卒。秀子幼，義遂零落，然猶有別本。郭象者，為人薄行有儁才。見秀義不傳於世，遂竊以為己注。乃自注秋水、至樂二篇，又易馬蹄一篇，其餘衆篇，或點定文句而已。後秀義別本出，故今有向郭二莊，其義一也。（明倫版世說新語一五七頁）

向秀郭象注莊子事，史家爭論未定，晉書向秀傳云：

雅好老莊。莊周著內外數十篇，歷世方士，雖有觀者，莫適論其統旨也，秀乃為之隱解，發明奇趣，振起玄風，讀之者超然心悟，莫不自足一時也，惠帝之世，郭象又述而廣之，儒墨之迹見鄙，道家之言遂盛焉。此謂象注乃衍秀注而成，其說可參。

又賞譽篇廿六條：

郭子玄（卽郭象）有儁才，能言老莊、庾敳嘗稱之，每曰：郭子玄何必減庾子嵩。

又劉孝標註引名士傳曰：

子玄有儁才，能言莊老。（世說賞譽卅二條註）

殷中軍善老易。

文學篇廿七條：

殷仲軍云康伯未得我牙後惠。（明倫版世說一六六頁）

劉孝標註引浩別傳曰：

「浩善老易，能清言。」康伯為殷浩之甥，浩甚愛之。

桓宣武講易。

文學篇廿九條：

宣武集諸名勝講易，日說一卦。簡文欲聽，聞此便還，曰：義自當有難易，其以一卦為限耶。

（明倫版世說一六七頁）

殷仲堪以讀道德經爲樂。

文學篇六十三條：

殷仲堪云：「三日不讀道德經，便覺舌本間強。」又文學篇六十二條：「孚（羊字）雅善義，乃與仲堪道齊物，殷難之，羊云：君四番後，當得見同。殷笑曰：乃可得盡，何必相同？乃至四番後一通，殷咨嗟曰：僕便無以相異，歎為新拔者久之。」（明倫版世說一九〇頁）

山巨源不讀老莊，而吟詠與其旨合。

賞譽篇廿一條：

人問王夷甫：山巨源義理何如？是誰輩？王曰：此人初不肯以談自居，然不讀老莊，時聞其詠，往往與其旨合。（明倫版世說三二六頁）

衞玠善通莊老。

賞譽篇四十五條：

王平子邁世有儁才，少所推服，每聞衞玠言，輒歎息絕倒。（明倫版世說三三六頁）

劉孝標註引玠別傳曰：

玠少有名理，善通莊老，瑯琊王平子高氣不羣，邁世獨傲，每聞玠之語議，至於理會之間，要妙之際，輒絕倒於坐，前後三聞，為之三倒，時人遂曰：「衞君談道，平子三倒。」又曰：「玠至武昌見王敦、敦與之談論，彌日信宿，敦顧謂僚屬曰，昔王輔嗣吐金聲於中朝，此子今復玉振於江表，微言之緒，絕而復續，不圖永嘉之中，復聞正始之音，阿平若在，當復絕倒矣。」

謝鯤好老易，尤許殷洪喬。

賞譽篇九十七條：

謝公道豫章（指殷洪喬）若遇七賢，必自把臂入林。（明倫版世說三五五頁）

劉孝標注引江左名士曰：

鯤通簡有識，不修威儀，好老易。

在舉世崇尚老莊之風氣中，惟袁悅獨嗜戰國策，卒以致禍。

讒訟篇第二條：

袁悅有口才，能短長說，亦有精理，始作謝玄參軍，頗受禮遇，後丁艱，服除還都，唯齎戰國策而已。語人曰：少年時讀論語老子，又看莊易，此皆是病痛，事當何所益耶。天下要物，正有戰國策。旣下，說司馬文孝王，大見親待，幾亂機軸，俄而見誅。（明倫版世說六六九頁）

劉孝標註引袁氏譜曰：

太元中，悅有寵於會稽王，每勸專覽朝權，王頗納其言。王恭聞其說，言於孝武，乃託以他罪，殺悅於市中。

亦有不願讀莊子者，如庾子嵩：

文學篇十五條：

庾子嵩讀莊子，開卷一尺許便放去，曰：了不異人意。（明倫版世說一五六頁）

劉孝標註引晉陽秋曰：

庾敳字子嵩，自謂是老莊之徒，及讀莊子曰：「昔求讀此書，意嘗謂至理如此，今見之正與人意暗同。」

亦有反對作高士者如桓溫。

豪爽篇第九條：

桓公讀高士傳，至於陵仲子，便擲去，曰：誰能作此溪刻自處。（明倫版世說四五九頁）

「溪刻」，謂用心深隘而行事苛刻不近人情。於陵仲子「窮不求不義之食」，固不近情，然能「

終身不屈其節」，反顧魏晉間所謂之「高士」，其不近人情者，恐更踰於此。

魏晉沙門，不僅與「名士」有關，且有部份沙門，本身卽是名士，或是沾染名士習氣極重，此固有其權宜之理，而生於舉世崇高名士之時，亦風氣使然。

蓋參與上流社會活動之沙門，亦多精通老莊。而其言行且有與當時名士全然吻合者。如：

高僧傳佛圖澄傳：

雖未讀此土儒史，而與諸學士論辯疑滯，皆闇若符契，無能屈者。」（高傳卷十二四〇頁）

又晉書佛圖澄傳：「佛圖澄天竺人也，本姓帛氏，少學道，妙通玄學。」

高僧傳竺道潛（法琛）傳：

建武太寧中，潛恆着屐至殿外，時人咸謂方外之士。又謂：優游講席三十餘載，或暢方等，或釋老莊。（事亦見於世說新語。）

世說新語簡傲篇第七條：

高坐道人於丞相坐，恆偃臥其側，見卞令，肅然改容曰：彼是禮法中人。

高僧傳高坐傳：

王公曾詣和上，和尚解帶偃伏，語言神解，見尚書卞望之，便斂衿飾容，時歎皆得其所。

高坐之解帶偃臥，能於丞相處不拘禮法，自是名士習氣。其較優於名士者，對於講求禮法之人，能以禮法自檢，是與名士之不同處。

世說新語中之沙門，於老莊最長者，無過於支遁：文學篇三十二條，在白馬寺講莊子逍遙遊。同篇三十六條，在會稽作莊子逍遙數千言。同篇五十五條，在王濛家講莊子漁父。另慧遠學綜六經，亦特善老莊，能引莊子義理譬喻佛典，其師道安雖認「格義」之說多有謬誤，但能特許慧遠「不廢俗書。」而道安其人於內外羣書，陰陽算數，亦皆能通，博物多才。精究名理。（見高僧傳本傳）

沙門講老子者較少，世說新語中僅得道曜一人。

排調篇六十三條：

桓南郡與道曜講老子。（明倫版世說六一九頁）

劉孝標註：

「道曜，未詳。」其能與桓玄討論老子義理，當非普通沙門。

魏晉沙門著名於世說新語，而能通老莊固多，另見於高僧傳而與世說新語同其時代者補引數條，以爲佐證。

魏曇柯迦羅：通風雲星宿，圖讖運變。（高傳初集卷一，本傳）

吳康僧會：世間伎藝，多所綜習，偏字異書，通六國語。（高傳初集卷一本傳）

晉竺曇摩羅刹：此云法護，博覽六經，遊心七籍，通三十六種語言，書亦如之。（高傳初集卷一本傳）

晉帛遠：世俗墳典，多所該貫，乃於長安講習爲業，白黑字禀，幾且千人。（高傳初集卷本傳）

晉、曇壹、曇貳：並博練經義，又善老易，風流趣好，與慧遠齊名。（高傳卷五、竺法汰傳）

晉、法遇，弱年好學，篤志墳素，而任性誇誕，謂傍若無人。（高傳初集五本傳）

晉、道立：善放光經，又以老莊三玄，微應佛理，頗亦屬意。（高傳初集卷五本傳）

晉、帛道猷：少以篇牘着稱，好丘壑，一吟一詠，有濠上之風，與道壹、縱情塵外，以經書自娛。（高傳初集卷五，竺道壹傳）

晉、僧濟：大小諸經及世典書數，皆遊練心抱，貫其深要。（高傳初集卷六本傳）

晉、僧肇：志好玄微，每以莊老爲心要，嘗談老子道德章，乃歎曰，美則美矣，然期棲神冥累之方，猶未善盡。（高傳初集卷七本傳）

晉、單道開：絕穀餌柏實，柏實難得，復服松脂，後服細石子，一呑數枚，數日一服，或時多少噉薑椒，如此七年，不畏寒暑，冬袒夏溫，晝夜不臥，始同學十人，共契服食，十年之外或死或退，唯開全志。（高傳初集卷十本傳）

晉、安涉公：虛靜服食，不食五穀。（高傳初集卷十一本傳）

沙門既與名士合流，於名士清談之主題，遂亦多心得，間亦有關於名理之著如：

世說言語篇五十二，康僧暢條，劉孝標註曰：

「法暢著人物始義論，自敘其美云：悟銳有神，才辭通辯。」（已見前引）按：高僧傳卷五晉太山竺僧朗傳附載支僧敦：「妙通大乘，兼善數論，著人物始義論，亦行於世。」二書同名，可見沙門對人物評論之重視。

而當時人士，亦喜以沙門與名士相比：

賞譽篇四十八條：

時人欲題目高座而未能，桓廷尉以問周侯，周侯曰：可謂卓朗。桓公曰：精神淵箸。（明倫版世說三三八頁）

賞譽篇八十八條：

王右軍道謝萬石在林澤中自為遒上。歎林公器明神儁。道祖士少風領毛骨，恐沒世不復見如此人。道劉真長標雲柯而不扶疎。

又賞譽篇九十八條：

王長史歎林公：尋微之功，不減輔嗣。（同上三五五頁）

品藻篇六十七條：

郗嘉賓問太傅曰：「林公談何如嵇公，謝云嵇公勤箸脚，裁可得去耳。又問，殷何如支，謝曰：正爾有超拔，支乃過殷，然亹亹辯論，恐口欲制支。」（同上四〇四頁，亹，音尾，不倦也。）

又同篇七十條：

王子敬問謝公，林公何如庾公，謝殊不受，答曰：先輩初無論，庾公自足沒林公。（同上四〇六頁）

又同篇七十六條：

王孝伯問謝太傅，林公何如長史？太傅曰：長史韶興。問何如劉尹？謝曰：噫劉尹秀。王曰：若如公言，並不如此二人耶？謝云：身意正爾也。（同上四〇八頁）

又同篇八十五條：

王孝伯問謝公：林公何如右軍，謝曰：右軍勝林公，林公在司州前亦貴徹。（同上四一一頁）

其以沙門與名士作有系統之比擬者，有「八達」：

高僧傳初集卷四晉淮陽支孝龍傳：

支孝龍，淮陽人，少以風姿見重，加復神彩卓犖，高論適時，常披味小品，以為心要，陳留阮瞻，潁川庾凱，並結知音之交，世人呼為八達。

又有孫綽之「道賢論」，孫綽以當時七僧，擬之竹林七賢，並各繫以贊辭，此見於高僧傳。按孫綽以法護比山巨源，（高僧傳卷一曇摩羅叉傳）帛法祖比嵇康（高僧傳卷一，帛遠傳），法乘比王濬冲，（高僧傳卷四法乘傳）竺道潛比劉伯倫，（高僧傳卷四僧道潛傳）支遁比向子期，（高僧傳卷四支遁傳）于道邃比阮咸，（高僧傳卷四于道邃傳）于法蘭比阮嗣宗。（高僧傳卷四于法蘭傳）

又按高僧傳于法蘭傳謂「時人以其風力，比庾元規，孫綽則以之比阮嗣宗。又高僧傳于道邃傳謂孫綽以于道邃比阮咸，曾引起時人之譏評：「或曰：咸有累騎之譏，邃有清冷之譽，何得爲匹，孫綽曰：雖迹有窪隆，高風一也，喻道論云：近洛中有竺法行，談者以方樂令（指樂廣），江南有于道邃，識者以對勝流，皆當時共所見聞，非同志之私譽也。」可見以名僧比喻名士，當時頗有不同評價，並無確定之結論，孫綽之道賢論，亦僅一家之說耳。道賢論中之七僧，部份見於世說新語。

沙門是否可與名士相比，此在當時，曾引起巨大之爭論，輕詆篇二十五條：

王中郎不為林公所知，乃著沙門不得為高士論。大略云：高士必在於縱心調暢，沙門雖云俗外，反更束於教，非情性自得之謂也。」（明倫版世說六三四頁）

王中郎卽王坦之，與支道林交惡，故發此議，然亦可窺見當見之輿情。

東晉以還，沙門之生活方式，引起廣泛之討論者甚多，除「沙門不得爲高士」外，尚有「沙門不敬王者」問題，「沙門袒服」問題，「沙門踞食」問題，「沙門不致禮」問題，「沙門應盡王事」問題，反覆爭辯，迄無定論，文見弘明集，玆不贅。

（附記：本文資料出處，爲便於檢閱，凡所徵引，卽在原句之後附註來源，較爲省事，非敢故有怠忽也，作者。）

論詩境與畫面

曾 勤 良

壹 緒 言

詩有品，應當推源於鍾嶸的詩品。詩品所述，起自漢魏到齊梁的五言詩。我國於詩文批評著爲專書的，便是同時代的文心雕龍與詩品。

所謂「品」，卽是「風格」。詩品，卽詩之風格。到了嚴羽的滄浪詩話，有謂：

詩之法有五：曰體製、曰格力、曰氣象、曰興趣、曰音節。

詩之品有九：曰高、曰古、曰深、曰遠、曰長、曰雄渾、曰飄逸、曰悲壯、曰淒婉。

其用工有三：曰起結、曰句法、曰字眼。

其大概有二：曰優游不迫，曰沉着痛快。

詩之極致有一：曰『入神』。詩而入神，至矣，盡矣，蔑以加矣！惟李杜得之，他人得之蓋寡也。

嚴羽所說，總合而觀，就是文學批評的方法和標準。分品最多的則是司空圖的詩品，共二十四則：

雄渾、沖淡、纖穠、沉着、高古、典雅、洗煉、勁健、綺麗、自然、含蓄、豪放、精神、縝密、疎野、清奇、委曲、實境、悲慨、形容、超詣、飄逸、曠達、流動。

此二十四則，每則都有它的義界，但都用四言詩來界定說明。因此令人印象不明，如「雄渾」：

大用外腓，眞體內充；反虛入渾，積健為雄。具備萬物，橫絕太空。荒荒油雲，寥寥長風，超以象外，得其環中。持之匪強，來之無窮。

這種詮釋界定的方法，給人的印象依然朦朧，尤其在歷代詩話、詞話、曲話中對詩文的品評，如神韻、神理、神骨、風骨、風力、風調、風韻、意象、意境、意氣、氣勢等等，不知凡幾，令人不知取捨，特舉出「境界意象與畫面」做探討。因今日大衆媒體的電影電視如此的普遍，嘗試將文學中優美含蓄的感受力，轉化爲畫面或影像，而爲視覺上的感受，或可以捕捉到前人靈智、情感、與想像融合的美感與妙趣。

西方文學與文學批評，以及科技文明傳入之後，對我國傳統的文學和文學批評，經過衝激，當然會展現許多的新貌，重作新的詮釋。如古典詩的獨特語法，詞性的自由、不表時態，常缺主詞（註二）。所以中國古典詩中大多不用連詞的語法，便可將情境、意境、和實境相融表達，若現眼前，竟和電影「蒙太奇」的技法相似，（註二）對古典詩中的「美感印象」，有很大的暗示性，雖然只羅列而作景象的呈現，不作情意的解說，「意在景中」的表達方式，是非常引人入勝的。葉維廉說：

孟詩（孟浩然）和大部分的唐詩中的意象，在一種互立並存的空間關係之下，形成一種氣氛，一種環境，一種只喚起某種感受但並不將之說明的境界，任讀者移入，出現，作一瞬間的停駐，然後溶入境中，並參與完成這強烈感受的一瞬之美感經驗……。

利用了物象羅列並置（蒙太奇）及活動視點，中國詩強化了物象的演出，任其共存於萬象，湧現自萬象的存在和活動來解釋它們自己，任其空間的延展及張力來反映情境和狀態，不使其服役於一既定的人為的概念。在李白的『鳳去臺空江自流』中（三個鏡頭的羅列），不是比解說給了我們更多的意義嗎？江山長在，人事變遷，無疑是李白欲傳達的部分意義，但需要用文字說明嗎？（註三）

這就是西方文學批評與科技文明傳入中國之後的新貌。這種方法，當然可以使我們對文學美感理出清晰的面貌，然而「纖細畢陳」，是不是更能令人體悟文學的「美」與「妙」？「若乃春風春鳥，秋月秋蟬，夏雲暑雨，冬月祁寒：斯四候之感諸詩者也。嘉會寄詩以親，離羣託詩以怨。至於楚臣去境，漢妾辭宮；或骨橫朔野，或魂逐飛蓬；或負戈外戍，殺氣雄邊；塞客衣單，孀閨淚盡；或士有解佩出朝，一去忘返；女有揚蛾入寵，再盼傾國。」（註四）此等情景處境，當然不是「好呀！妙呀！硬是要得」（註五），的印象式批評所能竟，也不是攝影，剪接的技巧所能達，而是關乎心理與心靈的情感發展與感受，不是雕鏤細分所能把「人」「一視同仁」可以羅縷曲盡的。純鏡頭的影像運用，眞能不用語言文字詮釋？

詩當然是一種傳播的形式，但是詩要傳播些什麼？「詩者志之所之也，在心爲志，發言爲詩。情動於中而形於言。……（詩序）「人生而靜，天之性也；感於物而動，性之欲也。夫既有欲矣，則不能無思；既有思矣，則不能無言；既有言矣，則言之所不能盡，而發於咨嗟咏歎之餘者，又必有自然之音響節族而不能已焉。（詩經傳序）從心理學的現象而言，這是情感的傳達。朱光潛說：「詩或是『表現』內在的情感，或是『再現』外來的印象」。（註六）所以詩人透過文字所要傳達的是對自然界一切美的心靈經驗的感受，興、觀、羣、怨的道理盡在乎此。

「詩中有畫」，絕不等於詩就是畫。詩是語言文字的時間藝術，畫是平面的空間藝術。因此不宜將詩當作一幅畫來看。繪畫所呈現的畫面是藝術家對物體時間上的一點所作的藝術表現，把一霎時的心靈感受，凝聚在畫面上表達出來。而用語言文字表現的詩，是情意心靈的連續反映，它的展現是有層次的，有過去、有現在、有未來，也可以是交織的。同時也可以有晨昏，有先後，意識是流動的。所以「詩中有畫」，是詩人的匠心獨運，將景物與心靈意識的交感活動，用鮮明而妥切的意象，栩栩如生的反映出優美的畫境。詩中所傳達的畫境，是情感、思想和觀念，既使是畫面，也是「象徵」性的。「詩中有畫」，應是連環畫，或是連續映出的影像，是運用不同的連續鏡頭，始能構成一首詩所要表達的情意世界。「桃紅復含宿雨，柳綠更帶春煙；花落家僮不掃，鶯啼山客猶眠。」（王維田園樂）桃紅柳綠，含雨帶煙，夜雨晨鳥，花落未掃，鶯啼猶眠，在這春天美麗的清晨，隱者的逸趣，那能畫得？要說詩中有畫，那是有題款的中國畫，詩畫兼顧，始有情意的聯想呈現。所以，詩的畫面必須經過思想觀念與景物的相互調和始能構成，因爲從印象到文字的展現過程，最重要的是思想和觀念的揷入。文字的運用，必然有主觀觀念的滲透，也有許多抽象觀念非語言所能傳達，所以有「意在言外」的弦外之音，或「無聲勝有聲」，或「不著一字盡得風流」的美感意念。「餘韻」、「眞意」便不待說了。

人定月朧明，香消沈蕈清；翠屛遮燭影，紅袖下簾聲；
坐久吟方罷，眠初夢不成；誰家敎鸚鵡，故故語相驚。（白居易人定）

夜深人靜，月色朦朧，爐香已殘，枕席淸涼，翠屛燭影，女主人放下珠簾，吟詩遣懷，欲眠而夢不成，却又有不曉事的人，還在教鸚鵡學舌，頻傳令人心驚的聲音！詩至此，戛然而止，鸚鵡學什麼舌？這是言外之音，要去聯想，便是「餘情」。詩人假託的「葉葉聲聲」，都有情懷，又如何以言詮？所以詩人對現實的一種心靈與視覺而呈現的美，便是詩的世界。

貳　境界、意象

一、境　界

「境界」兩字是靜安先生自視爲得意的傑作。「滄浪所謂興趣，阮亭所謂神韻，猶不過道其面目，不若鄙人拈出境界二字爲探其本也。」(註七) 因此，自人間詞話出現以後，(註八)「境界」之說便大行其道。靜安先生的「境界」究竟如何？

㈠**有我之境**：

1. 「有我之境，以我觀物，故物皆若我之色彩。」
2. 「有我之境，於由動之靜時得之。」
3. 「宏壯」。

例：

1. 「淚眼問花花不語，亂紅飛過秋千去。」
2. 「可堪孤館閉春寒，杜鵑聲裏斜陽暮。」

㈡**無我之境**：

1. 「以物觀物，故不知何者爲我，何者爲物。」
2. 「無我之境，人惟於靜中得之。」
3. 「優美」。

例：

「采菊東籬下，悠然見南山。」

2.「寒波澹澹起，白鳥悠悠下。」

(三)境界要求眞：

「境非獨謂景物也，喜怒哀樂亦人心中之一境界，故能寫眞景物眞感情者，謂之有境界，否則謂之無境界。」

例：

「『紅杏枝頭春意鬧』，著一鬧字，而境界全出。『雲破月來花弄影』，著一弄字而境界全出矣。」

(四)境界有大小：

「境界有大小，不以是而分優劣。」

例：

1.「『細雨魚兒出，微風燕子斜。』何遽不若『日落照大旗，馬鳴風蕭蕭』」

2.「『寶簾閒挂小銀鉤』何遽不若『霧失樓臺，月迷津渡』也。」

(五)有造境，有寫境，有詩人之境界，常人之境界。

1.「有造境，有寫境，此理想與寫實二派之所由分。然二者頗難分別，因大詩人所造之境必合乎自然，所寫之境亦必鄰於理想故也。」

2.「詩人之境界，惟詩人能感之而能寫之。讀其詩者，亦高學遠慕，有遺世之意。」

㈥境界有隔與不隔：

例：

1. 隔：

(1)「謝家池上，江淹浦畔。」(註九)

(2)「酒祓清愁，花消英氣。」(註十)

2. 不隔：

(1)「生年不滿百，常懷千歲憂。晝短苦夜長，何不秉燭遊。」(古詩十九首第十五)

(2)「服食求神仙，多爲藥所誤。不如飲美酒，被服紈與素。」(古詩十九首第十三)

(3)「采菊東籬下，悠然見南山，山氣日夕佳，飛鳥相與還。」(陶潛飲酒詩)

(4)「天似穹廬，籠蓋四野。天蒼蒼野茫茫，風吹草低見牛羊。」(斛律金敕勒歌)

以上「寫景如此，方爲不隔。」

境界之有我無我，感情之眞假，境界之大小，寫境造境，隔與不隔，這種界定的方法，當然不很完美。但是在中國沒有建立文學批評的體系下，這也是一種進步的方法，「踵事增華，變本加厲」，任何學術批評的建設，必然如此。今人講文學，必言形式、內容、目的三要素，要將結構、體裁、格律、思想、情感、想像、經世、教化、感人、娛人等等去縷析細分，批評的架構當然很細密，但於詩人表達心靈的美感是不是能相契合，我想也沒有人敢肯定。劉彥和說：

知音其難哉！音實難知，知實難逢，逢其知音，千載其一乎！（註一一）

文學不是科學，難以實證。心理學也無以透人心，「操千曲而後曉聲，觀千劍而後識器」（註一二），不能長久沉潛於詩人作品，又如何知心。何況批評的人能不能「無私於輕重，不偏於憎愛」中呢？劉彥和標明的六觀：觀位體、觀置辭、觀通變、觀奇正、觀事義、觀宮商、又何嘗不是對體裁、結構、文字技巧、變化創新、主題思想、義理用典、以及聲律分析所作的批評體系嗎？靜安先生對於中國詩詞的批評基準及理論的用心，葉嘉瑩先生歸納爲九則：（註一三）

第一則提出「境界」一辭爲評詞的標準。

第二則就境界之內容所取材料之不同，提出了「造境」與「寫境」之說。

第三則就「我」與「物」間關係之不同，分別爲「有我之境」，與「無我之境」。

第四則提出「有我」與「無我」二種境界所產生之美感有「優美」與「宏壯」之不同，爲第三則之補充。

第五則論寫作之材料可以或取自然或出於虛構。又爲第二則「造境」與「寫境」之補充。

第六則論「境界」非但指景物而言，言兼內心之感情而言。又爲第一則「境界」一辭之補充。

第七則舉詞句爲實例，以說明如何使作品中之境界得到顯明之表現。

第八則論境界之不以大小分優劣。

第九則爲境界之說而總結，以爲「境界」之說較之前人之「興趣」、「「神韻」諸說爲探其本。這是純就人間詞話中對境界的詮釋。詩人把一已或人類共通的喜怒哀愁憂懼慾望等美感，或借物象以表達的感覺經驗藝術，便是境界。宗白華把人與世界接觸，因關係層次的不同，劃分六種境界：

一為滿足生理底物質的需要，而有功利境界。二因人羣共存互愛的關係，而有倫理境界。三因人羣組合互制的關係，而有政治境界。四因窮研物理，追求智慧，而有學術境界。五因欲返本歸真，冥合天人，而有宗教境界。功利境界主於利，倫理境界主於愛，政治境界主於權，學術境界主於真，宗教境界主於神。但介乎二者的中間，以宇宙人生底具體為對象，賞玩它的色相、秩序、節奏、和諧，藉以窺見自我的最深心靈底反映；化實境而為虛境，創形象以為象徵，使人類最高的心靈具體化，肉身化，這就是『藝術境界』。藝術境界主於美。(註一四)

外在世界的一切，經過詩人靈心妙手的反映，便成了美的境界。「一花一世界，一沙一天國」，大千世界的現象便是如此，神韻、風格、氣韻、格調等等古人用語，亦其一世界。典雅、遠奧、精約、顯附、沉鬱、雄渾等等，亦一大千。靈智、感情、物象具體融合的最高表現，便成了美的藝術。這種藝術的世界，便是境界。

中國文學，有中國文學的傳統。評中國文學作品，必兼及作者之人品。因作品的內容，悉爲作者之心情。有眞性情，乃有眞人生，乃有眞傳統。所以錢賓四先生謂中國文學實乃心學(註一五)。所以讀論孟，可以知孔孟其人，讀離騷而知屈原其人，讀韓柳文，亦知韓柳其人，讀杜詩亦知杜甫其人，杜詩的偉大處，是將自己的眞人生寫進自己的詩中，這是中國學術傳統的精神所在。文學如此，也才是文學作品的最高境界，也是價值的所在。所以賓四先生也說：「中國古人又稱文心。文心卽人心，卽人之性情，人之生命所在。故亦可謂文學卽人生。倘能人生而卽文學，此則爲人生之最高理想，最高藝術。」又謂「凡中國文學最高作品，卽是其作者之一部生活史，亦可謂是一部作者之心靈史。此卽作者之最高人生藝術。」(註一六)

西方學術的科學化、系統化，有心理分析，新批評的建立，開闢了文學批評的新境界。運用許多細膩的技巧，深含新的「微言大義」，有令人啟聾震聵的新認識，可喜亦可取，但也不能不知文化的差異性。創新也是人類追尋的目的之一，但批評家亦不可濫用想像力和創造力，使原作的美感支解破碎，如果一任己意，又何嘗不是重蹈印象式的舊轍。

二、意　象

「意象」見於沈德潛「說詩晬語」，所謂「意象孤峻」(註一七)。「孟東野詩，亦從風騷中出，特意象孤峻，元氣不無斲削耳。」這是評東野詩，雖從風騷中出，只「意象孤峻」，或因東野窮愁，詩作「傾心於藝術的技巧，對於用字選句，費盡苦心。他要務去陳言，立奇驚俗。這種詩的好處，是能救平滑淺露之失，而其弊病，却又冷僻艱澀，缺少詩的情韻與滋味。」(註一八)「意象孤峻」該是指此。

詩人藝術家由於對宇宙萬物感受的敏銳，加上境遇際會的不同，有欲言而不能盡言之苦，因此常用比興的手法傳神寫照，借物象作比喻，而託難以言傳的深心，遂運用聲調、詞藻、色采、巧妙的烘染出來，寫物寓情，寄托深而意境美。因用外物象徵的方法以託意，因此謂之意象。

詩是語言文字的藝術，但總是一種「記號作用」，如何把內在意象透過文字的藝術，作完美的表達，便有賴詩人的慧心巧妙。葉燮在「原詩」裏說：「要之，作詩者實寫理、事、情。可以言言，可以解解，即爲俗儒之作。惟不可名言之理，不可施見之事，不可徑達之情，則幽眇以爲理，想像以爲事，惝恍以爲情，方爲理至、事至、情至之語。」又說：「可言之理，人人能言之，安在詩人之言之；可徵之事，人人能述之，又安在詩人之述之，如有不可言之理，不可述之事，遇之於默會意象之表，而事與理無不燦然於前者也。」(註一九)詩之動人，便如此。「感應之會，通塞之際，來不可遏，去不可止，藏若景滅，行猶響起。」(註二〇)「神思方運，萬途競萌，規矩虛位，刻鏤無形。」(註二一)古人早就運用意象之法了。

詩的六義中、賦比興是三種不同的傳達方式，也就是三種不同構思的方法。賦是敷陳其事，比是用物喻志，興是借物起情。所以「賦是一種不同譬喻而且接表述作者意象的方式。比是用類似的東西來說明原來的東西。更精確的說：應該是用其他事物的類似點來代表原來事物的特點，而這特點乃是作者意象所在。至於興，則爲原意象引發的繼起意象傳達，但所傳達的繼起意象與原意象之間可類似亦可不類似，甚至相反的，無不可據以表述。」(註二二)孔子見流水而有「逝者如斯」之嘆，杜甫見楊家之豪奢而有「朱門酒食臭，路有凍死骨」之譏。「不學博依，不能安詩」（註二三）的道理便在此。

「感於心而動，心之欲也。」詩人感於物的結果，有見於物爲意象，有感於心爲情趣，因意象而生情趣，情景交融，便有境界。詩中情與景的出現，有各種不同的情況，先景後情是最常用的手法。情因景生，是謂觸景傷情。「細草微風岸，危檣獨夜舟；星垂平野濶，月湧大江流」，由此而導出「名豈文章著，官應老病休」，然後再借物起情，而見一番感人的意境「飄飄何所似，天地一沙鷗」。但也可以先敍事，因感情的奔湧，筆鋒一轉而寫景，實則亦借物以寄情意。李白在黃鶴樓送孟浩然到廣陵，起句「故人西辭黃鶴樓」便是。但最後兩句，則是一片廣漠淒迷之景「孤帆遠影碧空盡，唯見長江天際流」。水天接處，孤帆已遠，只見江水奔流，依依送別之情，便寓於帆影、碧空、江流之中矣！

人類的本性，潛意識中秉賦着對美的崇拜，天地萬物，各有其風情美態，這是自然之情，凡天地山川、草木鳥獸蟲魚，無不有其情韻風貌，從自然的生機中，詩人各有體悟，也是對萬物認識之深，因借以托情意，風人之旨在焉。詩三百篇中可隨手舉之：關雎、螽斯、麟趾、羔羊、葛覃、卷耳、樛木、桃夭、廣漢、淇澳、日月、終風，比興意象之由來，實在太悠長了。「善鳥香草以配忠貞，惡禽臭物以比讒佞，靈修美人以媲於君，虙妃佚女以譬賢臣，虯龍鸞鳳以託君子，飄風雲霓以爲小人」，

（註二四）讀其文而爲離憂者，其不然乎？

人類的象徵意象，既複雜又豐富。知識、經驗、想像及時間的累積，都有不同的層次。所以詩人的意象，也可以在一念之間產生。姚一葦先生依美國學者意象一書，歸爲十類：⑴空間的意象。⑵時間的意象。⑶關係的意象。⑷人事的意象。⑸價值的意象。⑹感情的意象。⑺確定或不確定的意象。⑻眞實或不眞實的意象。⑼意象劃分爲意識、潛意識與下意識三種不同領域。⑽意象又可劃分爲公衆意象與個人意象。（註二五）西方學術思想的分析批判確實比我們精密，他山之石，可以攻錯；異方之言，可以知漸，但中西有異同，米中有精粕，斯不可不慎取。

叁、詩與畫面

我國以農立國，五口之家，百畝之地，四時的勞作與景像皆可以入詩。「時鳥變聲」、「鷄鳴桑顚」都是詩。凡是與人所處，都可以相親相善。「村邊綠樹」、「郭外青山」都是詩境。故中國人的人生，多自然田園之美，詩也是以田園詩居多。天地自然生人，人本自然一物，順天以應人，此種觀念，始終不變，中國人的人生藝術亦多本於此。

藝術本來貴於創新，但創新必從模倣中來。伯牙鼓琴，是倣自自然天地間之高山流水，而其琴聲，非子期不能知其深趣，可見已淨化模倣痕跡。這是藝術家的創意。藝術家對自然萬物的體察入微，方能有此心神領會，物我相通，而不在惟妙惟肖。所以人生是詩的人生，亦是藝術的人生，這就是中國文化傳統的精華所在。東坡謂畫中之有詩，詩中之有畫，是當以此為解，其異於西方藝術者，亦在於此。

杜子美看佳人公孫大娘舞劍，因以入詩；張旭也因看公孫大娘的舞劍而書法大進；子美也可以看王宰畫山水而放歌；大畫家吳道子請裴將軍舞劍以助壯氣，（註二六）而成絕世之作。甚至如顧況的詩中稱范山人所畫的山水有如空中的樂章。（註二七）是畫中不但有詩，亦可以表現音樂化的空間境界。嚴滄浪評盛唐人的詩謂「盛唐諸人，惟在興趣，羚羊挂角，無迹可求。故其妙處，透徹玲瓏，不可湊泊。如空中之音，相中之色，水中之月，鏡中之象。言有盡而意無窮。」（註二八）這種詩的境界，中國畫家表之於山水畫中，這便是藝術的極致。中國詩人的生活，時空關係是密合的，空間的觀念隨時間的感覺而節奏化，而音樂化，充滿音樂情趣的世界，是中國詩人畫家的藝術境界。

看中國畫，畫面上的高遠作清明，深遠為重晦，平遠有明有晦，這是畫中的色澤。高遠作突兀，深遠為重疊，平遠多縹緲，這是畫中的態勢。高遠明瞭，深遠細碎，平遠沖澹，這是畫中的人物，（註二九）甚至春夏秋冬四時都有畫式。所以中國畫是詩意的空間藝術。更由於中國文字結構的不同，字形本身，就有無限意象，書法形勢，自呈空間畫面，其中尤以象形會意為突出，是以對文字有高度敏感的詩人畫家而言，文字形象的結構，與畫面的融合，便成了詩書畫三絕的妙境。所以從中國文字的句法、字形、字義、色彩、聲調、偏旁、疊字、重出、變形等結構多加研討，便不難對詩的畫面有新的領略。由每個文字特別的結構意象，可以更擴大而為詩型的具象效果，聽覺、視覺，以及由此而延伸的意境，便含蘊了中國繪畫的圖象。

題畫文字，以書贊、題詩、畫記、畫跋爲主，前二者爲詩。畫贊戰國時已有，題畫詩六朝庾信便有詠畫屏風二十五首，唐宋以後，詩畫更是密合不分了。所謂「詩是無形畫，畫是無形詩」（註三〇）鄭昶更謂「宋人山水，往往與山水爲緣，或題詩以發畫趣，或繪圖以取詩境，或運用文法詩意作畫，則其例至多」。（註三一）詩畫的關係，或直寫畫中之人物，或寄感慨議論，或論畫藝技巧等。中國畫家，無不深具學養，所以中國的文人畫，非畫匠之畫，故寓意深。他們多從大自然中謀取藝術修養，故不落傖俗，講求畫中之趣與境。郭熙說：

嵩山多好溪，華山多好峯，衡山多好列岫，泰山多好主峯，天臺、武夷、廬霍、雁蕩、岷峨、巫峽、天壇、王屋、林盧、武當皆天下名山巨鎮；天地寶藏所出，仙聖窟宅所隱，奇崛神秀莫可窮其要妙。欲奪其造化，則莫神於好，莫精於勤，莫大於飽遊飫看，歷歷羅列胸中。而目不見絹素，手不知筆墨，磊磊落落，杳杳漠漠，莫非吾畫，如懷素夜聞嘉陵江水聲而草聖益佳，張顛見公孫大娘舞劍器而筆勢益俊者也。今執筆者所養之不擴充，所覽之不淳熟，所經之不衆多，所取之不精粹，而得紙拂壁，水墨遽下，不知何以掇景於煙霞之表，發興於溪山之巔哉！

……（註三二）

師法自然，涵養心露，即創作的方法。中國的文學與藝術，尤其是詩畫藝術，境界高超瑩潔，壯濶幽深，寄宇宙意識生命於其中，悠然會心，妙處難說，常超然時空，或時空相融，此皆在大家之手耳。

沈括夢溪筆談便對今所謂透視法有所批評，謂山水畫法當以大觀小。（註三三）可見各家畫法主張不同。清名畫家鄒一桂對西方透視法之陰陽遠近不差錙黍，謂爲雖工亦匠，不入畫品。（註三四）中西畫法亦因文化的差異而有別。中國詩如以取景和角度視之，所呈現的畫面，其空間表現與山水畫的特點是相一致的。王維輞川詩有云：

北垞湖水北，雜樹映朱欄，逶迤南川水，明滅青林端。

南川的水明滅於青林之端，所呈現的畫面，不向下而向上，和青林朱欄構成一片平面，北垞南川的方位，朱欄青林的色彩感，水的明滅的動態感，都展現在畫面。柳宗元寫漁翁也很特別：

千山鳥飛絕，萬徑人蹤滅。孤舟簑笠翁，獨釣寒江雪。

這首詩本來着意於空無，却以「千山」「萬徑」帶向有所熱鬧的世界。而「鳥飛」「人蹤」的「絕」與「滅」，又一反已有的意象，眼前展現的該是雪中的空無和寂靜，畫面遠景的空無，和特寫漁翁的孤寂，該是蒼凉無限的境界吧！

電視在今日的大衆傳播媒體中，已深入了每個人的生活中，而呈現在我們前面的畫面却多庸俗淺薄，只知追逐大多數人的趣味，充斥着「軟玉溫香抱滿懷」的鏡頭畫面，恐怕有一天也要標明「兒童不宜」了。告知、教育的功能，如只圖刺激官能，引發一時的興奮，越來是要越遙遠，其不是北燕趙而楚其轍了！

詩中的意象，應該相當於電視的畫面，何況太多的詩景像顯明，「落日照大旗，馬鳴風蕭蕭」、

「西風殘照，漢家陵闕」、「枯藤老樹昏鴉，小橋流水人家」、「渡頭餘落日，墟里上孤煙」、「古木無人徑，深山何處鐘」、「畫棟朝馬南浦雲，珠簾暮捲西山雨」、「天蒼蒼，野茫茫，風吹草低見牛羊」，何處不是美麗的畫面。詩中的境界雖然不易展現，旁白導引不也可以，何況鏡頭的運用，剪輯的技巧，音樂或音響的效果，都可作爲輔助，不要再讓感官的純娛樂，庸俗我們的精神領域，使電視映象畫面，成爲藝術的再現，美化我們的生活。詩是訴諸意象情感的效果，而電視的畫面則是訴諸視覺的效果，若以詩的「句句都在目前」，要求電視畫面的「事事都在映象畫面」固然有困難，因電視畫面受許多條件的限制，要求「詩的畫面」誠爲不易，但詩的意象美一定可以提供電視畫面許多新的創意。電視節目的製作者，把所見所聞所感的實物實景，轉化爲感人的畫面，這該是電視從業人員應有的理想，這和詩人假託文字表達意象美的手法是相似的。使電視的畫面能「極視聽之娛」，亦「信可樂也」。

肆、結　語

藝術的境界，有如宇宙的生命，是無窮盡的；文學的生命，不會因任何形式的批判而苦澀；人類心靈的幽情壯采，也不會因文明的變異而枯竭。詩人藝術家的丘壑明月，藉文字藝術以爲心靈智慧的表白，深厚的傳統的詩歌藝術，仍然是氣勢磅礡的奔騰，綿延不息。傳統不是使某一種形式繼續流傳，而是求得在過去的文化藝術中獲取精神的本質以爲師法，秉持悠久文化的「寬容性」與「超越性」，而光大傳統精神，才是新的使命。

〔附　註〕

註一　見葉維廉飮之太和。

註二　於電影表示思想之流動的若干畫面急速連續映出的技法。於廣播則爲混成音響的效果。

註三　見飮之太和頁三十九至五十三。

註四　見鍾嶸詩品總論。

註五　見顏元叔印象主義復辟？（六十年二月二十九至三月一日時報副刊）。

註六　見朱孟實詩論頁七。（正中書局）

註七　見校注本人間詞話卷上。

註八　人間詞話首刊於「國粹學報」，分見於四十七、四十九、五十期刊出。（葉嘉瑩王國維及其文學批評中述之甚詳。）

註九　歐陽修少年游：「欄干十二獨凭春，晴碧遠連雲。千里萬里、二月三月，行色若愁人。謝家池上、江淹浦畔、吟魄與離魂，那堪疎雨滴黃昏。」

註一〇　姜夔翠樓吟：「月冷龍沙，塵淸虎落，今年漢酺初賜。新翻胡部曲，聽氈元戎歌吹，層樓高峙，看檻由縈紅，簷牙飛翠，人姝麗，粉香吹下，夜寒風細。此地宜有詞仙，擁素雲黃鶴，與君遊戲。玉梯凝望久，歎芳草萋萋千里，天涯情味，仗酒袚淸愁。花銷英氣。西山外，晚風還捲，一簾秋霽。

註一一　見文心雕龍知音篇。

註一二　語出文心雕龍知音篇。

註一三　見葉嘉瑩王國維及其文學批評頁二一四。

註一四　見宗白華「美學的散步」頁三。（洪範）

註一五　見中國現代學術論衡頁二二一。（東大）

註一六　見中國現代學術論衡頁二二二、二四四。

註一七　見「說詩晬語」卷上第八十一則。

註一八　見中國文學發達史頁三九四。（中華）

註一九　引自宗白華「美學的散步」頁一〇四。

註二〇　見陸機文賦。

註二一　見文心雕龍神思篇。

註二二　見王夢鷗文學概論頁一一六。（帕米爾）

註二三　禮記學記語。

註二四　見洪興祖楚辭補注卷一。

註二五　見欣賞與批評頁五七—六一。

註二六　宋郭若虛圖畫見誌謂：「唐開元中將軍裴旻居喪，詣吳道子，請於東都天宮寺畫鬼神數壁，以資冥助。道子答曰：『吾畫筆久廢，若將軍有意爲吾纏結舞劍一曲，庶因猛厲以通幽冥！』旻於是脫去縗服，若常時裝束。走馬如飛，左旋右轉，揮劍入雲，高數十丈，若電下射。旻引手執鞘承之，劍透室而入。觀者數千人，無不驚慄。道子於是援毫圖筆，颯然風起，爲天下之壯觀。道子平生繪事得意、無出於此。」

註一七　顧況「范山人水歌」：山崢嶸、水泓澄，漫漫汗汗一筆耕。一草一木棲神明。忽如空中有物，物中有聲，復如遠道望鄉客，夢繞山川身不行。」（見佩文齋書畫譜）

註二八　見滄浪詩話。

註二九　郭熙畫訓謂：「山有三遠，自山而仰山顛，謂之高遠。自山前西窺山後，謂之深遠。自近山而望遠山，謂之平遠。高遠之色清明，深遠之色重晦、平遠之色有明有晦。高遠之勢突兀，深遠之意重疊，平遠之意沖融而縹縹緲緲。其人物之在三遠也，高遠者明瞭，深遠者細碎、平遠者沖澹；明瞭者不短，細碎者不長，沖澹者不大。此三遠也。」（見中國名著精華全集第二七册二四九頁）

註三〇　宋趙孟濚論畫品語。

註三一　見中國畫學全史頁二四六。（中華）

註三二　見郭熙畫訓（中國名著精華全集第二七册頁二四七）

註三三　見夢溪筆談卷十七。

註三四　「西方善勾服法，故其繪畫於陰陽遠近不差錙黍，所畫人物屋樹皆有日影，其所用顏色與筆與中華絕異。布影由濶而狹，以三角量之，畫宮室於牆壁，令人幾欲走進。學者能參用一二，亦具醒法。但筆法全無，雖工亦匠，故不入畫品。」（引自宗白華美學的散步頁二六）

薛道衡詩探析

葉慕蘭

薛道衡字玄卿，河東汾陰人（今山西省境內），生於梁武帝大同六年（五四〇），卒於隋煬帝大業五年（六〇九），年七十。

道衡六歲而孤，專精好學，年十三，講左氏傳，見子產相鄭之功，作國僑贊，頗有詞致，見者奇之，其後才名益著。曾仕北齊、北周，入隋位居要津，深獲文帝激賞，每曰：「薛道衡作文書稱我意。」任內史、襄州總管，播州刺史等職，因論時政迕逆煬帝，被害。

薛氏身處南北文風融滙之時代，其詩作在中國詩歌發展史上，實具有承先啓後之大功，故今就形式與內容兩方面探析之：

一、形式方面

所謂「形式」乃爲表白內容之手段與方法，作者把自己所有之思想及感情移諸讀者時之一切手段與方法，稱之爲文學之形式。（註一）詩歌爲文學中文字最精緻、音樂性最豐富之作品；中國文字具有字形、字音、字義三種關聯性，富有單音、獨體之特色，因而造就成中國詩歌特有之優美性。進言之中國詩歌之藝術化表現在「格律」與「修辭」之形式上。所謂「格律」是指安排字音之規則，以表達出「諧婉鏗鏘」之節奏美，其表現之方式爲句式、平仄、押韻等合奏。所謂「修辭」是指字形之排列組合，其表現之手法爲對偶、鍊字、造句等。

本文詩人薛道衡卒於隋代，隋代詩文乃是承襲南北朝詩風之餘照，換言之卽處於五言古詩之過渡時代，此時代一方面失却漢魏時代空靈矯健之筆，而追求藻繪雕琢之修辭，另一方面講求四聲之格律，但尚未臻近體詩之音節諧婉之美，薛詩便是在此種風尚下產生，乃爲李唐近體詩之先導作家。

薛詩可分樂府詩及古詩兩類，按樂府本爲西漢武帝時所設立之官署，其職責爲采詩被諸管絃，而施之郊廟朝宴，於是稱此官署之詩歌爲樂府詩簡稱「樂府」，以此知樂府乃詩之入樂可歌者，六朝人視樂府爲詩之一體，但乃着眼於音樂。（註二）兩漢樂府有風骨，論形式，西漢樂府多雜言、三言、四言；東漢樂府語句逐漸整齊，無眞正之五言。魏晉而還，爲樂府摹擬期，形式上五言大盛，以其擬作過多，故無特色。直至南北朝樂府方有中興現象，而南北朝樂府偏重於哀艷之抒情，形式上以五言四句爲中堅。然樂府得此新生力量，形式內容皆有革新、皆有擴充，又變爲新興文學。故隋唐文人得藉之別製新詞，不蹈南北朝陳腐因循之風。（註三）而薛氏之樂府詩處於南北文風交滙之期，論樂府內容或有北方之風格，如出塞二首、昭君辭，但在形式上爲五、七言之作，乃是沿襲前人者。

古詩：按古詩一詞最早見於漢志詩賦略：「咸有惻隱古詩之義」一語，此「古詩」乃是指三百篇而言，然以之稱漢代五、七言詩則始於劉勰文心雕龍明詩篇「古詩佳麗，或稱枚叔」之言。迨李唐，近體詩興，所謂「古詩」，卽成爲別於「絕體」之古體詩之簡稱。漢無近體詩，當時文人之創作，除去長短句樂府外，其有以五言或七言之整齊句調者，卽名之曰「五言詩或七言詩。」五言古詩至魏晉益呈蓬勃氣象，在形體上雖無突破，但其作品之藝術精神與作者之創作態度均有重大變化。（註四）迨南北朝駢儷之風盛行，聲律學說興起，加以樂府、小詩之影響，新形式之古詩遂應運而生。亦卽近體詩之胚胎，薛氏古詩十六首亦是南北朝五言古詩過渡期之延續。

甲、格律

今就句式、平仄、押韻探析薛詩之格律，以窺其承襲南朝詩風之跡：

1. 句式：所謂句式便是詩句意義之節奏，瞭解句式方能眞正瞭解詩句之意義。句式亦是中國詩歌音樂性之基本條件。無論樂府或古詩，至南北朝皆以五、七言定格爲主。五言之句式上二下三最爲普遍，七言句式以上四下三或上三下四最爲常見。於此可知句式分單式句與雙式句。因而表現出節拍，由於節拍之快慢或高低而表現出詩中不同之聲情，換言之卽表現出作者之思想與感情之變化。薛詩之句式分析如左：

樂府：五言者有四首：①出塞二首，各二十句。②昭君辭一首，共三十句。③昔昔鹽一首，共二十句。不論每首詩句數多少，其句式均爲上二下三。如：

暗牖——懸蛛網，空梁——落燕泥（昔昔鹽）

心隨——故鄉斷，愁逐——塞雲生（昭君辭）

塵沙——塞下暗，風月——隴頭寒（出塞其一）

七言者一首：豫章行，共二十八句。其句式上四下三如：

楓葉朝飛——向京洛，文魚夜過——歷吳洲（豫章行）

樓中愁思——不開嚬。始復臨窗——望早春（豫章行）

古詩：十六首均屬五言，今就其句數之多寡列之於下：(1)四句四首，如人日思歸、夏晚、歲窮應教、詠苔紙等。(2)八句二首，如從駕天池應詔、梅夏應詔等。(3)十句一首，如從駕幸晉陽。(4)十二句四首，如奉和月夜聽軍樂應詔、秋日遊昆明池、入郴江、渡北河等。(5)十六句四首，如奉和臨渭源應詔、敬酬楊僕射山齋獨坐、重酬楊僕射山亭、展敬上鳳林寺等。(6)六十句一首，如和許給事善心戲場轉韻。此十六言古詩，不論每言詩句數之多寡，其句式皆爲上二下三：如

入春——纔七日，離家——已二年（人日思歸）

長廊——連紫殿，細雨——應黃梅（梅夏應教）

桃花——長新浪，竹箭下奔流（渡北河）

八川——茲一態，萬里——導長波（奉和臨渭源應詔）

不論樂府與古詩，其五言句式皆爲上二下三，七言句式皆爲上四下三，乃承襲漢魏南北朝詩之句式而來，如曹丕之燕歌行七言句式上四下三：

秋風蕭瑟——天氣涼，草木搖落——露為霜

短歌微吟——不能長，明月皎皎——照我牀

五言句式上二下三如：

宿昔——不梳頭，絲髮——被兩肩

婉伸——郎膝上，何處不可憐（南朝樂府子夜歌）

青精——翼紫軑，黃旗——映朱邸（謝脁始出尚書省）

於此可知薛詩於句式上之沿襲概況。

2.**平仄**：詩中表現聲調美者爲平仄，故漢魏前詩人吟誦詩時似乎有一種自然之聲籟，因而調整平仄無有定法（註五）。古詩之平仄以避免入律爲原則，所謂「入律」爲合乎近體詩平仄格式者，若不能句句避免入律，至少不能讓出句與對句同時入律，如古詩十九首：「去者日以疏，來者日以親，出郭門直視，但見邱與墳。古墓犂爲田，松栢摧爲薪。白楊多悲風，蕭蕭愁殺人。思鄉故里閭，欲歸道無因」無一句入律者。（註六）五言詩發展至南朝，由於沈約發明「聲病」說，於是以講求四聲爲能事，因而作品近乎律體。如何遜悲姥磯：「暮烟起遙岸，斜日照安流。一同心賞夕，暫解去鄉憂。野岸平沙合，連山遠霧浮。客悲不自已，江山望歸舟。」又如庾信之和況法師：「客遊經歲月，羈旅故情多。

近學衡陽雁，秋分俱渡河。」已見近體詩之胚胎，於此可見南北朝沈約、何遜、庾信作品中平仄入律之趨勢逐漸提高。而薛詩中平仄入律現象亦十分普遍，如昔昔鹽一首，後人謂此詩「尚排偶，競雕琢，可稱工整作品」，(註七) 今分析其平仄如下：

垂柳覆金堤，蘼蕪葉復齊
水溢芙蓉沼，花飛桃李蹊
採桑秦氏女，織錦竇家妻
關山別蕩子，風月守空閨
恒斂千金笑，長垂雙玉啼
盤龍隨鏡隱，彩鳳逐帷低
飛魂同夜鵲，倦寢憶晨雞
暗牖懸蛛網，空梁落燕泥
前年過代北，今歲往遼西
一去無消息，那能惜馬蹄

本詩除「花飛桃李蹊」，「長垂雙玉啼」爲「平夾仄」，「前年過代北」爲「三仄調」拗句外，其餘皆入律。故後世詩人多以本詩爲律詩之始。(註八)

又如人日思歸：

入春纔七日，離家已二年。

人歸落雁後，思發在花前。

本詩只有「人歸落雁後」爲「三仄調」拗句，故本詩清新含蓄，頗爲時人稱道，在詩歌形式上對唐詩絕句發展上也有影響。

又如夏晚：

流火稍西傾，夕影遍曾城。

高天澄遠色，秋氣入蟬聲。

本詩只有「流火稍西傾」爲「三平調」拗句。再如歲窮應教、詠苔紙等小詩之平仄法和押韻法，幾和唐詩五絕雷同。又如八句之從駕天池應詔：

上聖家寰宇，威略振邊陲。

八維窮眺覽，千里曳旌旗。

駕鼉臨碧海，控驥踐瑤池。

曲浦騰煙霧，深浪駭鯨螭。

平仄均爲律句，在押韻與對仗上更具律詩之格式。統計薛詩幾乎半數以上詩句已經律化，尤其四句、八句合律化之比率更高，這種現象一方面顯示出詩體律化前之平仄情況，一方面可見薛詩已有「古詩律化」之趨向，於此可見其詩已達音節諧婉之美。以上之現象乃是沿襲南北朝作家謝脁、沈約、陰鏗、何遜、庾信之餘風。

3.**押韻**：漢魏古詩格律自由，詩人用韻，本乎自然，往往是一韻到底，鮮有換韻，詩經已有換韻之例，除蔡邕飲馬長城窟行及古詩「行行重行行」等少時作品例外以外，餘均一韻到底。晉以前轉韻並不多見，且換韻之間隔與韻脚之聲調皆未講求。迨南朝聲律之學說興起，辨四聲論八病；王融、沈約創其首，梁、陳諸子揚其波，終蔚爲一時風尙，如沈約擬青青河畔草：「漠漠牀上塵，中心憶故人。故人不可憶，中夜長嘆息。嘆息想容儀，不言長別離。別離稍已久，空牀寄杯酒。」「人」眞韻，「息」職韻，「離」支韻，「酒」有韻，爲兩句一換韻。又如柳惲江南曲：「汀洲采白蘋，日落江南春。洞庭有歸客，瀟湘逢故「人」。故人何不返？春華復應晚。不道新知樂，且言行路遠。」「春，人」眞韻，「晚，遠」阮韻，爲四句一換韻。（註九）此二首已非漢魏古韻。從此古詩轉韻之體製日繁，或二句，或四句，或八句一換韻，且多平仄韻遞用，以求聲調之活潑流利，此與樸拙之漢魏古詩體製有別，可視爲唐代古風之先河。今探析薛詩之用韻情形如下：

㈠有全篇一韻者：計樂府詩二首，出塞其一押寒韻；昔昔鹽押齊韻。古詩計十二首，押先、支、庚、尤、灰、陽、歌、多韻，以上均用本韻之平聲韻。

㈡有轉韻者：其中又分二：一是庚主靑從之通韻，如樂府詩出塞其二，古詩之從駕幸晉陽。另一是平仄遞用之轉韻，如樂府之豫章行有平聲之尤、眞、支韻轉去聲之霽、寘，與入聲職韻。古詩之敬酬楊僕射山齋獨坐有平聲之豪、尤韻轉入聲之葉、月韻，重酬楊僕射山亭之平聲東、寒、庚韻轉入聲職韻。和許給事善心戲場轉韻有平聲先、陽、寒、灰韻轉去聲寘韻，入聲沃韻。

由以上押韻情形可知薛詩大部份仍沿襲一韻到底且押平聲韻之古風面貌，其押平聲韻之作風與近體詩以用平聲韻爲原則又相合。其中有五首亦是轉韻古詩。可見其受梁、陳聲律說之影響，其詩作音節之流利諧婉亦由此可知。

乙、修　辭

不同時代之詩歌，在文字之表達上亦相異，如漢魏詩歌文字樸茂，而南北朝詩歌則是修辭與格律並重，因此南北朝時，詩歌創作逐漸去樸尚華，易單轉複，化剛爲柔，由簡入繁。雖施補華峴傭說詩云：「齊、梁、陳、隋間，自謝玄暉、江文通外。古詩皆帶律體，氣弱骨靡，思淫哀聲，亡國之音也」以譏南朝詩以文害意，然謝靈運、鮑照、謝朓、沈約、江淹、何遜、吳均、陰鏗、江總等大家部份作品，在艷詞巧句中也存有感情與思緒，且諸家之修辭方法，可謂上躡風騷，下啓唐宋，居於承先啓後之橋樑地位（註十）。庇蔭於梁、陳詩風餘照下之薛詩可謂深受其修辭之影響。今就對仗、用事、連環句等項探析其修辭之沿襲現象。

㈠對　仗

魏晉以前詩歌之對仗乃是自然天成，不由造作；故詩經、楚辭及漢魏古詩皆爲散、偶雜陳，眞率可誦。古詩中用對偶句法係由曹氏兄弟、王粲開其風，如曹植公讌詩「秋菊被長坂，朱華冒綠池」，贈王粲「樹木發春華，淸池激長流」。王粲雜詩四首之二「幽蘭吐芳烈，芙蓉發紅暉」，雜詩「曲池揚素波，列樹敷丹榮」，至晉陸機已成爲風尚，如陸機日出東南隅之「淸川含藻景，高岸被華丹」，悲哉行之「和風飛淸響，鮮雲垂薄陰」。迨南北朝詩風大變，詩人崇尚華美，講求聲調，運用中國文字獨體、單音之特色，遂使得彩藻滿篇，偶麗盈目。

對仗可分古（寬）對與今（律）對。所謂古對是承續漢魏古詩對仗之風貌，不拘平仄聲韻，僅求意思相對，如謝靈運過始寧墅之「白雲抱幽石，綠篠媚淸漣」，遊南亭之「密林含餘淸，遠峯隱半規」。所謂「今對」卽是除字面對仗外，還須諧美聲調，此風起於齊、梁之際，四聲之論起，沈約論詩八病而主張作詩應調整平仄。至陳之徐陵、周之庾信體例漸嚴，成爲唐詩之先驅，如庾信詠懷「關門臨白荻，城影入黃河，秋風別蘇武，寒水送荆軻」。沈約之遊沈道士館「開襟濯寒水，解帶臨淸風」。薛詩沿襲梁、陳餘風，對仗已講求平仄聲調。如：

飛魂同夜鵲，倦寢憶晨鷄

暗牖懸蛛網，空梁落燕泥（昔昔鹽）

笳聲喧隴水，鼓曲噪漁陽（奉和月夜聽軍樂應詔）

遙空澄暮色，淸景散餘光

以上諸詩之平仄聲調，皆充分表現出對句平仄律化之啓萌現象。

(二)用典

用典，古人稱爲用事，用典爲修辭之手段，自劉宋時代詩人始刻意用典，如謂靈運之述祖德詩二首之一之「段生蕃魏國，展季救魯人」，遊赤石進帆海之「仲連輕齊組，子牟眷魏闕」，王融雜體報范通直之「和璧荆山下，隋珠漢水濱」，沈約出重圍和傅昭之「魯連揚一策，陳平出六奇。邯鄲風雨散，白登煙霧維」。文心雕龍事類云：「事類者，蓋文章之外，據事以類義，援古以證今者也。」言用典之目的乃是援引古事或古話以證明己之觀點是古已有之者，若用典恰當、新巧，固然能使詞藻綺密、義蘊深婉，若出於造作承襲，或者一篇過濫，則反易成爲詞枯意晦之陳腔爛調。南朝詩人用典多採直用法，喜於對句中引用古事。(註一二)薛詩中用典雖少，然其方式亦不脫南朝窠臼。如：

當知霍驃騎，高第起西京(出塞其二)

漢驃騎將軍霍去病，遠涉沙漠，六擊匈奴，屢立奇功，本詩句反用漢武帝欲爲去病治第，對曰：「匈奴未滅，何以家爲」之典，以歌頌越國公楊素之平胡功業，當享榮耀。

雖非莊舃歌，吟詠常思越(敬酬楊僕射山齋獨坐)

莊舃者，春秋越國賤人也，仕楚執珪，富貴一身。舃有疾，呻吟猶作越聲，以其思故也。本詩句用此典恰當切題，表示作者思念故人——越國公楊素也。

月映班姬扇，風飄韓壽香(和許給事善心戲場轉韻)

「月映班姬扇」乃用漢成帝班婕妤失寵，作怨歌行「新裂齊紈素，鮮潔如霜雪，裁爲合歡扇，團團似明月」之典，而本句化用此典指觀戲之美女。「風飄韓壽香」，「韓壽者，晉人，美姿容，體勁捷，賈充之女午愛悅之」，本句化用此典指觀戲之美男子。

綜觀薛氏用典，雖不及謝靈運、沈約等人之綺密深婉，然亦不失自然靈巧之面貌。

㈢連環句

所謂「連環句」，即下句之前一字或兩、三字和上一句之末一字或兩、三字相重，形成一種連鎖，此種造語足以表纏綿繾綣，反復不盡之情意。（註一二）前人稱之爲「聯綿句法」，或稱「蟬聯句法」。詩經大雅文王篇已應用此種技巧，至魏曹子建作贈白馬王彪詩，受文王篇之啓發影響亦採用此法。（註一三）南朝時代，連環句法遂成爲流行之體裁，陶淵明、謝靈運、鮑照、沈約、江淹、吳筠、何遜等名家皆頻頻使用，且具有多種變化之形式，如：

採菊東籬下，悠然見南山，山氣日夕佳，飛鳥相與還。（陶淵明飲酒二十首之五）

以上乃是自上而下意義相貫，一氣呵成之例，自有筆勢縱橫之氣概，又如：

火逝首秋節，明經弦月夕，月弦光照戶，秋首風入隙（謝靈運七夕咏牛女）

以上爲首尾銜接、往復廻環之形式，是利用詞序之廻環，用後二句補足或添加前二句之涵義，不僅產生意義層進之趣味，且使詩句新美而精警。又如：

羇心積秋晨，晨積展游眺（謝靈運七里瀨）

琴高遊會稽，靈變竟不還，不還有長意，長意希童顏。（江淹贈鍊丹法和殷長史）

以上爲下句與上句之連環。

總之，連環句之修辭法在南朝詩中已被普遍運用，薛詩受此風之影響，在古詩中亦有一首全用連環句法之作：

遙原樹若薺，遠水舟如葉。
葉舟旦旦浮，驚波夜夜流。
露寒洲渚白，月冷函關秋。
秋夜清風發，彈琴卽鑑月。（敬酬楊僕射山齋獨坐）

空庭聊步月，閒坐獨臨風
臨風時太息，步月山泉側
朝朝散霞彩，暮暮澄秋色
秋色遍皐蘭，霞彩落雲端。（重酬楊僕射山亭）

由以上分析薛詩對仗、用典，連環句等之寫作技巧，可知薛氏沿襲南朝梁、陳詩風之現象。

二、內容方面

一、樂　府

隋代之樂府，大致可分爲兩期，卽文帝時之擬古樂府與煬帝時之擬南朝樂府，（註十四）道衡曾得志於文帝，却寃死於煬帝手中，故其樂府內容亦受政治環境之影響，有擬古之作，亦有擬南朝之作。

今就其內容探析之：

(一)擬古樂府

1. 借古題而寫己懷者：如七言長歌豫章行，便是借古題而寫己懷者：

江南地遠接閩甌，山東英妙屢經遊。

……………………，…………………。

樓中愁思不開嚬，始復臨窗望早春。

……………………，…………………。

蕩子從來好留滯，況復關山遠迢遞。

偏訝思君無限極，欲罷欲忘還復憶。

……………，……………。

不畏將軍成久別，只恐封侯心更移。

本詩描述思婦對其良人眞切之相思之情，以及矛盾決絕之情，如「當學織女嫁牽牛，莫作姮娥叛夫壻」，「偏訝思君無限極，欲罷欲忘還復憶」，「不畏將軍成久別，只恐封侯心更移」，其寫思婦矛盾決絕之情眞切鮮明，令人一掬同情之淚，然作者用委婉比興之手法，實欲透過思婦之情懷，以揭示官位越大心思越狠的統治者之某些面目。因道衡入隋後一向爲文帝倚重，不幸仁壽年中楊素當道，因其與楊素交情甚篤，文帝不欲其久知機密，故調爲襄州總管，薛氏因感而發，故嘆曰：「照骨金環誰用許，見膽明鏡自生塵」，詩末又云：「不畏將軍成久別，只恐封侯心更移」，頗懷弓藏狗烹之憂，故薛氏豫章行實爲借古題自寫幽懷也。又如昭君辭：

我本良家子，充選入椒庭，

不蒙女史進，更失畫師情

……………，……………，

……………，……………，

心隨故鄉斷，愁逐塞雲生。

漢官如有意，為視旄頭星。

本詩以第一人稱王昭君之語氣，哀怨地道出其家世、生平、際遇及離漢之心酸，入胡之無奈心情。最後作者更低廻蕩氣地吐道：「心隨故鄉斷，愁逐塞雲生，漢宮如有意，爲視旄頭星」，豈非道衡出爲襄州總管時無奈斷腸之心曲？

2.借古題而寫時事者：此法始自曹操。道衡之出塞詩二首，序云：「和楊處道」，楊處道，楊素也。道衡與楊素爲莫逆之交，楊素曾於開皇十八年，突厥達頭可汗犯塞時，以靈州道行軍總管出塞征討；又於仁壽初以行軍元帥出雲州擊突厥，故楊素作出塞詩，而薛道衡、虞世基均爲詩和之。出塞其一：

高秋白露團，上將出長安。
塵沙塞下暗，風月隴頭寒，
……………，……………，
受降今更策，燕然已重刊，
還嗤傅介子，辛苦刺樓蘭。

本詩首兩句點明節候，秋高露白時，「上將」帥師赴邊塞，接着描敍塞外風光及塞外行軍之艱苦，以襯托出上將之堅忍心性，又讚揚其知人善任，善於謀略，終致凱旋而回，爲國立功，成就己名，此皆足以傲視古人，故云：「還嗤傅介子，辛苦刺樓蘭」。出塞其二：

邊庭烽火驚，插羽夜徵兵，

少昊騰金氣，文昌動將星

……………，……………，

絏馬登玄闕，鈞鯤臨北溟，

當知霍驃騎，高第起西京

本詩寫朝廷征兵，赴塞、破虜之經過情形，反映了統一後之隋朝高漲之民族精神。詩末云：「當知霍驃騎，高第起西京」點明破虜之大將，可與漢將霍去病比美。

㈡擬南朝樂府：如昔昔鹽

垂柳覆金堤，蘼蕪葉復齊，

關山別蕩子，風月守空閨，

恒斂千金笑，長垂雙玉啼。

……………，……………。

暗牖懸蛛網，空梁落燕泥。

……………，……………。

一去無消息，那能惜馬蹄。

本詩爲閨情詩，詩中所言無非閨中懷遠之意。本詩詞藻華麗，對仗工整，內容爲言情之歌，故帶有較濃之齊、梁之南朝色彩。其中名句如「暗牖懸蛛網，空梁落燕泥」，對仗工整，造語自然白描，鮮明地敍述出思婦孤寂悲切之焦灼心情，故唐劉餗隋唐嘉話云：「煬帝善屬文而不欲人出其右，司隸薛道衡由是得罪，後因事誅之曰：『更能作「空梁落燕泥」語否？』」明楊愼升菴詩話卷六：「梁樂府夜夜曲，或名昔昔鹽，昔卽夜也，鹽亦曲之別名」，故標題殊異之昔昔鹽當作於煬帝之時。

二、古　詩

道衡古詩內容可分爲：約制酬唱、應酬唱和、寫景、抒情和詠物等五方面。

㈠**約制酬唱之作**：此類作品命題皆有「奉和」、「和」、「應詔」、「應教」等詩題，此爲宴集之餘，以限題、限韻、限句、限時等方式，相互酬唱，以顯出各人之才華之作。(註一五)薛詩此類作品計有七首，其內容又可分爲兩類：

1.以歌頌君王爲主者：如從駕天池應詔、從駕幸晉陽、奉和月夜聽軍樂應詔、奉和臨渭源應詔等作。如

省方遵往册，遊豫叶前經
金吾朝戒道，校尉晚巡營
……………，……………。
方覽翠華反，簪筆上云亭（從駕幸晉陽）

此類奉天子之命所作之詩歌皆自然貼切、秀麗淸新，而「奉和月夜聽軍樂應詔」一首尤爲佳

作：

旌門臨古堞，徼道度深隍，
月冷疑秋夜，山寒落夏霜，
遙空澄暮色，清景散餘光，
笳聲喧隴水，鼓曲噪漁陽，
沉鬱興神思，眺聽發天章，
嵩岱終難學，丘陵徒自強。

本詩十二句，首六句點出秋寒月冷之夜，接着二句敍述聽軍樂、笳鼓奏出隴水漁陽之曲，末四句言聽罷之感受，寫來妥切婉麗。

2.文人遊戲娛樂之作，如和許給事善心戲場轉韻、歲窮應教、梅夏應教等。

長廊連紫殿，細雨應黃梅
浮雲半空中，清吹雁池來
集鳳桐花散，勝龜蓮葉間
幸逢為善樂，頻降濟時才（梅夏應教）

本詩八句平仄諧調，對仗貼切，以描寫細雨應黃梅時景色，尤其妙者結句「幸逢爲善樂，頻降濟時才」與「細雨應黃梅」涵義呼應，可謂委婉深致。

故年隨夜盡，初春逐曉生，
方驗從軍樂，飲至入西京（歲窮應教）

本詩道出初春新開，舊年消盡，新春新瞻望便是入京從軍，充滿男子氣概。全詩詩句皆屬律句，讀來順暢諧婉。

以上約制酬唱之作盛行南朝梁、陳，由於預定題目，往往限時、限韻、限句，不易流露出眞情實感，表現高度之藝術技巧，以致後人有淺薄空泛之譏（註十六），道衡此類詩雖有空泛之嫌，但由於重對仗、音節之安排，故亦顯得風華有致。

㈡**應酬唱和之作**：有敬酬楊僕射山齋獨坐，重酬楊僕射山亭、展敬上鳳林寺。應酬之作最難動人，然薛氏此詩不僅工整、適切，更見深濃之眞情，如

寂寂無與晤，朝端去總戎，
空庭聊步月，閒坐獨臨風
臨風時太息，步月山泉側
朝朝散霞彩，暮暮澄秋色
秋色遍皐蘭，霞彩落雲端
吹旌朔氣冷，照劍日光寒
光寒塞草平，氣冷咽笳聲

將軍獻凱入，霱霱風雲生（重酬楊僕射山亭）

楊僕射者，楊素也。楊素推重道衡，與之私情篤厚，楊素有「山齋獨坐贈薛內史」二首，「贈薛內史」一首，「贈薛播州」十四首。其「贈薛內史」詩云：

耿耿不能寐，京洛久離羣。
橫琴還獨坐，停杯遂待君。
待君春草歇，獨坐秋風發。
朝朝唯落花，夜夜空明月。
明月徒流光，落花空自芳。
別離望南浦，相思在漢陽。
漢陽隔隴岑，南浦達桂林。
山川雖未遠，無由得寄音。

楊素詩北史稱爲「詞氣穎拔，風韻秀上」本詩十六句，以連環句語法道出對故人之思念，也道出權高位重者之孤寂，故道衡之重酬楊僕射山亭亦爲十六句，亦以連環語法道出對故人深厚仰慕之情愫，詩云：「寂寂無與晤，朝端去總戎」，「將軍獻凱入，霱霱風雲生」誠摯之情畢露。

㈢**寫景之作**：如夏晚、秋日遊昆明池、入郴江、渡北河等，如

連旌映潋浦，疊鼓拂沙洲。

桃花長新浪，竹箭下奔流。
塞雲臨遠艦，胡風入陣樓。
劍拔蛟將出，驂驚黿欲浮。
雁書終立效，燕相果封侯。
勿恨關河遠，且寬邊地愁。（渡北河）

本詩十二句，前六句描述邊塞風光，後六句言入邊塞乃是與胡人作戰，以建功封侯。故結語有氣魄地道：「勿恨關河遠，且寬邊地愁」。本詩屬邊塞之作，此種寫景之作與夏晚，遊昇明池、入郴江相較自然氣魄上要壯觀得多。

㈣**抒情之作**：如人日思歸

入春纔七日，離家已二年。
人歸落雁後，思發在花前。

本詩據劉餗隋唐嘉話云：「薛聘陳時在江南作」，全詩寫思鄉之情。首二句言時當正月初七「人日時」，傳說鴻雁正月自南歸北，而我由北至南已二年，而不得北歸。末二句言北歸之念在春前早已興起，但眞正歸去之時，却要落在雁後。本詩寫來清新含蓄，頗爲時人所稱道，在形式上對唐詩之絕句有相當之影響。

㈤**詠物之作**：如詠苔紙

昔時應春色，引淥泛清流。
今來承玉管，布字改銀鈎。

本詩詠「水苔所製之側理紙」，首二句詠側理紙之製作過程，末二句敍述以苔紙寫字之情況，雖是小詩，然正道出一個典型中國書生對紙墨所注入之感情。

三、風格方面

根據以上樂府，古詩形式與內容兩方面之分析，薛詩之風格可分下列三類：

1. 婉轉華美　如昔昔塩、豫章行、敬酬楊僕射山齋獨坐、重酬楊僕射山亭等作風。
2. 清新含蓄　如人日思歸、夏晚等作。
3. 剛健有力　如出塞二首、渡北河等作。

隋代文學上承南北朝浮華輕靡之風，薛氏雖生根於北土，然曾出使陳國，故亦深受南朝詩風之影響，其作品絕大部分爲華美俊逸之作，其寫景之作，雖時露剛健之氣，而整個詩風仍屬媚麗清新。

綜觀薛詩屬五言之樂府與古詩計二十首。七言之樂府一首，其中七言之豫章行最値得稱道，詩藪云：「六朝歌行可入初唐者……薛道衡豫章行音響格調，咸自停勻，體氣豐神，尤爲煥發。」按七言樂府，成熟於曹丕之燕歌行，至劉宋鮑照之擬行路難十八首一反過去七言歌行每句押韻、音節呆滯之風，而使氣體順暢，然猶時雜硬語，罕用虛字，不尙排偶，而道衡之豫章行一首隔句轉韻，聲調諧婉動聽，偶句聯綿，虛字呼應，充分顯示出歌行寫作技巧上演進之面貌，故此首七言樂府在中國詩歌發展上實具有承先啓後之價値。

薛氏二十首五言樂府及古詩，不論在格律上或修辭上皆可見其承襲南朝梁、陳詩風之軌迹，推究其因當有二：一爲政治際遇之緣故。二受北方文壇風尙之影響。

一、政治際遇　道衡仕北齊時，曾接待南朝陳之使者，賓主之間唱和甚殷。初入隋又出使陳朝，按魏晉時之浪漫文學至南朝發展成前所未有之唯美文學，作者均致力於作品之修辭與聲律之美，因此詩體氣象一新：如五古開始換韻、七古於焉創作、長短句詩體與新體詩應運而起，此時作家如宋之謝靈運以「儷采百字之偶，爭價一句之奇，情必極貌以寫物，詞必窮力以追新」之態度雕繪山水，鮑明遠以浪漫之作風，七言民歌之形式，表達其激昂奔放之情懷。至齊詩風艷麗而纖巧，色澤又爲之絢爛，當時詩人沈約將四聲用之文學。謝朓、王融等作詩皆極力講求聲律、重修辭俳偶。沈約之「聲病」說爲我國詩歌聲律奠定了基礎，爲此後律詩、排律、絕句等寫作具備了格式。梁朝文運鼎盛，以宮體詩爲主，帝王詩人有梁武帝、簡文帝、元帝等，文學之士徐陵、庾肩吾更助長文風之綺靡：至陳詩風更趨靡麗，當時詩人如徐陵、江總、陰鏗、陳後主等皆雕章琢句，不見氣骨。道衡與陳國關係密切，自然詩歌亦深受陳風之影響，其在北齊時與陳使者酬唱之作便已稱美南北。及至赴陳，每有所作，南人更是無不吟誦。

二、北方文壇之風尚　南北朝文學，惟民歌表現南北不同之特色。而一般文人之作品，北方遠不如南方，北魏文帝雖極力提倡文學，與羣臣聯句作詩，但畢竟基礎薄弱，欲建立優美之藝術成果，自然不易。當時文壇上少數文人中不是南人入北，便為北人刻意模仿南人。如北齊文學界頗負重名之詩人溫子昇、邢邵、魏收等詩作，無論形式、內容均受南方宮體文學之影響，於此可見南方唯美文學思潮，實已深入北方文壇。及至北周雖有蘇亮、蘇綽之徒提倡復古，但仍抵不住南方之唯美思潮，加之大批南人入北，如王褒、庾信等人，更為之推波助瀾。薛道衡處於此種領域下，自不免受到南朝唯美思潮之浸潤。

迨隋代統一天下，南北文壇遂有合流之現象。又因文帝起自布衣、統一宇內，念創業之艱難，疾世風淫蕩，卽位之初，卽以正音樂、改文體為首務，故南朝香艷文學暫受壓抑，但隋書文學傳云：「高祖初統萬機，每念斲雕為樸，發號施令，咸去浮華。然時俗詞藻，猶多淫麗，故憲章執法屢飛霜簡」，可見隋初之復古運動並無法改變南朝淫靡之詩風。道衡一生雖在北方，然其詩亦不脫梁、陳之重聲律、尚俳偶之輕靡詩風。

其部分小詩已具有律詩之規模，於此可知薛詩可謂上承曹子建、謝靈運之啓廸，下受南朝梁、陳作者謝朓、沈約、陰鏗、何遜、庾信等人之影響，而形成其詞藻柔美、對偶工整、聲調諧婉之風格，故薛道衡實可謂隋代南北詩風融滙下承先——（南北朝）、啓後（唐代絕律）之重要詩人。

【附　註】

註　一　參見文學概論，第五章文學與形式(一)律語與散文，本間久雄原著，開明書店印行。

註　二　參見李曰剛著中國文學流變史（三）詩歌編（上）第二章樂府第一節樂府之由來。

註　三　參見羅根澤著樂府文學史第二章兩漢之樂府，第三章魏晉樂府、南北朝樂府，文史哲出版社印行。

註　四　參見李曰剛著中國文學流變史（三）——詩歌篇（上）第三章古詩第一節古詩之名體。

註　五　參見詩詞曲作法第二章古體詩、第二十八節五古平仄，宏業書局印行。

註　六　同（註五）。

註　七　參見澤田總清原著，王鶴儀編譯中國韻文史，第三期六朝的韻文，第七章北朝及隋的韻文。商務印書館發行。

註　八　參見方師子丹中國歷代詩學通論。

註　九　參見葉師慶炳中國文學史第十一講南朝文學詩體之演變，廣文書局出版。

註一〇　參見王次澄，南朝詩研究第五章，南朝詩的修辭特色。

註一一　同（註一〇）。

註一二　參見詩詞曲作法第二章古體詩，第三十五節古體詩的語法。宏業書局印行。

註一三　同（註一〇）。

註一四　參見蕭滌非漢魏六朝樂府文學史第六編北朝樂府附隋，第五章隋樂府。

註一五　參見王次澄，南朝詩研究，第四章第二節由命題論特殊體製。

註一六　同（註一五）。

有官不仕偏尋樂——袁枚述評

簡有儀

壹、前言

袁枚在清朝是一位很傑出的文學家。尤其是他的文學造詣與浪漫思想，在乾隆一朝，眞是獨步當時的文壇。他的詩論，成績斐然，自成體系，不但集前代神韻、格調、性靈諸說之長處，且能折衷調合，截長補短，而成一家之言，對後代的影響是非常深遠的。但是到現在，雖然已經時隔兩百多年，却仍然有人與當時一群所謂衞道文人，對袁枚的見解和評論，還是沒有什麼改變，這實在是有欠公允的。

事實上，我們應該對袁枚作一番審愼的認識與客觀的研究，以期讓這位具有才氣且風流倜儻的文學大家，顯現出他眞正的面貌，進而肯定他在中國文學史上的價值和地位。由於袁枚的爲人與詩風，常本着「文學自文學，道德自道德」的論調，這與將文藝當爲德育輔助的文論家觀點，是大相逕庭的。因爲袁枚想把文學不朽的價值，提昇和政教功業等量齊觀，以破除在所謂「雕蟲小技，壯夫不爲」的傳統下視文學爲狹隘、卑下的觀念；甚且他也常放言高論，情愛的表達與作爲，是一切文藝的根本要素。這種見識開明、清新的文學理念，雖不敢說是後無來者，卻可以說前無古人。正因爲如此，才會招致他人爲了爭奪名位而生忌恨之心，爲了立論相異而爲攻擊之詞，甚至還有藉衛道之名而來詆毀他敗壞風教，進而評論他的詩論得失。

其實，袁枚永遠是袁枚，他有可觀、可貴的著作存留於世上，對於一些不實的評論，並不能絲毫折損到袁枚的盛名，更何況人間有許多的事，是非曲直，往往自在人心，才有所謂「見仁見智」的說詞。因此，在這裡希望能從袁枚的生活、性格和思想三個層面，做一番較爲客觀的評論，以期望人們對袁枚有更眞切的認識與新穎的感受。

貳、袁枚的生活

袁枚，字子才，號存齋，後改簡齋，小字瑞官（註一）。因住在小倉山的隨園，世稱隨園先生。晚年自號倉山居士、隨園老人、倉山叟。康熙五十五年（西元一七一六年）丙申三月二日（註二）生於浙江省錢塘縣東園大樹巷（註三）。嘉慶二年（西元一七九七年）丁巳十一月十七日卒於南京市北小倉山之隨園，享年八十二歲（註四）。現在將袁枚的生活大略分成四個階段簡述於後：

一、幼年與求學生活

袁枚的幼年與求學生活是從一歲起到二十三歲止（康熙五十五年至乾隆三年，西元一七一六年至一七三八年）。袁枚幼年的家境貧窮，他的父親袁濱擅長刑名之學，以致遊幕於楚、粵、滇、閩等處。袁枚曾描寫當她母親二十歲來歸時的那段貧窮的日子：

當是時，寒家貧甚，先君幕遊滇、粵，寄館穀贍其家，萬里路遙，家書屢斷。太孺人上奉大母，旁養孀姑，下延師教枚，半取給於十指間。每至賒貸路窮，旨畜告匱，輒默默然繞樓而步；枚與諸姊妹猶啼呼索飯，不知太孺人力之竭，心之傷也。（註五）

由此可見他幼年的物質生活並不寬裕。可是他的祖母、母親以及姑母却對他非常的照撫，使他的幼年在精神上又充滿着溫馨。他五、六歲時姑母不但照料他的日常生活起居，還教他識字以及講歷史上的故事給他聽：

枚剪髻時，好聽長者談古事，否則啼。姑為捃摭史書稗官、兒所能解者，呢呢娓娓不倦；以啟，枚未就學，而漢、晉、唐、宋國號人物，略皆上口。枚讀盤庚大誥眉蹙，姑為負劍辟咡，助其聲以熟。寒則襲，癢則搔，朝盥而夕浴，皆惟姑之求。（註六）

七歲時正式入學，受業於史中（字玉瓚）先生。（註七）因爲他才智聰明又勤奮努力，八歲時已會唸八股文，（註八）九歲時學作五律，（註九）到了十二歲那年，袁枚和他的老師史中同時考中秀才，（註一〇）這時他好學最甚，祇是境遇還是相當艱辛，他的「對書嘆」一詩這樣說：

我年十二、三，愛書如愛命，每過書肆中，兩脚先立定。苦無買書錢，夢中猶買歸；至今所摘記，多半兒時為。……」（註一一）

十八歲進入萬松書院肄業，十九歲進入敷文書院，受業於楊文叔先生。二十歲於杭州試博學鴻詞：

> 雍正乙卯春，余年二十。與周蘭坡先生，同試博學鴻詞於杭州制府。其時主試者，總督程公元章，學使帥公念祖，詩題是春雪十二韻，因試日下雪故也。（註一二）

大致說來袁枚天才卓越，鋒芒畢露，以及受到家庭溫暖的照顧，容易使他形成優越感與自信心，以致常受到人家的排擠，所以後來他自己說：

> 余少時氣盛跳盪，為吾鄉名宿所排。（註一三）

二十一歲，他奉父親之囑咐，到廣西桂林去探望服務於巡撫府作幕僚的叔父袁鴻，沒想到他的叔父並不贊成他來，可是廣西巡撫金鉷（字震方）一見他的詩文，却很賞識，尤其是他那篇銅鼓賦：

> 番人最重銅鼓，即剝蝕而聲硿硿者，可易牛千頭。相傳為諸葛亮征蠻所鑄，不知後漢書馬援傳已載之矣。余丙辰至粵，金中丞得鼓二面，命余作賦，大加稱賞，即命刻廣西志書中。（註一四）

這樣一來，金鉷特地專案保薦他到北京試博學鴻詞科。（註一五）乾隆元年丙辰九月，在全國保薦應考的一百八十人裏袁枚最年輕，這次考試錄取了十五人，而袁枚不幸落選。（註一六）袁枚雖然落選，在京城落魄的生涯中，却結識了不少的師友，諸如張鷺洲、胡稚威、齊召南、李玉洲、杭世駿、嵇璜、梅兆頤、趙橫山等一般名士，詩文往還，使袁枚著名於京城。二十二歲袁枚在京城眞是非常落魄，他有一首詩記載當時落魄的情形：

> 欲報長安一飯恩，破牆流落小兒孫，難忘往日窮途淚，不洗青衫舊酒痕。泮水再逢風不偶，山

河如夢客消魂，重泉此際應知我，玉笛親吹到墓門。（註一七）

可見袁枚是窮困落魄到極點了，到了二十三歲翰林嵇璜請他在家中任館，這樣一來，使他的生活暫可安頓下來，另一面也可利用閒暇勤奮於詩文。於是他爲了參加清乾隆三年戊午秋闈的「順天鄉試」不得不去補習八股文，因爲袁枚是思想敏銳且富有文學天才的人，對於無聊的八股文，當然是深惡痛絕，他曾自敍他的不得已和刻苦用功的情形說：

齒漸壯，家貧，兩親皤然，前望徑絕，勢不得不降心俯首，惟時文之自攻。又慮其不專也，於是忍心割愛，不作詩，不作古文，不觀古書，授館長安，敎今稽相國家七歲童子，朝朝瞿瞿，寢食於斯，於無情處求情，於無味處索味，如交俗客，強顏以求懽，半年後於此道小有所得。」（註一八）

袁枚在考前學作了四十餘篇的八股文，略有進境。皇天不負苦心人，他就如此登上秋榜中舉，他興奮之餘，寫了一首「擧京兆」說：

信當喜極翻愁誤，物到難求得尚疑。一日姓名京兆擧，十年涕淚桂花知！泥金桂壁春來早，賀客遮門月去遲。想見故園燈火夕，老親望眼正穿時。（註一九）

這一年，袁枚二十三歲眞可說是否極泰來的時候，當時的「座主」是鄧遜齋先生，鄧氏非常賞識袁枚，曾寫信給袁枚說：「戊午科得了一文一武，文指袁枚，武指阿廣廷將軍」。袁枚回鄧先生的信說：

來諭戊午本房得一文一武，枚聞之悚然。阿廣廷將軍，先征緬甸，現征金川，功勛隆隆，將畫凌烟閣上；而枚則寂處山中，日與麋鹿為群，就有着述，亦不過雕蟲篆刻，何足與當代勛臣相提而並論！（註二〇）

這也許是袁枚的自謙罷了。由此可見袁枚才學之佳，以及所受器重的程度。

二、仕宦與掛冠生活

袁枚的仕宦與掛冠生活，是從二十四歲起到三十七歲為止（乾隆四年至乾隆十七年，西元一七三九年至一七五二年）；前後大約有十四年的時間，應該說是非常短暫的。

袁枚在乾隆四年己未朝考，鴻運高照中了進士，選為庶吉士入翰林，同榜的進士有莊有恭、沈德潛、裘曰修、孔南溪等名人。這時他很自豪的說：

己未殿試，予傲諸同年云：「霓裳三百都輸我，此處曾來第二回。」蓋試鴻博，曾在保和殿也。（註二一）

因為乾隆元年，他曾在保和殿試博學鴻詞不第，此時的袁枚眞如錦上添花，更是得意洋洋。試看他的臚唱一首說：

一聲臚唱九天聞，最是三珠樹出群；我愧牧之名第五，也隨太史看祥雲。宴罷瓊林有所思，曲江風裏立多時；杏花一色春如海，他日凌雲那幾枝。（註二二）

人往往因得意而會忘形，袁枚在這一年與那般翰林友人一起混過之後，頗有放蕩的行為，在詩話裏他說：

乾隆己未，京師伶人許雲亭名冠一時，群翰林慕之，糾金演劇，余雖年少，而徹車羸馬，無足動許者，許流目送笑，若將暱焉，余心疑之，未敢問也。次日侵晨，竟叩門而至，情款綢繆，余喜過望。（註二三）

袁枚便於男色，到老都好言之不倦，大致是從此事引端。這年的秋天，他還請假由北京回到錢塘縣的故里，娶妻王氏，王氏杭州人，小袁枚一歲。在返家途中，他可說是志高意滿，有一首詩說：

幼年負奇氣，開口談兵書；擇官必將相，致身須唐虞。十二舉茂才，立志何狂愚；二十薦鴻詞，高步翔天衢。廿四入詞林，腰帶弄銀馬；……。（註二四）

回到家後以及結婚也有詩記當時的情形：

遠望蓬門樹彩竿，舉家相見問平安；同欣閬苑榮歸早，尚說長安得信難。壁上泥金經雨淡，窗前梅柳帶春寒；嬌癡小妹憐兄貴，教把宮袍著與看。（註二五）

又：

春明池上綠衣郎，曾被紅裙看欲狂；今日月宮真個到，金蓮園住合歡床。荊釵微綠布裙紅，自檢青箱有愧容；只好告身親手寫，替卿端正紫泥封。（註二六）

將他衣錦榮歸，舉家歡樂之情形，與新婚之樂表露無遺。

袁枚與王氏結婚後，二十五歲由杭州携眷回北京，在翰林任職三年，生活頗為得意自在。袁枚二十七歲時翰林院散館，這年他考滿洲文不及格，翻譯成績被列爲下等。因此，由翰林外放爲江蘇省溧水縣知縣。袁枚當縣長的治績卓越，勤政愛民，以致市人以所判事作歌曲刊行四方，看孫星衍說的：

初，枚為溧水知縣，其文自廣西來，慮枚年少，不諳吏治，乃匿姓名，訪諸野。有女子告曰：「吾邑袁知縣，政若神明。」其文乃大喜入署。其後，士人多以枚斷訟事附會為小說。（註二七）

袁枚做官不但能得政體而且斷獄亦極果銳：

其為政，終日坐堂皇，任吏民白事，有小訟獄，立判遣，無稽留者。多設耳目，方略，集鄉保詢盜賊及諸惡少姓名，出所簿記相質證，使不能隱，則榜其姓名，許三年無犯，湔雪之，奸民皆斂跡。（註二八）

袁枚二十八歲調任江浦縣知縣，同年又調沭陽縣知縣，三十歲時改調江寧縣知縣，他的仕宦生活（從乾隆七年至乾隆十三年）歷四任共六年。這段時間適逢江南旱災，蝗蟲相踵而生，人民生活困苦，袁枚身爲地方父母官，目睹此景，油然生悲憫之懷，因此寫下極多表達社會現實的作品，如「苦災行」、「捕蝗曲」、「徵漕歎」等詩歌，皆爲反映當時社會痛苦與控訴官吏暴虐貪婪之寫實作品，頗富諷喻之特色。

袁枚三十三歲時，有兩件重大的事必須提述：一是以三百金購得隨園，另一是無意仕進，掛冠退隱。袁枚既懷治世大才，自然想有所作爲，可是長久不得擔當重任，失望之餘祇有辭官一途。他在「答陶觀察問乞病書」中，表明了他的心意：

公不察僕去官之意，謂如枚乘、汲長孺，曾待詔金馬門故恥爲令。又謂僕擢秦郵牧不遷，褊心不能無少望，有所激而逃，是二者皆非知僕者也。夫蒙恥救民，昔人所尚，「牧」之與「令」奚足區別？漢人五十舉秀才，未名為老。僕纔三十三，前途正長，敢遽賦士不遇以退哉？（註二九）

由此可見袁枚辭官的理由之一，簡單的說就是以做官是爲人民增進人民福祉，並非爲上司大吏做高等聽差，做官一切應爲人民，不在於官大官小的問題。這是很有見識的正當理由。在他「再答陶觀察書」中這樣寫著：

嘗謂功業報國，文章亦報國；而文章之著作為尤難。………所謂以文章報國者，非必如貞符曲引刻意頌諛而已，但使有鴻麗辨達之作，踔絕古今，使人稱某朝文有某氏，則亦未必非邦家之光。僕官赤緊以來，每過書肆，如渴驥見泉，身未往而心已赴，得少休焉，重尋故物，或未干賢者之譏乎？（註三〇）

從這段答辭裏，可獲知袁枚辭官的理由之二是想專門從事文學，以文學爲終身事業，所以他的辭官是準備把生命投入文學的領域裡，如此的把文學價值抬高和政教功業相等，在中國眞是前所未聞的創見。因此，袁枚一天天的與「仕宦」疏遠，而以文學報效國家的成績，也就愈來愈顯著了。雖然他三十七歲時，曾起官於陝西，同年袁枚丁父憂回南京住隨園，至三十八歲時以養親爲由，提出休官，絕意仕進，如此曠達之心胸，實爲世所罕見，更令人折服萬分。

三、詩人與名士生活

袁枚的詩人與名士生活是從三十八歲起至六十三歲止（乾隆十八年至乾隆四十三年，西元一七五三年至一七七八年）。袁枚辭官退隱後，從杭州故里接他母親到南京隨園來奉養，並用全付精力去治理隨園。這段時期，袁枚極力講究生活之藝術化，諸如構築庭園，詩文娛遣，微服野行，宴飲唱和等消遣自在之浪漫生活。現在就將這段生活之特色大致敍述於下：

(1)經營隨園——袁枚自從乾隆十三年秋以三百兩銀子購得隨園後，次年卽在小倉山定居下來，乾隆十八年又由杭州迎養他的母親，並遷家於南京，從此全力培治隨園，陸陸續續經營隨園竟達四十多年，袁枚前後作有隨園記、後記、三記、四記、五記、六記。（註三一）隨園二十四詠（註三二）、答人問隨園詩十八首（註三三）等詩文以宣揚園中的奇景逸緻。開池沼、起樓台、叠假山、栽花種果，全仿杭州的西湖配成各種景物，如所謂的隨園二十四詠，寫園中的景物建築共二十四景：倉山雲舍、書舍、金石藏、小眠齋、綠曉閣、抑谷、群玉山頭、竹請客、因樹爲屋、雙湖、柏亭、奇礓石、回波閘、澄碧泉、小棲霞、南臺、水精域、渡鶴橋、泛杭、香界、盤之中、賺山紅雲，蔚藍天、凉室等，皆以人工仿造西湖景色，由此可以想見隨園建築之雄偉豪華，庭園佈置之奇緻幽雅，類似人間仙境，生活在如此優美的環境中，舒適之程度是相當的。而經營隨園之經費，除了得自袁枚以前俸祿之盈餘外，其他全靠他的「潤筆」。

(2)詩文娛遣——袁枚一生以文苑中人自居，從辭官後便專心致力於詩文的創作，既可娛心遣性，又可獲得潤筆，更可名流千古，眞是一擧數得之事；甚至病危將死，還作詩不停，可見他的寫詩作文已成爲日常生活中不可或缺的活動。所以袁枚是以詩文自現，詩人自居的人，他曾說：「常念古英雄，慷慨爭功名，我嗤不得用，借此鳴訇鏗。」（註三四）又說：「鄭孔門前不掉頭，程朱席上懶勾留，一帆直渡東沂水，文學班中訪子游。」（註三五）。袁枚平日生活不能與詩隔離，一生所作的詩經過删改後，尙存四千四百餘首，另外還有文集、尺牘、詩話、隨筆等大約有數百萬言。由此可見袁枚才情之卓絕，如：

> 爭奈家家索親筆，不容老樹不開花。

又：

> 安老原應百事休，誰知晨起便生愁，徵銘索序兼題畫，忙煞人間冷應酬。（註三六）

又：

> 一笑老如此，作何消遣之。思量無別法，惟有多吟詩。（註三七）

從以上詩句中，可以認識袁枚是以詩文娛遣的人。

(3)鍾情愛色——袁枚因妻無生子，除元配王氏外，前後所納之妾有亳州陶氏、蘇州陶氏及方聰娘、陸氏、金氏、鍾氏等，最寵愛方聰娘，相從二十六年，卒年四十九。袁枚還作有駢文墓誌和悼詩紀念她，袁枚的豔福不只是同時代的人妒忌，卽使後人也一樣的羡慕；雖有如此浪漫的生活，但他還常要「微服野行」（註三八）。袁枚生平，不辭好色。他的詩集有：

壬午夏，余尋春揚州。（註三九）

又：

有官不仕偏尋樂，無子為名又買春。（註四〇）

袁枚所著詩集與詩話，對愛色之記載甚多，情感之熱烈，作風之大膽，充分顯示他的輕狂好色。如：

扁舟迎得柳枝娘，銀燭當筵照晚妝，紅雨著衣成酒氣，美人私語作蘭香。尊前吳髮憐儂短，席上秦聲愛汝長……。（註四一）

又：

嬌鶯喘細將沈漏，軟雪魂消乍抱身。（註四二）

詩話中更詳記他招花狎妓，選色置妾之事，如：

久聞廣東珠娘之麗，余至廣州，諸戚友招飲花船。（註四三）

又：

女子王姓者，有事於官，可作小星之贈，予買舟揚州，見此女於觀音庵，與阿母同居，年十九，風緻嫣然，任予平視，挽衣掀鬢，了無忤意。（註四四）

甚至年已八十二歲，仍樂於「排日開筵，招花置酒。」（註四五）。不過袁枚的好色，是好妓女之色，不是好良家女之色；他在「答楊笠湖」的信說：

札又云：「僕非不好色，特不好妓女之色耳。」此言尤悖。試問：不好妓女之色，更好何人之色乎？好妓女之色其罪小，好良家女之色其罪大。夫色猶酒也，天性不飲者有之，一石不亂者有之，人心不同各如其面，好色不必諱，不好色尤不必諱，人品之高下，豈在好色與不好色哉！（註四六）

由此可見袁枚認爲好妓女之色罪小，好良家女之色罪大，而且公開坦誠的表明他不但好色，而且「好妓女之色」；更妙的是袁枚在乾隆四年與京師伶人「許雲亭」那段「次日侵晨，竟叩門而至，情款綢繆，余喜過望」的事（註四七），證實他也頗好男色，這種放蕩的行爲在一般道學先生看起來，簡直是忍無可忍了，可是對他的天才和學識並沒有不利的影響，祇是表現他生活中鍾情愛色之一斑。

(4)宴飲唱和——當時國內和平，物資充裕，士大夫階級生活豪侈，加上江左當道，政事多暇，以致時有開閣延賓的事，袁枚隨時招待官紳、詩客、畫師、賞花飲酒，藉以交結名士大官，在隨園詩話中對此有很多的記載，如：

吾鄉孫補山宮保為總督，滄州李寧國翰林為知府，涇陽張荷塘孝廉宰上元，……隨園唱和，殆無虛日。（註四八）

又：

近日中州胡雲坡司冦，秉臬蘇州，政簡刑清，屢開文宴，一時名士如平瑤海太史，顧星橋進士，時時過從，余至吳門，必招赴會。（註四九）

袁枚以有名翰林，主持壇坫，在當時文名極盛，又與天下名士，朝廷大官，相互引重。一時聲名傾動四海，不但文人學士仰慕他的風采，即是大江南北名媛淑女也莫不以得他一言引以爲榮；所以拜門稱弟子的，通信請指導的，男女老幼眞是絡繹不絕。袁枚仕途雖不顯達，可是他的「享宴飲之樂，受文章之名」並沒有幾個人可以超越他的。

由以上四點，大致可以瞭解袁枚這段詩人與名士之生活。他那浪漫的生活確確實實是爲自己而生活，雖然常爲人所不齒，但是有時却也令人羨慕，這些事也祇好歸之於見仁見智了。

四、尋幽與探勝生活

袁枚的尋幽與探勝生活，是從六十四歲起至八十二歲止（乾隆四十四年至嘉慶二年，西元一七七七年至一七九七年），袁枚六十三歲那年，發生了兩件重大的事，一是他的母親去世，一是鍾妾爲他生子。袁枚侍奉母親非常孝順，在他母親做九十大壽時，袁枚曾大大的慶賀一場，期使他的母親高興一番，當時祝壽的詩眞是不可勝數。

後來他的母親以九十四歲的高齡去世，可見袁枚的侍母至孝，才有如此的景況，不論如何，母親的去世對袁枚來說仍然是件沈痛悲傷的事。在傷痛之餘，這一年鍾妾爲袁枚生了一個兒子，使袁枚唯一感到的缺憾——「老而無子」，終於得到了補償。由於喪母以及得子之故，使得袁枚的生活有了很大的轉變，尤其是將尋花問柳的心轉移到遊山玩水了。

袁枚六十四歲時遊蘇杭，六十七歲遊天台山，六十八歲登黃山，六十九歲猶作嶺南之遊，由江西進入廣東、廣西再轉湖南、湖北而歸，共行一萬三千里。（註五〇）在這次的行程中，舉凡匡廬、羅浮、桂林、南嶽、瀟湘、洞庭等名山佳水都探訪到了。

袁枚惑於相士之言，以爲七十六歲當死，於是招請他的朋友一起寫「輓詩」，結果到了當年除夕袁枚沒有死，於是他又作告存詩，這首詩的序說着：

三十年前，相士胡文炳道余六十三而生子，七十六而考終。後生子之期絲毫不爽，則今年七六之數，似亦難逃。不料天假光陰，已屆除夕矣。桑田之巫不召，貍脤之夢可占，將改名為劉更生乎？李延壽乎？（註五一）

既然相士之言不靈，這使得晚年的袁枚對尋幽探勝之興緻更爲濃厚，因此在他七十七歲時，重遊天台山、西湖，七十九歲時三遊天台山，並訪四明、雪竇。八十歲時尚遠遊杭州、四明。袁枚八十大壽，四方祝賀的詩，多達一千三百多首，詩文作者共一百八十人，可見他的交遊之廣，影響之大了。當他遊歷時，每到一處，都以詩文與當地之官紳名士相唱和，攀轅授館，備受禮遇；飲宴唱和幾無虛日。八十一歲還搖舟過吳江似有老當益壯之勢。袁枚晚年生活尚有一事必須一提，那是收羅女弟子，根據隨園女弟子詩選，大致收有三十位女弟子，而且都頗有成就，在當時的境況，也是空前開明之舉，殊屬難得。嘉慶二年丁巳（西元一七九七年）十一月十七日袁枚病死於隨園，享年八十二歲。

以上所述是將袁枚從幼至老的生活，大致分成四個階段來簡略的介紹，此外袁枚尚有一些生活觀念值得提述的：像反對婦女纏脚，「在答人求娶妾說」：

不知眉目髮膚，先天也；故詠美人者，以此為貴。弓鞋大小，後天也；刖之且可使斷，而可難於纏之使小哉？或云足不小，則身不娉婷。此言尤誤也，夫女之所以娉婷者，為其領如蝤蠐，腰如約素故耳，非謂其站立不穩也。倘弓鞋三寸，而縮頸龘腰，可能望其淩波微步，姍姍來遲否？僕常過河南、入兩陝，見乞丐之妻，擔水之婦，其脚無不纖小平正，峭如菱角者，使足下見之，其皆認作西施毛嬙，而納之後房乎？（註五二）

又相信佛家因緣：

枚生平不喜佛法，而獨於因緣二字，信之最真，以為足補聖賢語錄之所未及。（註五三）

又不信風水之說：

余不信風水之說，人言黃巢李闖因毀墓而敗，非風水之驗否？余道此等逆賊，雖不毀其墳，亦必敗也。（註五四）

袁枚日常生活中尤其相信鬼神之事，因此寫了一部「子不語」，又好作仙鬼神怪等不經之談，以供笑樂，而寫有新齊諧及續齊諧之作，他還好精饌美食以滿足口腹之慾，所以撰有隨園食單，其他如喜愛讀書，收羅女弟子，搜集奇珍古玩等等，都可以看出袁枚生活的多采多姿，以及講究閒適自然之藝術化人生。

叁、袁枚的性格

袁枚的人生哲學是採取情欲主義的觀點並且以科學家求知求理的態度與方法去應付人生的種種問

題。在情欲主義的觀點下，使得袁枚常表現着以「人爲本位的享樂主義」之極端行爲，以致於他的生活中很看重情欲。他最厭惡痛恨「矯情」的人；而他積極方面的主張和自身的實踐倫理，都是在於「通情」，卽使古人制禮也爲着通情，可見通情對人生的重要性。可是也由於情欲的緣故，使他的理念有些地方或不免失之狹隘，而有流弊，或解脫不了禮教束縛，而自相矛盾。但是他所說的以科學求知求理的態度與方法去應付人生的種種問題，却是顯現着至理名言，很值得表彰。因爲袁枚承受家傳的刑名之學——法學，可說是有清一代科學方法的總源頭之一，淸代很多的漢學家是擅長刑律的，何況袁枚的父親卽是一位刑名師爺，法律的本身最是講究條理的明析，以及注重搜集及調查證據，從袁枚的審獄判案以及處事爲人卽可明顯的看出來，而他那些科學方法的思想，實在是得力於漢學。

袁枚一生的行事爲人，由於上述的人生哲學影響，以致充份的表現着矛盾的性格，現在擧幾個例子來說：

一、袁枚平日治家非常嚴整，正如孫星衍袁枚傳所載：「一家怡怡如也。正家之法，井井如也。」可是他自身的生活却又極其狂蕩荒悖，甚至還以尋花問柳自喜。由此事可見他性格之矛盾。

二、袁枚在壯年辭官歸隱，正表現着他淸高傲骨的風格，可是他一生却好結交朝廷顯貴，並與名士、大儒、詩文投贈，雖說是廣結善緣，實卽藉此以自重；從文集中更可見到他爲大吏重臣作的神道碑、墓誌銘、傳記、行狀等，極其表現浮誇及諂媚之能事，這事又表現他性格之矛盾。

三、袁枚生平論詩最厭惡應酬唱和，分韻吟咏，認爲那是不眞的行爲；可是在他的詩集中宴飲唱和之作品却又非常豐富，這正表露着他性格之矛盾。

四、袁枚生當乾隆嘉慶考據學風極盛的時期，他反對考據之學，簡直不遺餘力；可是他日常却博覽羣書，勤於筆記，無論是官方的或私人著述的都有過批評。這種行爲實與考據家沒有什麼差別，從他所著的隨園隨筆中，處處可見這類事，這也是他性格之矛盾。

五、袁枚素來喜歡讚美婦女詩人，重視女子才華，可是他又偏認爲男子納妾狎妓是正當之事，將女性看成玩物，完全漠視女子之人格與尊嚴，這也是他性格的矛盾。

六、袁枚一生可算是名成業就，福壽雙全，得天獨厚，可是在他的「病劇作絕命詞留別諸故人」說：「千金良藥何須購？一笑凌雲便返眞；倘見玉皇先跪奏，他日永不落紅塵。」似乎將人生看成可怕的境地，這不也是他性格之矛盾！

由上述的幾個例子，不難體會到袁枚性格顯得很矛盾，但是在他生平的爲人處事上來說，仍有一些鮮明突出，值得一提的性格，固然袁枚的性格是矛盾重重，可是這些性格在他的生活行爲中却極其容易發現，現在分別述說於下：

一、樂道人善之性格——袁枚一生，除以詩文相贈廣結善緣之外，最爲難得的是他樂道人善之性格，對青年後進更是如此。姚鼐在「袁隨園君墓誌銘」中稱讚袁枚說：

與人流連不倦，見人善，稱之不容口。後進少年詩文，一言之美，君必能舉其詞，為人誦焉。（註五五）

這種樂道人善之性格，不但是一種優良的美德，也是個人修爲的內涵。在袁枚所著的「隨園詩話」其中收取的作品可說是多到複雜的境地，當時也有人批評它收取太濫，事實上也是他這類性格的表現。他說：

余至吳門，四方之士送詩求批者，每逢佳句，必向人稱說，非要譽於後進也。（註五六）

又說：

詩話之作集思廣益，顯微闡幽，寧濫毋遺，不亦可乎？（註五七）

語中之「顯微闡幽」，正是他樂道人善的具體表現。還有袁枚曾爲他一些亡友編選「幽光集」一書，他在「序言」中說：

惟夫苦吟終身，而且貧、且賤、且死、且無後，則所矜矜自抱者，豈不如輕風飄雲之澌滅哉？當其賞一句之奇，搜一句之巧，何嘗不渺棄萬有，指千秋以爲期，而一旦溘然付諸不可知之數，易地以思，於余心能無悁悁乎？（註五八）

由此可見到他那寬懷厚道的風度，難怪袁枚生前並沒有人眞正攻擊、批評過他，大概就是因着他樂道人善的性格吧！

二、盡孝念舊之性格——袁枚在生活中雖有放蕩的行爲，但是對於倫常骨肉，可說天性最爲誠眞篤厚。他事母至孝，所以他的母親才能享年九十四歲，他友於姊弟，從詩文中常流露出，像祭妹文卽表現出他的至性深情。對子女的疼愛關照，更是無微不至，從他的「哭阿良」詩可以體會得到。不論如何，袁枚善盡孝道之貴，是不容置疑的，且常爲後人所稱道。袁枚既是孝子，對朋友也很有情份，尤其他生平受恩於人終身絕不敢忘懷，從他詩集中「諸知己詩」即可看到這類事，如集中記着：

乾隆丁巳，落魄長安，金陵人田古農見而奇之，哀其饑渴，沽酒為勞，未十年，余宰金陵，古農以為異物，求其子孫，以詩告墓。（註五九）

像這段文字記載，可見袁枚受恩感念之情，祇是一飯之賜，尚且感戴永誌如此，那其他恩情更不用說了。他的友人程留芳死，袁枚拿五千金前去祭弔，並燒掉債卷，及撫養友人的遺孤；還有友人沈鳳死，袁枚爲沈氏主持祭掃，三十年如一日。甚至連建築隨園的工匠「武龍臺」因病死了，他也捐贈梓木且做詩祭告，這種念舊情懷，誠屬罕有。甚至他將死的時候，還以親朋故舊之後事囑咐他的兒子說：

瑶坊門外，有三妹、陶姬墳，與老友沈凡民先生之墳相近，每年無忘祭掃。杭州半山陸家牌樓，有曾祖、祖父墳，墳親霍姓，尤須親往祭奠，傍有姑母沈太夫人墳，我年八歲，祖母猶抱懷中，沈姑母教之讀書識字，料理起居服食，今遠隔天涯，不得年年到塋奠一滴酒，清夜思之，淒然淚下。我替汝二人娶婦在故鄉者，專為此也。（註六〇）

他臨死之前還如此的眷懷故舊，念念不釋，足見他那盡孝念舊之性格。

三、豪邁曠達之性格——袁枚喜好遊山玩水，尋幽探勝正可顯示他的豪邁氣概。從詩文中袁枚曾說：

又說：

余性通脫，遇繁禮飾貌之人，輒以為苦。（註六一）

往往眼前事，考究無窮期。與其張目想，兀兀發狂癡。不如合眼眠！一笑姑置之。（註六二）

由此可見他瀟灑豪邁之性格。

袁枚一生不信風水陰陽，不屑求仙禮佛，他以爲

福善禍淫者天也，求之于命，是無天也。賞善罰惡者君也，求之于命，是無君也。古大撓定干支，毫無意義，猶之一二三四，紀數名云爾。………年月日時同者多矣，又何貧富貴賤之紛紛乎？（註六三）

同時他將生死，視爲自然之事，雖已屆大限，還詼諧如常，他遺言子孫說：

至於誦經、念懺、做七、營齋，我生平最厭者。汝可告諸姊妹來祭我一場，我必享受，哭我一場，我心悲感。倘和尚到門，木魚一響，我之靈魂，必掩耳而逃矣。（註六四）

他性情之灑脫曠達如此。在他七十三歲，因腹疾久不癒，却作歌自輓，並邀友人同作。到了七十六歲，相士預言他當年該死，於是他又邀友人一起寫輓詩，後來既沒有死，又作告存詩，這些行爲可以看出他以喜笑詼諧的態度去面對死亡，更充分顯出他豪邁曠達之性格。

四、放蕩眞情之性格——袁枚娶妻納妾之功夫獨到，可說是豔福不淺，令人羨慕，同時又喜歡尋花問柳，狎妓從樂，這些放蕩的行爲，他從來就不忌諱，而且公然的寫在詩文上，還以爲是沾沾自喜

之事，由此可見他的放蕩行徑，正是他眞情的流露處。這是古今文人中，一件獨特罕見的事例。他也因此而惹出不少的毀謗。在他「答朱石君尙書」中說：

追溯平時跅弛處，東山所挾，記憶難清。元則所憐，絲毫無染。皇天后土，實聞此言。惟其無所愧於心，是以無所擇於口，風流自賞，言過其實，惟恐人不知，是則枚之過也。（註六五）

由這段文字，可以見到外人對他所加「好男女色」之最佳辯護，他認爲那些讕言實是毫無根據，而且自我表明，他的詩文實較行爲更爲放蕩；爲恐人不知，所以不得不如此，他性情之眞竟然如此。袁枚的放蕩還是有節制的，因爲他追求適情，何況他一直認爲好言情的人，並不算沒有人格，更不能算是小人，這種新穎的理念使得他雖是年屆花甲，仍然表現着他放蕩眞情的性格。

肆、袁枚的思想

袁枚的思想，沒有完整之體系可言，所以他不曾以思想名家。當他生在乾隆、嘉慶的年代，深受儒家道統觀念，以及獨尊程朱理學等現象所刺激，因此他所表現的思想內容，便是打破道統。對儒家之傳統禮教束縛，無一不加以激烈的批判。袁枚會有這種思想一方面固然是受淸初反對理學空蕩之風氣所影響，另一方面實在也是由於個人之性情與氣質所致成。現在就將袁枚思想較爲鮮明且值得提述的大概論說於後：

一、推崇思想的自由——儒家之道統觀念，從戰國時代的孟子首發其端，經過唐代的韓愈發揚光

大後，到了宋儒，爲了反抗佛老，而將此道統更加深化。宋代以後之帝王爲統治方便，以程朱之書爲制科必考之典範，於是儒家道統之觀念，即在後代士子心中形成牢不可破之準繩，無形中束縛思想之自由發展，以致很少有人膽敢懷疑或反抗。從康熙至乾隆、嘉慶年間，獨尊程朱之狂熱現象，竟然到了妄斥陸王爲異端之境地。袁枚正好處在這樣的時代，他爲了解放思想界的束縛，以及尊重思想的自由發展，所以他不僅反對儒家的道統觀念而且也反對當時獨尊程朱之理學現象。在當時凡是講學有不同於程朱，就被看成離經叛道，獲罪於天的人；認爲如果沒有程朱的話，那後人都將成爲禽獸木石了。（註六六）袁枚對這種不當的景況，非常表現不滿，以致起而反對。他說：

……夫人心不同，各如其面，或曰正，或曰不正，或曰統，或曰非統，果有定歟？……道者，乃空虛無形之物，曰某傳統，某受統，誰見其荷於肩而擔於背歟？堯舜禹皐並時而生，是一時有四統也，統不太密歟？孔孟後直接程朱，是千年無一統也，統不太疏歟？甚有繪旁行斜上之譜，以序道統之宗支者，倘有隱居求志之人，遯世不見知而不悔者，何以處之？或曰，以有所著述者為統也。倘有躬行君子，不肯託諸空言者，又何以處之？……廢道之說，而后聖人之教大歟。（註六七）

上文中的所謂「廢道統之說，而後聖人之教大」，便是說解放思想之束縛障碍，以及推崇思想的自由發展。在袁枚的「代潘學士答雷翠庭祭酒書」中，對這層道理的發揮，有更詳盡明切的解釋：

夫道無統也，若大路然。堯舜禹湯孔子，終身由之者也；漢唐君臣，履乎其中而時軼乎其外者也；其餘則偶一至焉者也。天不厭漢唐而享其郊祀，孔子不厭漢唐而受其蒸嘗，亦曰彼合乎道則以道歸之，彼不合乎道則自棄於道耳，道固自在而未嘗絕也。後儒沾沾於道外增一統字，以為今日在上，明日在下，交付若有形，收藏若有物，道甚公而忽私之，道甚廣而忽狹之，陋矣！三代之時，道統在上，而未必不在下。三代以後，道統在下，而未必不在上。合乎道則人人可以得之，離乎道則人人可以失之。者者秦燒詩書，漢談黃老，非有施犨。伏生、申公、瑕邱之徒，負經而藏，則經不傳。非有鄭元、趙岐、杜子春之屬，瑣瑣箋釋，則經雖傳不甚明，千百年後雖有程朱奚能為？程朱生宋代，賴諸儒說經，都有成迹，纔能參己見，成集解，安得一切抹摋而謂孔孟之道直接程朱也？夫人之所得者大，其所收者廣；所得者狹，其所棄者多。以孔子視天下才，如登泰山察邱陵耳；然於子產、晏嬰、甯武子等無不稱許。至孟子於管晏則薄之已甚，此孟子之不如孔子也。孟子雖學孔子，然於伯夷、伊尹、柳下惠均稱為聖，至朱子則詆三代下無完人，此宋子之不如孟子也。王通稱孔明能與禮樂，邵伯溫作論駁之，康節怒曰：「爾烏知孔明之不能與禮樂乎？」此伯溫之不如邵子也。夫堯舜禹湯周孔之道，所以可貴者，正以易知易行不可須臾離，故也。必如修真煉藥之說，以為丹不易得，訣不易傳，鍾離而後惟有呂祖，愈珍密愈矜嚴則道愈病。我皇上文集中，不遠稱堯舜，而屢擧漢文帝、唐太宗者亦以言漢唐則年近代而政事易於核實，言唐虞則年代遠而空言難以引據，先生來書尊皇上為堯舜，堯舜之言，先生又不以為然，何也？書中斥陸王為異端，亦似太過。周易曰：「仁者見之謂之仁，智者見之謂之智。」子曰：「仁者樂山，智者樂水。」夫道一而已，何以因所見而異，因所樂而異哉？然仁者之樂山，固不指智者之樂水為異端也。顏淵問仁曰「克復」，仲弓問仁曰「敬恕」，樊遲問仁曰「愛人」，隨其人各為導引。使生後世，則仲弓必以顏淵為異端，顏淵又必以仲弓為異端矣。大抵古之人，以行勝；後之人，以言勝；以行勝者未之能行，惟恐有聞不暇爭也；以言勝者，矜矜栩栩，守一先生之言，無所不爭也。聖人知其如此，故諄諄戒之曰：「先行其言」曰：「訥于言，敏於行」曰：「君子無所爭。」宋儒之語錄皆言也，所駁辨皆爭也，非聖人之意也。士幸生宋儒爭定之後，宜集長戒短，各抒心得，不必助一家攻一家。今有赴長安者，或曰舟行，或曰騎行，其主人之心，不過皆欲至長安耳。蒼頭僕夫各尊其主，遂至戟手嚷詈，及問其路之曲折皆不知也，今之排陸王者，皆此類也。願先生勿似之也。（註六八）

從以上袁枚的非難道統，大致可以瞭解袁枚的思想。袁枚為了推崇思想的自由，對於傳統之「道」的涵義，也有很精闢通達的解說，他認為合乎「道」的，不只一家一派的學說，這樣才是最尊重思想的自由。他把「道」的範圍推廣到不只限於書本上的學說見解，甚至所謂的「技藝」也是屬於「道之有形者」。這道理他是有過很詳細的發揮，他說：

人所謂不朽者，非必周孔而后不朽也。羿之射，秋之奕，俞跗之醫，皆可以不朽也。使必待周孔而后可以不朽，則宇宙間安得有此紛紛之周孔哉？……夫學者躬行，不在講也。聖學莫如仁，先王能以術仁其民，使無夭札，是即孔子老安少懷之學也。素位而行，學孰大於是？……藝即道之有形者也，精求之，何藝非道？貌襲之，道藝兩失。燕噲子之何嘗不託堯舜以鳴高，而卒為梓匠輪輿所笑。醫之為藝，尤非易言，神農始之，黃帝昌之，周公使冢宰領之，其道通於神聖。今天醫絕矣，惟講學一流轉未絕者，何也？醫之效立見，故名醫百無一人；學之講無稽，故村儒擧目皆是。（註六九）

又說：

仁無術而不行，堯舜之政，周孔之教，神農之藥，皆術也，皆所以行其仁也。使堯、舜、周、孔、神農雖仁其民如嬰兒，而無術以及之，其奚能為？（註七〇）

由以上的解說，可以體會到袁枚對傳統之「道」批判的眞切，他有膽識，有魄力根本推翻儒家的「道統說」，對於思想領域的開拓與發展，是具有相當的價值。袁枚推崇思想的自由，是正確而難得的。

二、重視情欲的需求——袁枚對於人性中的情欲需求，非常重視，對於所謂的「去人欲，存天理」的儒家傳統觀念，相當的反感，認爲這是完全抹殺人性的情慾，等於失去生命的意義。他說：

天下之所以叢叢然，望治於聖人，聖人之所以殷殷然，治天下者；何哉？無他，情欲而已矣。老者思安，少者思懷，人之情也，而老吾老以及人之老，幼吾幼以及人之幼者，聖人也。好貨好色，人之欲也；而使之有積倉，有裹糧，無怨無曠者，聖人也。使衆人無情欲，則人類久絕，而天下不必治；使聖人無情欲，則漠不相關，而亦不肯治天下。後之人雖不能如聖人之感

通，然不至忍人之所不能忍，則絜矩之道，取譬之方，固隱隱在也。（註七一）

又說：

夫生之所以異於死者，以其有聲有色也；人之所以異於木石者，以其有思有為也。……必欲屏聲色，絕思為，是生也而以死自居，人也而以木石自待也。（註七二）

由此說明人沒有情欲就如木石一般，情欲乃是生命中最眞實、珍貴的東西，倘若不能得到相當的滿足，人生卽會有缺陷。因此，達情逐欲的冀望，適情通性的生活是人人所需求、追求的。袁枚就本著這種思想而痛恨矯情，喜慶適情，他說：

自有矯情者出，而無故不宿於內，然後可以寡人之妻，孤人之子，而心不動也。一餅餌可以終日，然後可以浚民之膏，減吏之俸，而意不回也。謝絕親知，僵仆無所避，然後可以固位結主，而無所躊躇也。彼不欲立矣，而何立人？己不欲達矣，而何達人？故曰，不近人情者，鮮不為大姦。（註七三）

又說：

然則奢儉宜何從？曰：聖賢以禮為歸，豪傑惟清自適。徐邈當魏武崇儉時，不改其奢；當魏文崇奢時，不改其儉，此衷之以禮也。武元衡當楊綰樸素之時，盛飾如故。孔思遠得珍玩，服用不疑，及其屢空，蕭然自得，此自適其情也。此三人者，真清者也。（註七四）

袁枚這種思想，在當時那個「去人欲，存天理」的時代，可說是極尖端的觀念，眞是不得不令人敬佩。因爲情欲的需求雖然不是文明的最高境界，但是任何偉大的文明，還是該以情欲爲基礎。袁枚一生講究生活的舒適和享樂，卽是這種思想的具體表現。

三、鍾愛自然的眞率——袁枚既是重視情欲需求的人，當然對生活中的自然情趣更表現出一份的鍾愛，因爲生活在儒家傳統的禮教下，不但男女間的情感，難能有正常的發展，卽是人與人間的關係，也處處顯得隔閡與虛僞，生活中的自然情趣，更是會被全面扼殺。而眞率是自然情趣中具體的表現。袁枚常常不顧人生之細行小節，不理禮教處處之規範，對子夏所說的：「大德不踰閑，小德出入可也。」表示非常贊同。袁枚本此原則，對禮教影響下，有違人情，有背人性之道德，都大加攻擊。如郭巨之埋兒食母，人都以爲孝。（註七五）張巡之殺妾食軍，人都以爲忠。（註七六）漢第五倫之「兄子有疾，一夜十往，還竟安寢。己子有疾，終夜不往，夜竟不眠。」人都以孝不私（註七七）。上述這些事例，袁枚欲認爲是違背情理，不足效法。如此矯揉虛僞之情事，有失自然之眞率，令人不齒，此種眞率自然的生活理想，實有不凡的意義，追求人生之自由、和諧和幸福，追求解除生命不合理之限制與束縛，這些仍是當今人類最基本，最迫切之嚮往。而袁枚在那時隱居隨園，過着閒適自然的生活，卽是鍾愛自然之眞率的思想表現。

伍、結　論

從以上生活、性格、思想的記敍中，使我們不難瞭解到袁枚的生平事跡，可說是一位性情中人。

在那個時代裏，他勇於疑古，敢道人所不敢的議論，以現今看來眞有他的特殊的見識。他喜歡自我標榜，還有不少風流韻事，他的表現開朗通達，沒有道貌岸然的習氣，尤其他常有著不同凡響的見解，讓人無懈可擊，以致有從羡慕而產生妒忌，更足以證明他是一位有眞才實學且聰慧超人的人物。袁枚的天份很高，在當時整個詩壇上，似乎只是他的理論較受一般知識階層歡迎與接受。他從不肯執着於一端，正是他的純眞獨到處；他是一個獨來獨往的人，也是一位思想開放的人，他處處在表現自己，可是他却有他自己一貫的思想。有人談他的生活放浪荒誕，有人評他的詩作浮滑纖佻；但是細觀他的生活，不但不是放浪荒誕，反而是深解生活情趣的人；品嚐他的詩作，不見浮滑纖佻的立旨，却是常見力戒浮滑纖佻之語調。固然他常表現遊戲人生的情態，但是只要沒有玩世不恭的行爲，應該是無可厚非的，何況俗俚不是常說：「人生正像演戲的舞臺」嗎？詳究袁枚之所以遭到許多的詆毀，說穿了，還不是那羣衞道文人自相殘殺的傑作，在當日那種正統文派與古典學派的圍攻環境下，晚明公安，竟陵的浪漫文學思潮，自然的與袁枚的理論一起歸於消失了，這是很令人惋惜的事。希望藉着這篇文章的介紹，期使人們對袁枚有耳目一新且正確肯定的認識。既然人生是很難完美的，因此毀譽也常由人之喜惡而造成，這本來就是見仁見智之事了。祇要肯定譽多於毀，且懂得爲自己追求生活，有如袁枚的淡薄仕途、愛好文學、事母至孝、尋求樂趣等等，這些都可明顯的看出他是具有原則、懂得生活的人。

【附　註】

註　一　見小倉山房詩集卷二十四，金賢村太守來自黔嶺小住秦淮七夕前一日率諸侍者枉駕隨園索詩作贈，詩中自註著：「余小字瑞官」。

註　二　見隨園八十壽言卷三，法式善寄祝簡齋姻伯八十壽的序言說：「簡齋前輩以乾隆乙卯三月二日八十壽。」按此推知，袁枚當生於康熙五十五年丙申三月二日。

註　三　見小倉小房詩集卷二十八有「余生東園大樹巷中周晬遷居今六十五年矣重過其地」的一首詩。又見隨園詩話卷十，有「余祖居杭州艮山門內大樹巷」之語。

註　四　見姚鼐撰袁隨園君墓誌銘說：「君卒於嘉慶二年十一月十七日，年八十二。」

註　五　見小倉山房續文集卷二十七，先妣章太孺人行狀。

註　六　見小倉山房詩集卷五，亡姑沈君夫人墓誌銘。

註　七　見小倉山房詩集卷五史先生墓誌銘稱：「枚生七歲，受論語，大學於史先生。」依史先生諱中、字玉瓚。又小倉山房詩集卷二十八：「余七齡上學，是康熙壬寅歲也。」

註　八　見小倉山房續文集卷三十四，禮部侍郎海住金公傳。

註　九　見隨園詩話補遺卷六，余九歲時，偕人遊杭州吳山，學作五律。

註一〇　見小倉山文集卷五，史先生墓誌銘：「十二歲與先生同補弟子員」，又見小倉山房尺牘卷四，寄張有虔先生：「枚年十二，又與先生同入泮宮。」

註一一　見小倉山房詩集卷三十二。

註一二　見隨園詩話卷十四。

註一三　見隨園詩話卷十二。

註一四　見隨園詩話補遺卷四。

註十五　見小倉山房續文集卷三十五，楊文叔先生集序。

註一六　見隨園詩話卷五。

註一七　見小倉山房詩集卷五，乾隆丁巳余落魄長安，金陵人田古農見而奇之，哀其饑渴，沽酒爲勞，未十年，余宰金陵，古農已爲異物，求其子孫，以詩告墓。

註一八　見小倉山房續集卷三十五，與孫俌之秀才第二書。

註一九　見小倉山房詩集卷一。

註二〇　見小倉山房尺牘卷三又寄房師鄧遜齋先生。

註二一　見隨園詩話卷四。

註二二　見小倉山房詩集卷二。

註二三　同註二一。

註二四　見小倉山房詩集卷七，雜詩八首中之第五首。

註二五　見小倉山房詩集卷二，到家。

註二六　見小倉山房詩集卷二，催妝。

註二七　見孫星衍撰袁枚傳。

註二八　同註二七。

註二九　見小倉山房文集卷十六，答陶觀察問乞病書。

註三〇　見小倉山房詩集卷十六，再答陶觀察書。

註三一　俱見小倉山房詩集卷十二。

註三二　見小倉山房詩集卷十五。

註三三　見小倉山房詩集卷二十一。
註三四　見小倉山房詩集卷十五，改詩。
註三五　見小倉山房詩集卷三十三，遣興。
註三六　同註三五。
註三七　見小倉山房詩集卷三十一，遣懷雜詩。
註三八　見小倉山房尺牘卷一，與何献葵明府。
註三九　見小倉山房詩集卷二十四，金賢村太守來自黔嶺小住秦淮七夕前一日率諸侍者枉駕隨園索詩作贈，自註。
註四〇　見小倉山房詩集卷十六，自嘲。
註四一　見小倉山房詩集卷十六，喜文玉至。
註四二　見小倉山房詩集卷十六，再贈文玉。
註四三　見隨園詩話卷十六。
註四四　見隨園詩話卷十一。
註四五　見小倉山房尺牘卷十，寄奇中丞。
註四六　見小倉山房尺牘卷七，答楊笠湖。
註四七　同註二一。
註四八　見隨園詩話補遺卷三。
註四九　同註四四。
註五〇　見小倉山房詩集卷三十一，新正十一月還山。
註五一　見小倉山房詩集卷三十三，「除夕告存歲作七絕句」序。
註五二　見小倉山房尺牘卷五，答人求娶妾。

註五三　見小倉山房尺牘卷五，答明我齋參領。
註五四　見隨園詩話補遺卷六。
註五五　見姚鼐撰「袁隨園右墓誌銘」。
註五六　見隨園詩話補遺卷七。
註五七　同註一四。
註五八　見小倉山房文集卷十一，幽光集序。
註五九　見小倉山房詩集卷五。
註六〇　見小倉山房文集卷首，隨園老人遺囑。
註六一　同註二一。
註六二　見小倉山房詩集卷三十一，遺懷雜詩。
註六三　見小倉山房文集卷十八，答滋圃中丞論推命書。
註六四　見小倉山房文集卷首，隨園老人遺囑。
註六五　見小倉山房尺牘卷九，答朱石君尙書。
註六六　見小倉山房文集卷十七，代潘學士答雷翠庭祭酒書。卷十九答尹似村書、再答似村書、與程蕺園書等。
註六七　見小倉山房文集卷二十四，策秀才文王道。
註六八　見小倉山房文集卷十七，代潘學士答雷翠庭祭酒書。
註六九　見小倉山房文集卷十九，與薛壽魚書。
註七〇　見小倉山房文集卷十，送醫者韓生序。
註七一　見小倉山房文集卷二十二，清說。
註七二　見小倉山房文集卷十九，再答彭尺木進士書。

註七三　同註七一。

註七四　同註七一。

註七五　見小倉山房文集卷二十，郭巨論。

註七六　見小倉山房文集卷二十，張巡殺妾論。

註七七　見小倉山房文集卷二十三，答喪禮或問。

陶令清身託酒徒

包根弟

陶淵明爲晉、宋易代之際的高士，歸隱田園，寄情於酒，故其作品無論詩文，敍酒之言，連篇累牘，微言深意，具現於壺觴。但如以寄情託性觀之，則陶公之作，亦可謂篇篇皆帶酒氣，故鍾伯敬云：「觀其寄興託旨，覺一部陶詩皆可用飲酒作題。」（評選古詩歸卷九）雖然如此，然無徵之言，亦未敢妄斷。故今所取者，但以篇中論及酒，以及與酒相關之字句爲限，由此以探陶公與酒之密切關係。然集中「飲酒詩」二十首，陶公自序云：「余閒居寡歡，兼比夜已長，偶有名酒，無夕不飲，顧影獨盡，忽焉復醉；既醉之後，輒題數句自娛，紙墨遂多，辭無詮次，聊命故人書之，以爲歡笑爾。」乃明言皆作於醉後，故雖其中十一首未言及酒者，亦列入討論範圍。又「述酒詩」一首，雖篇中無一字及酒，然因篇名有酒字，故亦列入之。

陶淵明「述酒詩」自注云：「儀狄造，杜康潤色之。」按戰國策「魏策」云：「昔者，帝女令儀狄作酒而美，進之禹，禹飮而甘之，遂疏儀狄、絕旨酒，曰：『後世必有以酒亡其國者。』」杜康，周人（註一），亦善於造酒。又正字通云：「本草有酒名，素問有酒漿，黃帝時皆然，非自儀狄始也。」

可知，酒之製造，其源甚古，因味之甘美，故歷來上自帝王，下至百姓，嗜酒者不勝枚擧，而文人雅士，擧觴騁思，尤爲人所樂道。故陶淵明之「性樂酒德」（顏延之陶徵士誄序），乃與其高懷峻節、沖澹深粹之詩篇，並垂千古而不朽。陶公於五柳先生傳云：「性嗜酒」，又嘗自謂：「在世無所須，唯酒與長年。」（讀山海經之五）故終陶公一生，無論出仕與退隱，皆未嘗須臾與酒相離，沈約「宋書隱逸傳」載其就任彭澤令後「公田悉令吏播秫稻，妻子固請種秔，乃使二頃（應爲一頃）五十畝種秫，五十畝種秔。」由此可知，陶公之出仕彭澤，雖爲「幼稚盈室，缾無儲粟。」（歸去來兮辭序）之故，然「公田之利，足以爲酒。」（同上）當亦爲主因之一。及歸隱後，更是日日「揮茲一觴，陶然自樂。」（時運）其「止酒」一詩，雖爲偶然乏酒之戲作（清蔣薰評），然亦可謂陶公不能一日無酒之坦率供認，詩云：

> 平生不止酒，止酒情無喜。暮止不安寢，晨止不能起。日日欲止之，營衛止不理。徒知止不樂，未信止利己。（卷三）

一日無酒，則寢不得安，晨不能起；日日無酒，則氣血不順、脈理閉結。由詩中吾人乃可想見陶公於乏酒之日坐臥難安之情狀。今敍陶公與酒之密切關係如下：

陶公飲酒，每多獨飲，「和郭主簿」云：「酒熟吾自斟」「停雲」云：「靜寄東軒，春醪獨撫。」當春酒初熟，陶公乃獨自細品。又「歸去來兮辭」云：「携幼入室，有酒盈罇，引壺觴以自酌，眄庭柯以怡顏。」「飲酒」之七云：「汎此忘憂物，遠我遺世情。一觴雖獨進，杯盡壺自傾。」無窮歸園之樂，皆由獨飲中品出。但有時於獨飲之中，亦不免感慨系之，「己酉歲九月九日」云：「欲言無予和，揮杯勸孤影。日月擲人去，有志不獲騁。」生不逢辰，壯志未酬之寂寞心懷，何人能明？

獨飲之外，如家中有酒，陶公亦喜與人共享，酒伴包括比鄰、近親、新知及舊交等。「歸園田居」之五云：「漉我新熟酒，隻鷄招近局。」「雜詩」之一云：「得歡當作樂，斗酒聚比鄰。」漉酒宰鷄，與近鄰同樂。「癸卯歲始春懷古田舍」之二云：「日入相與歸，壺漿勞近鄰。」日入時，耕罷歸家，以酒漿慰勞近鄰，亦慰己也。「雜詩」之四云：「親戚共一處，子孫還相保。觴絃肆朝日，罇中酒不燥。」與親戚共飲弄絃，樂何可言！朋友方面，陶公更是「貴賤造之者，有酒輒設。」（宋書隱逸傳），其友如顏延之、龐通之、殷景仁、丁柴桑、張野、周旋人、羊松齡、龐參軍等人，皆爲陶公飲酒之良伴，「宋書隱逸傳」云：

顏延之爲劉柳後軍功曹，在尋陽，與潛情款。後爲始安郡，經過，日日造潛，每往必酣飲至醉。（卷九十三）

又「答龐參軍」詩云：「我有旨酒，與汝樂之。」「酬丁柴桑」詩云：「放歡一遇，既醉還休。」可知陶公與顏氏、龐氏、丁氏三人共飲之歡。而張野、周旋人、羊松齡、龐遵等人，則有酒必邀約陶公，或邀之共至酒坐歡飲。「晉書隱逸傳」云：

其鄉親張野及周旋人、羊松齡、龐遵等，或有酒要之；或要之共至酒坐，雖不識主人，亦欣然無忤。酣醉便反，未嘗有所造詣。（卷九十四）

「酣醉便反」陶公任眞本性於此可見。龐遵又曾爲江州刺史於粟里半道設酒邀陶公共飲，「宋書隱逸傳」云：

江州刺史王弘欲識之，不能致也。潛嘗往廬山，弘令潛故人龐通之齎酒具，于半道栗里要之。旣至，欣然便共飲酌，俄頃弘至，亦無忤也。（卷九十三）

美酒當前，好惡乃可暫置不論，故弘至亦無忤。陶公與新知暢飲之樂，又可由其「乞食」詩得知，詩云：「談諧終日夕，觴至輒傾杯。情欣新知勸，言詠遂賦詩。」於乞食斷酒之日，陶公行至一善心人處，與之諧談賦詩，歡飲傾杯。由上可知，陶公與近親比鄰共飲，溫馨和樂；與舊交共飲，情款意深；與新知共飲，酣醉盡性。總之，一皆情欣意樂。

陶公飲酒之處所，包括自宅、他宅以及遊樂地。於自宅，每喜飲於東窗，「停雲」云：「有酒有酒，閑飲東牕。」又常撫琴自酌，「時運」云：「清琴橫床，濁酒半壺。」此外，宅邊之菊前、松下，亦輒爲其暢飲之地，「宋書隱逸傳」云：

嘗九月九日無酒，出宅邊菊叢坐久，值弘送酒至，卽便就酌，醉而後歸。（卷九十三）

按陶公「九日閑居」序云：「秋菊盈園，而持醪靡由，空服九華，寄懷於言。」菊花滿園而無酒可飲，虛度重九佳節，實令人嘆息。故江州刺史王弘適時遣人送酒而至，眞可謂知陶公者。又「飲酒」之十四云：「故人賞我趣，挈壺相與至。班荆坐松下，數斟已復醉。」故人攜酒而至，陶公乃與之共坐宅邊松下歡飲。菊佳、松蒼、酒美，樂何可言！

於自宅外，陶公亦常至他宅暢飲，如前引晉書隱逸傳卽載張野等人置酒邀約之，或邀之共至酒坐之事。而乞食詩更自言至一新知處暢飲盡性而歸。其「五柳先生傳」亦云：

性嗜酒，家貧不能恆得，親舊知其如此，或置酒而招之。造飲輒盡，期在必醉，既醉而退，曾不吝情去留。（陶淵明集卷六）

親舊有心，陶公適性，爲酒而往，盡性而退，不着一言而情誼畢現。

此外，每當佳日出遊，陶公亦必携酒而往，對景暢飲，「時運」云：「邈邈遐景，載欣載矚。稱心而言，人亦易足。揮玆一觴，陶然自樂。」暮春三月携酒獨遊，於春野揮觴賞景，不禁陶然歡欣。「遊斜川」云：「提壺接賓侶，引滿更獻酬。未知從今去，當復如此不。中觴縱遙情，忘彼千載憂。」辛丑（一作酉）年正月五日，陶公與二、三鄰曲，同遊斜川，天氣澄和，風物閑美，衆人引酒互酬，縱情忘憂。又「諸人共遊周家墓柏下」云：「淸歌散新聲，綠酒開芳顏。未知明日事，余襟良已殫。」面對柏下之周家先祖，綠酒淸歌，表盡胸中之言。由上可知陶公於美景薦酒之下，開懷暢飲之樂。

陶公飲酒，於酒之優劣，並不苛擇，美酒、濁酒，一概並收，「讀山海經」之一云：「歡然酌春酒，摘我園中蔬。」「和郭主簿」云：「春秫作美酒，酒熟吾自斟。」「飲酒」詩序云：「偶有名酒，無夕不飮。」此暢飲美酒也。又「己酉歲九月九日」云：「何以稱我情，濁酒且自陶。」「飲酒」之十九云：「雖無揮金事，濁酒聊可恃。」此歡飲濁酒也。可見陶公但有酒可飲，不論優、劣，皆能自樂。其所不樂者，惟無酒之日，「歲暮和張常侍」云：「屢闕淸酤至，無以樂當年。」「挽歌」之一云：「但恨在世時，飲酒不得足。」因陶公家貧，故常缺凊酤，乃有不得足之歎，無以樂之恨。

然陶公雖耽於酒，其心中實亦深知酒之弊，「神釋」云：「日醉或能忘，將非促齡具。」但明知酒能促齡，又復日日痛飲，究其因，實受時代世變之影響，蓋晉、宋之際，時方多艱，世亂命微，故志節之士，乃紛託於醉，以遠離社會。陶公又以曾祖陶侃爲晉世宰輔，恥復屈身宋代。（宋書隱逸傳）故亦託入醉鄉，蕭統「陶淵明集序」云：「有疑陶淵明之詩，篇篇有酒，吾觀其意不在酒，亦寄酒爲跡也。」可謂深知陶公者。陶公「飲酒」詩之十三首，乃其有託而逃之最佳表露，其詩云：

有客常同止，取捨邈異境。一士長獨醉，一夫終年醒。醒醉還相笑，發言各不領。規規一何愚，兀傲差若穎。寄言酣中客，日沒燭可秉。

詩中以爲凡事規規然之醒者「一何愚」，而事事頹然無知之醉者始爲聰穎之人。按亂世之中，醒者恆遇不意之禍，實未若託於醉者，能於酒中保全其眞性也。陶公以詼諧之語調針砭世人，實乃「因取捨之殊而託意於飲酒也。」（馬墣、陶詩本義）故由陶公之酒中情懷，乃可洞見其一生志節。陶公之酒中情懷，探析之，可分三類：其一爲對時勢之感嘆。其二爲對歸隱生活之體認。其三爲對天道之體悟。

陶公對時勢之感嘆，首見於「述酒」一詩，此詩宋、湯漢斷爲哀悼零陵王之作。（註二）按晉元熙二年六月，劉裕廢恭帝爲零陵王，明年以毒酒一罌授張禕，使酖王，禕乃自飲而卒。繼又令兵人踰垣進藥！王不肯飲，遂以被掩弒之。詩中爲恭帝之被弒悲痛異常，一片忠憤激烈之情，溢於言表。張諧之「陶元亮述酒詩解」云：

陶公自以先世為晉輔，恥復屈身後代，自劉宋王業漸隆，不肯復仕，而以酒自晦。至是痛晉祚之亡，君父之變，遂以「述酒」名篇，而於「飲酒」「止酒」諸作三致意焉。讀者詳稽時事，以意逆志，則知陶公之心，日月爭光，而其情亦足悲已。

張氏之言，可謂深知陶公者。亦因心存此一層哀傷，故一生乃不忍言「伐國」之事，其「飲酒」之十八首，託言揚雄以自況，而以柳下惠事終之。(註三)詩云：

子雲性嗜酒，家貧無由得。時賴好事人，載醪祛所惑。觴來為之盡，是諮無不塞。有時不肯言，豈不在伐國。仁者用其心，何嘗失顯默。

揚雄家素貧，嗜酒，時有好事者載酒肴，從游學。陶公亦家貧嗜酒，「不能恆得」，親舊知其如此，或置酒招之。」(五柳先生傳)故陶公以揚雄自況。然揚子雲「劇秦美新」大節稍虧，乃由其未識伐國不對之意也。故必如柳下惠者，方可稱仁者之用心，合於顯默進退之大義。按漢書董仲舒傳載昔者魯公問柳下惠：「吾欲伐齊，何如？」柳下惠曰：「不可。」歸而有憂色。曰：「吾聞伐國不問仁人，此言何為至於我哉。」(漢書卷五十六)可知仁者乃不忍言伐國之事。陶公之用心，亦由此可見。故陶澍譽之云：「此先生志節皭然，即寓於和光同塵之內，所以為道合中庸也。」(靖節先生集集註卷三)

此外，亂世儒道衰微！亦為陶公所痛心疾首者，「飲酒」之二十首云：

如何絕世下，六籍無一親。終日馳車走，不見所問津。若復不快飲，空負頭上巾。但恨多謬誤，君當恕醉人。

按魏晉之世，三玄思想盛行天下，沈約「宋書謝靈運傳論」云：「有晉中興，玄風獨振。爲學窮於柱下，博物止乎七篇。馳騁文辭，義殫乎此。自建武暨乎義熙，歷載將百，雖綴響聯辭，波屬雲委，莫不寄言上德，託意玄珠。」（卷六十七）遂使儒家思想爲之不振，故陶公雖一人獨抱道統絕續之憂，然對擾擾亂世追逐名利之衆人，亦無可奈何，惟有以酒自解一途。君弒、世亂、道絕、憂憤塡膺，却無計可施，不飲又爲之奈何！

此時，陶公唯一可守者，乃一己之節操而已，「飲酒」之十九云：「是時向立年，志意多所恥。遂盡介然分，拂衣歸田里。」言不願隨波逐流，苟合世俗，乃毅然返歸田園。此後，陶公雖於「揮杯勸孤影」之中，偶有「有志不獲騁」（雜詩之二）之生不逢辰之嘆，但終爲堅守一己之素抱，遂安然將窮達委之度外，「飲酒」之十五云：「若不委窮達，素抱深可惜。」而「飲酒」詩第九首，可謂其明告衆人決不違己隨俗之誓辭，詩云：

清晨聞叩門，倒裳往自開，問子為誰與，田父有好懷。壺漿遠見候，疑我與時乖，襤縷茅簷下，未足為高栖。一世皆尚同，願君汨其泥。深感父老言，稟氣寡所諧。紆轡誠可學，違己詎非迷。且共歡此飲，吾駕不可回。

老農於清晨備酒請陶公往飲，遂乘機勸其隨俗出仕，何必獨自守窮高棲。然陶公乃毅然答曰：「違己詎非迷」「吾駕不可回」按蕭統「陶淵明傳」云：「江州刺史檀道濟往候之，偃臥瘠餒有日矣。道濟謂曰：『賢者處世，天下無道則隱，有道則至。今子生文明之世，奈何自苦如此？』」可知時人皆勸其出仕，陶公乃以此詩表露一己之清懷高節，決非世人所可動搖者。因此，陶公更進而言曰：「不賴固窮節，百世當誰傳」（飲酒之二）乃隱然以聖道之傳遞者自居。

其二爲對歸隱生活之體認。其中又可分苦、樂兩方面。陶公在堅守先師遺訓：「憂道不憂貧」（癸卯歲始春懷古田舍）之下，乃安然歸隱田園，在田園生活閑飲揮觴之中，乃體會出無窮樂趣，如躬耕之樂、親戚共處、子孫相保之樂、友朋近鄰相聚共飲之樂，以及靜賞自然萬物之樂等等。

其「庚戌歲九月中於西田穫早稻」云：

> 晨出肆微勤，日入負耒還。山中饒霜露，風氣亦先寒。田家豈不苦，弗獲辭此難。四體誠乃疲，庶無異患干。盥濯息簷下，斗酒散襟顏。遙遙沮溺心，千載乃相關。但願常如此，躬耕非所歎。

田家生活雖苦，但却不必擔憂「異患干」，日入負耒返歸後，盥濯一番，於簷下執斗酒舒散襟顏，詳和安適，躬耕又何所可嘆。更何況於辛勞耕作之中，見苗長風暖，自有無限樂趣存在，其「癸卯歲始春懷古田舍」之二云：

> 秉耒歡時務，解顏勸農人。平疇交遠風，良苗亦懷新。雖未量歲功，卽事多所欣。耕種有時息，行者無問津。日入相與歸，壺漿勞近鄰。長吟掩柴門，聊為隴畝民。

見良苗生意盎然，令人內心歡愉異常，歸家後與近鄰共飲，掩門長吟，情欣意適。可知陶公於「不恥躬耕」之外，實亦「樂在躬耕」也。

亂世之中，骨肉離散，親戚乖隔，屢見不鮮，而陶公歸隱田園能免此憂患，實可謂人生一大幸，故於自酌之餘，乃深自慶幸，「和郭主簿」之一云：

春秫作美酒，酒熟吾自斟。弱子戲我側，學語未成音。此事真復樂，聊用忘華簪。

手斟美酒，眼觀身旁稚子嬉戲、學語，此天倫之樂，樂何可言，富貴名利怎堪與之相比，故曰：「聊用忘華簪」。邱嘉穗云：「此陶公自述其素位之樂，眞不以貧賤而有慕於外，不以富貴有動於中者，豈矯情哉！」（東山草堂陶詩箋卷二）可知陶公對骨肉歡聚之樂的深切體悟。又其「雜詩」之四云：

丈夫志四海，我願不知老。親戚共一處，子孫還相保。觴絃肆朝日，罇中酒不燥，緩帶盡歡娛，起晚眠常早。

丈夫本應有經世濟民之四海之志，但如今我却只希望忘却年老，長與親戚、子孫共處，日日弄琴揮觴，罇中酒常滿，早睡晚起，盡享人間安樂歡娛。按陶公於少壯時，本亦滿懷壯志，「擬古」之八云：「少時壯且厲，撫劍獨行遊。誰言行遊近，張掖至幽州。」又「雜詩」之五云：「憶我少壯時，無樂自欣豫。猛志逸四海，騫翮思遠翥。」飛揚之意氣，溢於言表。奈何身處晉末亂世，眼見權臣悍將篡亂朝綱，而未能撥亂反正，不禁令其絕望悲慨。遂在自然質性之驅使下，乃毅然遠離世俗，返歸田園，轉而惟願聚天倫之眞樂，將功名利祿，棄之如敝屣。蓋亂世之中，攘名利、爭權勢之狂馳之士，恆至親舊子孫不相保，實令人悲哀，陶公洞察其中實況，乃甘於棄虛名、求眞樂，故溫汝能云：

親戚一處，子孫相保，非處順境者，難覯此景象，而況亂世乎？語語質、語語真。有此真樂；便可縱飲忘憂，此淵明所以甘於隱遁而不悔者，其在斯歟？」（陶詩彙評卷四）

可謂深知陶公心境者。

除安享天倫之樂外，與近鄰、友朋「有酒斟酌之」（移居之二）亦爲陶公田園生活之一大樂趣，「歸園田居」之五云：

漉我新熟酒，隻雞招近局。日入室中闇，荆薪代明燭。歡來苦夕短，已復至天旭。

春酒初熟，漉瀝畢，乃烹雞招待近鄰，與之共樂，歡飲達旦，田家眞景，令人悠然神往。又如「雜詩」之一云：

人生無根蔕，飄如陌上塵。分散逐風轉，此已非常身。落地為兄弟，何必骨肉親。得歡當作樂。斗酒聚比鄰。

人寄存於一世之中，飄忽無常，故應及時作樂，而四海之內，皆是兄弟，非限於骨肉，以斗酒與近鄰同歡共飲，樂何可言。而「移居」詩二首更顯示出陶公對飲酒務農、不虛佳日之樂終身不厭之情，如此又「何暇外慕」（湯漢註）詩云：

春秋多佳日，登高賦新詩。過門更相呼，有酒斟酌之。農務各自歸，閑暇輒相思。相思則披衣，言笑無厭時。此理将不勝，無為忽去兹。衣食當須紀，力耕不吾欺。

陶公遷居南村後，與顏延之、殷景仁、龐通之等人先後爲鄰。顏延之「陶徵士誄」言：「自爾介居，及我多暇，伊好之洽，接閻鄰舍，宵盤晝憩，非舟非駕。」又陶公「與殷晉安別」詩云：「去歲家南里，薄作少時鄰。」又有「答龐參軍」一首序云：「自爾鄰曲，冬春再交，款然良對，忽成舊游。」諸人皆爲陶公「樂與數晨夕」（移居之一）之「素心人」。於春秋佳日、農閒之時，與此鄰居好友，共同飲酒賦詩、縱談言笑，實爲人生一大樂事。故溫汝能云：「人苟樂此無厭，則狎邪之友何由而至，非僻之心無自而入。根本既固，培養自深，於此便可悟道，便可尋眞樂處。」（陶詩彙評卷二）有此眞樂，怎可輕易放棄，故陶公言：「此理將不勝，無爲忽去玆。」因此，故人造訪，閑飲歡談，亦爲陶公田居生活之一大樂事。「讀山海經」之一云：「窮巷隔深轍，頗迴故人車。歡然酌春酒，摘我園中蔬。」「歡然酌酒」陶公神情畢露。「答龐參軍」詩云：

我有旨酒，與汝樂之。乃陳好言，乃着新詩。（卷一）

有客賞我趣，每每顧林園。談諧無俗調，所說聖人篇。或有數斗酒，閑飲自然歡。（卷二）

四言一首爲陶公冬日之作。（註四）龐參軍由江陵使上都，途經潯陽，乃過訪陶公，二人飲酒作詩，無限歡欣。五言一首則爲陶公春日之作（註五），詩中充分顯現龐氏來訪之時，陶公與之談諧論文閑飲之樂。此外，亦輒有老友自携美酒來訪陶公，「飲酒」之十四云：

故人賞我趣，挈壺相與至。班荊坐松下，數斟已復醉。父老雜亂言，觴酌失行次。不覺知有我，安知物為貴。悠悠迷所留，酒中有深味。

老友携酒而至，陶公遂與衆人於松下列坐歡飲。酒過數巡，諸人皆有醉意，陶公更達於忘情之境地，因而擺落「物、我」之分界，不知「何者爲我？何者爲物？」「不覺知有我，安知物爲貴」二句，將陶公了無罣礙，物我無分的曠然胸懷表露無遺。故溫汝能云：「世人惟知有我，故不能忘物，物我之見存，則動多拘忌矣。淵明忘我更勝於『齊物』，其殆酒中之聖者歟！」（陶詩彙評卷三）可謂知言。陶公之所以能安處亂世，實亦賴此酒中眞趣也。

此外，陶公本其愛好邱山之性，又常以自然美景薦酒，如當其暮春出游時，面對「邈邈遐景，載欣載矚。」（時運）於是，不禁高呼「稱心而言，人亦易足。揮茲一觴，陶然自樂。」（時運）於揮觴縱情之中，寓目會心，乃深悟世事稱心易足。透過此「悟」，於是萬象景色在陶公把盞靜觀之下，乃呈現一片祥和、寧靜的氣息，如「遊斜川」云：

弱湍馳文魴，閑谷矯鳴鷗。迥澤散游目，緬然睇曾丘。雖微九重秀，顧瞻無匹儔。提壺接賓侶，引滿更獻酬。

文魴躍流、鳴鷗翔谷，曾城山秀麗無比，見此祥和之佳景，不禁令陶公「忘彼千載憂」（遊斜川）。有時，陶公亦將一己的生命情調融入景致之中，如「和郭主簿」之二云：

和澤周三春，清涼素秋節。露凝無游氛，天高風景澈。陵岑聳逸峯，遙瞻皆奇絕。芳菊開林耀，青松冠巖列。懷此貞秀姿，卓為霜下傑。銜觴念幽人，千載撫爾訣。檢素不獲展，厭厭竟良月。

秋涼時節，天高氣爽，遠望山峯透逸奇絕。菊芳松貞，皆爲霜中之傑，故千古高士，無不競相效之。當陶公對景銜杯之時，自然由此念及古來隱士，而自檢素懷，竟不獲展，不禁爲之厭厭不樂。此時，松菊、高士乃與陶公合而爲一，邱嘉穗云：「遠瞻陵岑之奇絕，近懷松菊之貞秀，皆與陶公觸目會心，實借以自寓其不臣於宋之高節，所謂賦而比也。」（東山草堂陶詩箋卷二）誠爲深知陶公者。由此，更進而達到情志與自然完全契合的最高境界，「飲酒」之五云：

採菊東籬下，悠然見南山。山氣日夕佳，飛鳥相與還。此中有眞意，欲辯已忘言。

秋菊南山、嵐氣飛鳥，大地一片閒適之意，此亦正如陶公心中超然自得之志，於是情景相融，物我合一，何須言詮？故曰：「此中有眞意，欲辯已忘言。」此乃陶公生命情操之最高表現。

由上可知，陶公於揮觴之中，乃體驗田園生活之諸多樂趣。然此中亦不免有一、二令其憂心者，其一，爲在耕作上遇水旱天災，農作歉收，家人寒飢之時，「雜詩」之八云：

代耕本非望，所業在田桑。躬親未曾替，寒餒常糟糠。豈期過滿腹，但願飽粳糧。御冬足大布，麤絺以應陽。正爾不能得，哀哉亦可傷。人皆盡獲宜，拙生失其方。理也可奈何，且為陶一觴。

勤勉躬耕，乃不獲溫飽，誠令人哀傷。然既已立志「謀道不謀食」，則我今日未能獲其宜，乃是常理。固知其無可奈何也，惟有飲酒自樂。

其次，則爲五男兒憂心，按陶公有五子：儼、俟、份、佚、佟五人，五人皆未能繼其志，「責子」詩云：

白髮被兩鬢，肌膚不復實。雖有五男兒，總不好紙筆。阿舒已二八，懶惰故無匹。阿宣行志學，而不愛文術。雍端年十三，不識六與七。通子垂九齡，但覓梨與栗。天運苟如此，且進杯中物。

陶公胸次超曠，世事無一可羈其心者，然對五子，則慈愛有加，如「與子儼等書」云：「汝輩稚小家貧，每役薪水之勞，何時可免。念之在心，若何可言。」乃爲稚子服薪水之勞而耿耿於懷。夫人愛之深必責之切，陶公亦然，其「命子」詩云：「夙興夜寐，願爾斯才。爾之不才，亦已焉哉！」可見陶公切望其子之深，惟諸子雖知勤於家務，却未能愛好學術，故不免令陶公心憂，不禁嘆曰：「天運苟如此，且進杯中物。」上述農作歉收、五子不好學二事，乃爲陶公於執觴之中，所最嘆息而憂心者。所幸尚有諸多田園樂趣，以及一股高尚志節爲之解憂，因此，陶公乃昂然云：「貧富常交戰，道勝無戚顏。」（詠貧士之五）。

其三爲對天道之體悟。陶公於把盞之中，對天道的體悟，約可分爲二點，㈠、對宇宙之認知。㈡、對自然天理之徹悟。

陶公認爲宇宙爲一悠遠深邃之空間，「飲酒」之十五云：「宇宙一何悠，人生少至百。」「形贈影」云：「天地長不沒，山川無改時。」宇宙悠遠、天地不沒，乃認定天地爲一亘古長存之空間。按先秦諸子之中，能深入探討宇宙問題者，爲老、莊兩家。老子提出一「道」字，代表宇宙本源，而認爲此道體之運行永不止息。陶公對宇宙亦有此體認，「飲酒」之十九云：「冉冉星氣流，亭亭復一紀。」所謂「星氣流」即言道體之流動也。在此流轉的星氣之中，萬物乃隨之枯榮，故「連雨獨飲」云：「運生會歸盡，終古謂之然。」生存於天體運行中之萬物，必然有生有死，此乃千古不變之法則。由於此一法則，乃令陶公徹悟在此自然現象中的衰榮更迭、人生如夢的道理，「飲酒」之一云：

衰榮無定在，彼此更共之。邵生瓜田中，寧似東陵時。寒暑有代謝，人道每如茲。達人解其會，逝將不復疑。忽與一觴酒，日夕歡相持。

人世間興衰無定，禍福相依，此猶如寒暑之代謝，惟達人能徹悟此理，日夕歡飲以求自樂。「逝將不復疑」一語，可知陶公對自然之理的透徹了悟，故溫汝能云：「一飲酒耳，非索解大悟之後，不足以語此。讀達人一語，眞覺世之嗜酒者，難索解人。竹林七賢、飲中八仙，尚未到解悟地位，而況其他？千古飲酒人，安得不讓淵明獨步！」（陶詩彙評卷三）實非過譽！

在自然運會中，陶公的另一體認，乃爲生命的短暫，「飲酒」之十五云：「宇宙一何悠，人生少至百。歲月相催逼，鬢邊早已白。」在悠遠宇宙之中，生命是多麼渺小，人之一生，實如過翼，一瞬卽逝，故陶公又云：「吾生夢幻間，何事紲塵羈。」（飲酒之八）生命既如夢幻，則當趁此有生之年盡量求取自適，切不可爲塵俗所羈絆，此乃陶公於人生似夢幻中，進一步之體悟，因此乃昂然曰：「若不委窮達，素抱深可惜。」（飲酒之十五）將個人之窮通際遇委之度外，實爲保有一己之高潔淸懷也。窮通尚且可置之度外，則人間之是非，自然更加不易留存其心，「飲酒」之六云：

行止千萬端，誰知非與是。是非苟相形，雷同共譽毀。三季多此事，達士似不爾。咄咄俗中惡，且當從黃綺。

於此可謂畢現。

處於世衰道微之亂世，於進退之理，自達人視之，本無是非可言，然世俗之人卻任意加諸是非毀譽，實屬不智。故吾決意追隨夏黃公、綺里季退隱田園之心，亦決非世俗之毀譽得以動搖者。陶公心志，於此可謂畢現。

其次，於人生似夢幻之認知中，陶公心中所引起的另一回響，乃是把握眼前，及時行樂之觀念，「已酉歲九月九日」云：

萬化相尋異，人生豈不勞。從古皆有沒，念之中心焦。何以稱我情，濁酒且自陶。千載非所知，聊以永今朝。

念及人生之短促，不免內心焦慮，故唯有把酒自樂，珍惜今日，以稱己情。又「遊斜川」云：

中觴縱遙情，忘彼千載憂。且極今朝樂，明日非所求。

今朝可樂卽極力求之，明日如何？乃非人之所可預料。故爲把握眼前光陰，及時行樂，甚至可以拋卻虛名，「飲酒」之三云：

道喪向千載，人人惜其情。有酒不肯飲，但顧世間名。所以貴我身，豈不在一生。一生能復幾，倏如流電驚。鼎鼎百年內，持此欲何成。

世間之人，由於不能了悟大道，所以人人惜情顧名，而未能任眞淡泊，不敢縱飲、不知卽時行樂。然百年猶如流電，稍縱即逝，故世俗之浮名又有何成？陶必銓云：「此首是何等見地，魏、晉、六朝人視易代如逆旅，而務弋世俗之浮名，不知類耳。『欲成』者，全節以合道也。言之無迹，所以超也。」（萸江詩話）可知，陶公之欲拋虛名、及時行樂之念，實受個人志節以及時代之影響，與一般縱樂貪慾之徒迥異。

由上可知，陶公雖日躭於酒，但其目的乃為「清身」，亦即韓愈所謂：「有託而逃者也。」（送王秀才序）（註六）白居易「效陶潛體」詩云：「吾聞潯陽郡，昔有陶徵君，愛酒不愛名，憂醒不憂貧。……歸來五柳下，還以酒養眞。人間榮與利，擺落如泥塵。」（白氏長慶集卷五）可謂知言。故知，晉、宋之際的醒者，何人可望陶公之項背哉！

【註　釋】：

註　一　杜康，或謂黃帝時宰人，或說即少康。「北堂書鈔」云：「『王著與杜康絕交書』云：『康字仲寧，或曰：黃帝之時宰人也。始造酒，時人號曰酒泉太守。』」（一百四十八）十駕齋養新錄云：「說文，古者少康，初作箕帚秫酒。少康、杜康也，葬長垣。」（卷十二）

註　二　按「述酒」詩，陶公自注：「儀狄造，杜康潤色之。」而終篇無一字及酒。宋代學者宋庠、黃庭堅等皆疑其有脫誤。黃庭堅云：「此篇有其義而亡其辭，似是讀異書所作，其中多不可解。」獨韓子蒼以「山陽歸下國」之句，用山陽公事，疑其為陶公義熙以後有所感而作。至湯漢註「陶靖節先生詩」云：「予反覆詳考，而後知決為零陵哀詩也。」

註　三　見宋湯漢註「陶靖節先生詩」卷三。

註四　「答龐參軍」四言詩云：「昔我云別，倉庚載鳴，今也遇之，霰雪飄零。」（卷一）

註五　「答龐參軍」五言詩序云：「自爾鄰曲，冬春再交。……人事好乖，便當語離。」

註六　韓愈「送王秀才序」云：「吾少時讀『醉鄉記』，私怪隱居者無所累於世，而猶有是言，豈誠旨於味邪？及讀阮籍、陶潛詩，乃知彼雖偃蹇不欲與世接，然猶未能平其心，或爲事務是非相感發，於是有託而逃焉者也。」（昌黎先生集卷二十）

胡適及其新詩三首

林　明　德

胡適，名嗣穈，行名洪騂，字希彊，又字適之，別號期自勝生、鐵兒、胡天、藏暉室主人……等。安徽績溪縣人。清光緒十七年（一八九一）生於上海。他五歲時，父親不幸去世，從此九年在慈母的教訓下，學得了一絲一毫的好脾氣。光緒三十年，他進入上海梅溪學堂，因成績優異，一天之中升了四班。隔年，入澄衷學堂，由於考試成績常常名列第一，一年升了四班。

十六歲那年，他考取了中國公學。宣統二年（一九一〇），他閉戶讀四個月的書，和二哥一同北上，考取第二次庚子賠款留美。到了綺色佳（Ithca），進康南耳大學，選讀農科。因爲興趣不合，改讀文科，學習哲學、文學、政治和經濟。大四時獲得卜郎吟（Robert Browning 1812～1889）文學論文獎金。在這段期間，他同時渡過青年期的政治訓練。

一九一六年，胡適進入哥倫比亞大學哲學系研究部，深受實驗大師杜威(John Dewey)的影響。一九一六年十月，他寫給陳獨秀的信提到八個文學革命的條件。不到一個月，又寫了一篇「文學改良芻議」，複鈔兩份，一份給「留美學生季報」，一份寄給「新青年」發表。一九一七年五月，通過博士學位考試。九月任教國立北京大學。民國七年十一月二十三日，在天津初訪心儀已久的梁任公先生。他返國以後，大力提倡白話文，推動「文學革命」。民國九年出版「嘗試集」，特別强調「自古成功在嘗試」的精神。民國十七年，就任吳淞中國公學校長。二十年任北京大學文學院院長。二十七年，以「現在國家是戰時，戰時政府對我的徵調，我不敢推辭。」出任駐美大使。三十四年九月任北京大學校長，時年五十五歲。大陸淪陷後，他到美國普林斯頓圖書館任職。民國四十七年四月，回國接中央研究院院長職。五十一年二月二十四日，因心臟病發，這位「中國的良心」與世長辭，享年七十二歲。他的「墓誌銘」云：

這個為學術和文化的進步，為思想和言論的自由，為民族的尊榮，為人類的幸福而苦心焦慮，敝精勞神以致身死的人，現在在這裏安息了。

我們相信，形骸終要化滅，陵谷也會變易，但現在墓中這位哲人所給予世界的光明，將永遠存在。

胡適之先生的成就是多方面，而且得到國內外學術界的肯定，來自歐美三十六個榮譽博士學位就是最好的證明。在中國近代史頁裏，他是位民主先知，也是隻「寧鳴而死，不默而生」的「老鴉」。就中國新文學來說，他是新文學運動的大師，對當代的影響，至深且鉅。

胡適的著作，概括創作與學術、中文西文並精、詞章義理考據兼通，廣博的學域加上獨到的識照，使他的論述成爲一家之言。他著作等身的生命史，毋寧是一代學人最好的詮釋。

就我所知，目前國內外有關胡適「嘗試集」的散論與專著，並不多見。至於「嘗試集」裏邊的詩篇分析，更是罕聞。爲什麼對「新詩老祖宗」（見唐德剛「胡適雜憶」）的詩歌造詣會如此冷漠呢？比較可能作爲解釋的原因是：「胡適之體」過於「明白清楚」、「意境平淺」，馴至「不够現代」了。我個人留意胡適之先生的新詩，大概在十年前，當時因與國內一夥任教大學院校的朋友共同編著「中國新詩賞析」，恰巧又分到胡適、徐志摩等早期詩人，才引發對「嘗試集」作深層的觀照。結論是：過去我們都太忽視胡適的新詩了；胡適之體仍然可供現代詩路向的參考；胡適的新詩語言淸楚明白却不失古典性格，其內容看來像是平淺，但是深層的訊息，却有待細讀探索。

現在，且讓我們來分析「老鴉」、「樂觀」、「一顆星兒」三首詩，以印證上述的論點。

一、老鴉

我大清早起，
站在人家屋角上啞啞的啼。
人家討嫌我，說我不吉利；
我不能呢呢喃喃討人家的歡喜！

天寒風緊，無枝可棲。

我整日裏飛去飛回，整日裏又寒又飢。
我不能帶着鞘兒，翁翁央央的替人家飛；
不能叫人家繫在竹竿頭，賺一把黃小米！

在「嘗試集」裏，「老鴉」是一首極爲特殊的詩篇，胡適之先生曾自許爲眞正的十四首白話新詩之一。（見「嘗試集」再版自序）

「老鴉」的造詣，在於作者透過擬人化的手法生動活潑地彰顯了老鴉的形象與精神，加上用心於筆墨之外，使「老鴉」轉入隱喻詩的層次，進而展示作者自我的風姿——一位民主先知的投影。全詩分爲二段，共八行。

第一段四行。

開始便以擬人化的手法，由老鴉（物）自白（自現）。老鴉大清早起來就站在人家的屋角上「啞啞的啼」個不停，不僅擾人淸夢，又予人不好的兆頭，眞教人厭惡了。所以，老鴉在「人家」心目中是不吉利的象徵。但是，這就是老鴉本色之所在！因爲牠是老鴉，所以牠早起，牠啞啞的啼，牠不理會人家的討嫌、說牠不吉利。只要是隻烏鴉牠就不能「呢呢喃喃」的叫，討人家的歡喜。

作者運用對比，凸顯了老鴉的形象。換句話說，第一段是建立在「啞啞的啼」（不悅耳，不聽話）的老鴉，人家，與「呢呢喃喃」（悅耳，聽話，也就是第二段的鴿子或鸚鵡）三者的關係上，前後對比，而好惡全在「人家」的主觀認定。非常有趣的是，「人家」三出，對應四出的「我」，而在最後一句中推出「我」的不妥協的風範。大致上說來，第一段在自白之中，有幾分無奈，幾分堅持，以及幾分期許。

第二段四行。

作者進一步刻劃「老鴉」的堅貞性格。「天寒風緊，無枝可棲。」兩句敍述了老鴉在險惡的天候，無立錐的處境，與曹操「月明星稀，烏鵲南飛。繞樹三匝，何枝可依？」（短歌行）的徬徨、以及蘇軾「缺月挂疏桐，漏斷人初靜，誰見幽人獨往來，縹緲孤鴻影。驚起却回頭，有恨無人省。揀盡寒枝不肯棲，寂寞沙洲冷。」（卜算子）的孤絕情境，可謂如出一轍。

接着，「我整日裏飛去飛回，整日裏又寒又飢。」兩句說明了老鴉念玆在玆的人間關懷與執着。所以，在飢寒交迫之下，牠「未忍言索居」，而遠走高飛；牠眷念人間，飛去又飛回。可是此等心聲又有誰能知道？

最後兩行，藉鴿子、鷂鵡與老鴉的對比：老鴉不能像鴿子帶着鞘兒嗡嗡喚喚的替「人家」飛，也不能像鷂鵡讓「人家」繫在竹竿上頭，供人觀賞，任人擺佈，「賺一把黃小米」討生活。除了强調老鴉的堅貞本色外，似乎也在反諷並哀憐任人奴役的同類。莊子曾說：

澤雉十步一啄，百步一飲，不蘄畜乎樊中，神雖王，不善也。（養生主）

老鴉所取所堅持的，毋寧是此種逍遙自在的生命態度，這也是宇宙生物所共同追求的基本原則，老鴉的可愛，以此。

作爲詠物詩來說，「老鴉」是極其成功的詩篇。但，或許它的成就還不僅止於止，因爲就詩的美學而言，它已轉入隱喻的層次，而呈現更深更廣而且更嚴肅的意義。表面上是寫老鴉的性格與生命態度，然而，言此意彼，其深層乃在寫胡適先生的性格與生命態度，換句話說，它的終極指向是胡適：中國近代史上的一隻「老鴉」。

這裏不妨先由胡適的一些言論來證明，再從傳統的文學意象來詮釋，一窺本詩的究竟。

在胡適選集「寧鳴而死，不默而生」一文裏，胡先生曾以九百年前范仲淹（九八九～一〇五二）爭言論自由的名言：「寧鳴而死，不默而生。」跟美國開國前爭自由的名言「不自由，毋寧死。」(Give me liberty, or give me death) 媲美。范氏的那句名言出自他的「靈烏賦」：

靈烏，靈烏，爾之為禽兮何不高翔而遠翥？何為號呼于人兮告吉凶而逢怒！方得折爾翅而烹爾軀，徒悔焉而亡路。彼啞啞兮如愬，請臆對而心諭。我有生兮累陰陽之含育，我有質兮起天地之覆露。長慈母之危巢，託主人之佳樹。斤不我伐，彈不我仆，母之鞠兮孔艱，主之仁兮則安。度春風兮既成我以羽翰，眷高柯兮欲去君而盤桓。思報之意，厥聲或異。憂於未形，恐於未熾。知我者謂吉之先，不知我者謂凶之類。故告之則反災于身，不告之則稔禍于人。主恩或忘，我懷靡臧。雖死而告，為凶之防。亦由桑妖于庭，懼而脩德，俾王之興。雉怙于鼎，懼而脩德，俾王之盛。天聽甚邇，人言曷病！彼希聲之鳳皇，亦見譏於楚狂。彼不世之麒麟，亦見傷於曾人。鳳豈以譏而不靈？麟豈以傷而不仁？故割而可卷，孰為神兵？焚而可變，孰為英瓊？寧鳴而死，不默而生！胡不學太倉之鼠兮，何必仁為，豐食而肥？倉苟竭兮吾將安歸？又不學荒城之狐兮，何必義為，深穴而威？城苟圯兮吾將疇依！寧驥子之困于馳騖兮，駑駘泰於芻養。寧鵷鶵之飢於雲霄兮，鴟鳶飫乎草莽。君不見仲尼之云兮予欲無言。纍纍四方，曾不得而已焉。又不見孟軻之志兮養其浩然。皇皇三月，曾何取以休焉。此小者優優而大者乾乾。我烏也勤於母兮自天，愛於主兮自天。人有言兮是然，人無言兮是然。（見「范文正公集」卷第一）

胡先生認爲這篇賦是「中國古代哲人爭自由的重要文獻。」基本上，他的「老鴉」與范氏的「靈烏賦」，不論性格或精神是極爲符合的。在「靈烏賦」的識域基礎上，他强調：「從中國向來知識份子的最開明的傳統看，言論的自由，諫諍的自由，是一種『自天』的責任，所以說，『寧鳴而死，不默而生』。從國家與政府的立場看，言論的自由，可以鼓勵人人肯說『憂於未形，恐於未熾』的正論危言，來替代小人們天天歌功頌德、鼓吹昇平的濫調。」以此可以證明，胡適心目中的老鴉，就是范仲淹「靈烏」的化身，它遙契了哲人「先天下之憂而憂，後天下之樂而樂」的悲憫情懷。

然而，細讀「老鴉」，探索其深層結構，則「反哺思報」的回饋意願是極爲强烈的。不過，遺憾的是，這層微妙的訊息却往往被讀者或評論家給忽略了。如果「老鴉」循沿「慈烏」的意象去聯想，也就是說，從「慈烏」的傳統意義性格去推敲，可能會有耐人尋味的「未曾發現的意境」。在傳統文學裏，慈烏本身就有份「自天」的「勤於母」（因爲「母之鞠兮孔艱」）的回饋心理，這是白居易「

慈烏夜啼」與范仲淹「靈烏賦」所共同經營、表現的主題。

胡適從意義的根源推及人類，認定知識份子那種「自天」的「愛於主」（主，這裏可以引伸爲國家）的効忠意願，這也就是他意匠經營的「微旨」；當然，也是「老鴉」的寓意之所在了。

作爲中國現代民主的先知，在漫長的四十年當中，胡先生擇善固執，既沒有廻避且沒有改變，「站在人家的屋角上啞啞的啼」，扮演「人家」以爲「不吉利」的角色：老鴉。以至於「鞠躬盡瘁，死而後已。」這就是胡適的本色，一位知識份子的典型風範。

二、樂觀

「每週評論」於八月三十日被封禁，國內的報紙狠多替我們抱不平的。我做這首詩謝謝他們。

（一）

『這柯大樹狠可惡，
他礙着我的路！
來！
　快把他斫倒了，
把樹根也掘去。——

哈哈！好了！』

（二）

大樹被斫做柴燒，
　樹根不久也爛完了，
斫樹的人狠得意，
　他覺得狠平安了。

（三）

但是那樹還有許多種子，——
狠小的種子，裹在有刺的殼兒裏，——
　上面蓋着枯葉，
　葉上堆着白雪，
狠小的東西，誰也不注意。

（四）

雪消了，
枯葉被春風吹跑了。
　那有刺的殼都裂開了，
每個上面長出兩瓣嫩葉，
笑迷迷的好像是說：
　『我們又來了！』

（五）

過了許多年，
壩上田邊，都是大樹了。
辛苦的工人，在樹下乘涼；
聰明的小鳥，在樹上歌唱，——
那斫樹的人到那裏去了？

（八年九月二十夜。）

「樂觀」是一首典型的白話新詩，一首作者所認定的眞正白話的新詩。（見「嘗試集」再版自序）根據附記，這首詩是寫於民國八年九月二十夜，寫作的動機是：「『每週評論』於八月三十日被封禁，國內的報紙狠多替我們抱不平的。我做這首詩謝謝他們。」

有關「每週評論」被封禁的內幕，胡適之先生在「我的歧路」（「胡適文存」第三集）一文有更詳細的敘述：

一九一八年十二月，我的朋友陳獨秀、李守常等發起「每週評論」。那是一個談政治的報，但我在「每週評論」做的文字總不過是小說文藝一類，不曾談過政治。直到一九一九年六月中，獨秀被捕，我接辦「每週評論」，方才有不能不談政治的感覺。那時正當安福部極盛的時代，上海的分贓和會還不曾散夥。然而國內的「新」分子閉口不談具體的政治問題，卻高談什麼無政府主義和馬克思主義。我看不過了，忍不住了，——因為我是一個實驗主義的信徒，——於是發憤要想談政治。我在「每週評論」第三十一號裏提出我的政論的導言，叫做「多研究些問題，少談些主義！」我那時說：「我們不去研究人力車夫的生計，卻去高談社會主義，……不去研究安福部如何解散，不去研究南北問題如何解決，卻去高談無政府主義：我們還要得意揚揚的誇口道：『我們所談的是根本解決』。老實說罷，這是自欺欺人的夢話，這是中國思想界破產的鐵證，這是中國社會改良的死刑宣告！……」但我的政論的「導言」雖然出來了，我始終沒有做到「本文」的機會！我的導言引起了無數的抗議：北方的社會主義者駁我，南方的無政府主義者痛罵我。我第三次替這篇導言辯護的文章剛排上版，「每週評論」就被封禁了；我的政論文章也就流產了。

「每週評論」是一九一九年八月三十日被封的。

從近代文獻上看，陳氏是因爲在「大世界」發傳單被安福軍閥捕去。胡適之先生所以接辦「每週評論」是因爲看不過忍不住的正義感，「於是發憤要想談政治」。

本詩的題目名之爲「樂觀」，正說明了當時胡適對政治遠景的一份信心，那怕是充滿荆棘的現境，這與十五年之後，（卽二十三年雙十節後二日）「悲觀聲浪裏的樂觀」一文所說的：

悲觀與灰心永遠不能幫助我們挑那重擔，走那長路！

前後可謂一致。本詩是尅就當時政治環境而抒露的憤慨心聲，因此，具有濃厚的現實意義，又因爲他處理的政治觀念是古今中外所共同存有的現象，所以，深俱普遍的性質。作者以「樹」意象爲焦點，貫穿全篇，意在隱喩政論，造成政論樹的新關聯新訊息新意境，可見其匠心獨運之一斑。全詩共有五段，大致上說，肌理分明，節奏緊凑，語言素樸，指向深遠，完全符合作者的詩學要求。

第一段，以安福軍閥的觀點表出，暗寫封禁「每週評論」的得意。以「樹」來暗喩「每週評論」所代表的政論，顯然地，這是安福部所不樂見不樂聞的。因此，他們視之爲「礙着我的路」的大樹，必欲去之而後快。那聲「哈哈！好了！」正好是他們狰獰、無知與得意的傳神寫照！

第二段，承上而來，以第三人稱的觀點續寫安福軍閥斫倒大樹當柴燒，任挖出的樹根腐爛，而自以爲得意且平安。作者藉此暗喩「每週評論」八月三十日被封禁之後，主其事者的心態：得意、平安。作者化憤慨於淡筆之中，却反襯十足的嘲諷意味。

第三段，寫樹的綿延堅韌的生命力，儘管樹被斫做柴，樹根也爛完，但是樹並沒有死，它已在對方不注意之中，留下許多小小的種子，它們裹在有刺的殼裏，「上面蓋着枯葉／葉上堆着白雪」，它們潛藏在誰也不注意的地方。言外之意，不正表明雖封禁了「每週評論」，但它的生命仍然存在，任誰都無可如何的。這段藉着樹的自然生命規律以啓示政論「自天」的性質。

第四段，描述冬去春來，大地一片新氣象，宇宙到處有生機，而那些種子也紛紛的裂開、長出嫩葉，生展生命，好像笑迷迷的訴說：「我們又來了！」作者清楚地透露，言論自由是一種「自天」的責任，任何人都無權無法來干涉禁止。固然專制者可以封禁於一時，却無法扼殺於久遠；就像種子的蟄伏，祇要冰消春到，立現盎然的生機。最後那聲「我們又來了！」是何等的信心、樂觀與神氣。宋人楊萬里「桂源舖」云：

萬山不許一溪奔，
攔得溪聲日夜喧。
到得前頭山脚盡，
堂堂溪水出前村。

這是胡適之先生極喜愛的七絕，表象寫山水，其實字裡行間卻深寓若干的象徵訊息，正可以「樂觀」的三、四段互相對照、發明。

第五段，預見未來綠樹成林，屹立壩上田邊，並且成爲工人憩息乘涼小鳥宛轉歌唱的地方，多麼和諧的景觀！可是，「那斫樹的人到那裏去了？」最後的對比，釋出的意義十分撼人心弦。開明的人知都道，政論是腐敗的政治給激出來的，在一點一滴有智慧的政論批判與導引下，社會國家才會進步；何況自由民主是時代的潮流，歷史的動向，這是誰都不能忽視的事實。然而，封禁「每週評論」的安福軍閥到那裡去了？倘若他們能看到時代的潮流原是如此，對於庸人自擾的行為能無愧於心嗎？

三、一顆星兒

我喜歡你這顆頂大的星兒。
可惜我叫不出你的名字。
平日月明時，月光遮盡了滿天星，總不能遮住你。
今天風雨後，悶沉沉的天氣，
我望遍天邊，尋不見一點半點光明，
回轉頭來，
只有你在那楊柳高頭依舊亮晶晶地。

胡適之先生對新詩曾主張：說話要明白清楚、用材料要有剪裁、意境要平實。並且堅持「要前空千古，下開百世；收他臭腐，還我神奇！」因此，他打破了從前一切束縛自由的枷鎖鐐銬，尋找自己的語言，創造了極自由、極自然的「胡適之體新詩」。

「一顆星兒」是一首典型的「胡適之體新詩」。在「嘗試集」再版自序胡先生曾說：「我自己只承認老鴉、老洛伯、你莫忘記、關不住了、希望、應該、一顆星兒、威權、樂觀、上山、週歲、一顆遭劫的星、許怡蓀、一笑，這十四篇是『白話新詩』，其餘的，也還有幾首可讀的詩，兩三首可讀的詞，但不是眞正白話的新詩。」可見這首詩在作者心目中的份量。大致上說，它「言近而旨遠」、「精采簡鍊」，而且「平淡」，是中國「詩體的大解放」，古典小詞情韻的發揚。

表面看來，它像是首「情詩」，然而，由於擬人化的藝術經營，使它從現實景象轉化爲象徵寓意，因此，其中的涵意更爲豐滿繁富，除了抒情，又有「理想的追尋」、「美感經驗」等多層意義在。全詩共有七行，有機的組合，緊湊的佈局，使整首詩內聚强烈的戲劇效果。前兩句：

我喜歡你這顆頂大的星兒。
可惜我叫不出你的名字。

說出了詩人心目中對這顆星兒的喜歡，是因爲它的「頂大」，以及它的「神秘性」。這種莫合其妙的心態，與他的另一首詩「一笑」異曲同工。從他的語言安排：

我喜歡你…………我叫不出你…………

可以體會到詩人內心那份强烈高漲的「喜歡」情緒，以及無法詮釋那份美的憾惜。此種失措感恐怕是任何人在追求理想、美感過程都能領略到的經驗。第三句：

平日月明時，月光遮盡了滿天星，總不能遮住你。

包括三個小句。點出了這一顆星兒的不凡風姿，同時，逆溯並解答了上述「我喜歡你」的情懷。在詩人的心目中，它，是絕對的存在。

接着，「今天風雨後，悶沉沉的天氣，／我望遍天邊，尋不見一點半點光明，」兩行四句，敍述在異常的天候之下尋求那顆星兒的情境，「望遍天邊」正是執着又無悔無怨的追尋心理。接下來，「回轉頭來」一句，是無意的舉措，近似陶淵明「悠然見南山」的動作。沒想到這一回首，露出的嶄新的景觀，使前面的疑慮，一掃而空。所以詩人掩不住那份發現中的驚喜：

只有你在那楊柳高頭依舊亮晶晶地。

豪放詞人辛棄疾在「青玉案」曾云：

娥兒雪柳黃金縷，笑語盈盈暗香去。衆裏尋它千百度，驀然迴首，那人卻在燈火闌珊處。

顯然地，胡適之先生的「一顆星兒」多少是受到辛棄疾「青玉案」的影響，事實證明了胡氏繼承中國小詞情韻傳統的努力，但是，從這一首詩的結構上看，詩人對「舊材料，新綜合」與藝術經營的造詣，在傳統與創新的轉化過程，留下很好的典範。全詩雖祇有七行六十八個字，但由於有機、緊湊的組合，內聚强烈的戲劇張力，予人一新耳目之感。尤其在（悶沉沉的，近似柳永「暮靄沉沉楚天闊」）天空——遼闊、無限性，與一顆星兒——渺小、有限性的相形之下，更加顯現遍尋心理下所綻放出來的「喜悅」之可愛可貴。

王國維先生談到「古今之成大事業大學問者，必經過三種之境界，……衆裏尋他千百度，驀然迴首，那人却在、燈火闌珊處，此第三境也。」（人間詞話）把辛棄疾「青玉案」詞義，由抒情層面，提昇轉化爲處事箴言，充分說明了王國維先生的美麗聯想，之外，似乎還涉及詞句意義的可能發展性。同樣的道理，我們把「一顆星兒」由抒情層面，又詮釋爲「理想的追尋」、「美感經驗」等主題，卽根基於上述的認識。當然，我們並不排斥詠物、情詩等等的解釋，這正是文學的存有現象。尤其是詩歌，其本身的有機生發性所釋出的多重訊息，更值得我們去細讀、推敲。

下面附錄徐志摩先生「爲要尋一個明星」一詩，藉以比較胡、徐兩人所追尋的理想：

我騎着一匹拐脚的瞎馬，
　向着黑夜裏加鞭；——
　向着黑夜裏加鞭，
我跨着一匹拐脚的瞎馬！

我衝入這黑綠綠的昏夜，
　為要尋一顆明星；——
　為要尋一顆明星，
我衝入這黑茫茫的荒野。

累壞了，累壞了我跨下的牲口。
　那明星還不出現；——
　那明星還不出現，
累壞了，累壞了馬鞍上的身手。

這回天上透出了水晶似的光明，
　荒野裏倒着一隻牲口，
　黑夜裏躺着一具屍首。
這回天上透出了水晶似的光明！

透過上面三首「白詩新詩」的分析，我們可以淸楚地看出，胡適之先生在新詩語言（字句與韻律）的造詣，是根源於傳統聲音美，並創造了新的節奏秩序。這些充分證明他對中國文字的熟稔。在內容意境上，他要求平實、含蓄與淡遠，用心於筆墨之外，但是，這都不是多數「少年人」能賞識的。他强調用材料要有剪裁，並堅持「要前空千古，下開百世；收他臭腐，還我神奇！」此種適度的技巧論正是他新詩美學的發揮。「嘗試集」的出版距離現在已有六十七年的歲月，在中國新詩史頁上，應該給予客觀的定位，同時應該加以正視研究，給予文學造詣上的評價；通過上述管道的觀察與瞭解，或許我們可以肯定胡適之先生的新詩仍可作爲現代詩路向的參考。

元雜劇「汗衫記」的嘲弄與諧趣

齊曉楓

一、前言

「汗衫記」一名「合汗衫」（註一），爲元初大都人張國賓撰（註二）。張氏生平事蹟不詳，僅知曾任教坊勾管，是伶人，擅編劇，有作品三部，傳世的尚有一部「薛仁貴衣錦還鄉」（註三），爲元劇初期本色派作家（註四）。其「汗衫記」早在十九世紀初葉即經法人 M. Bazin 譯介至歐洲（註五），中外治元曲學者，也莫不重視，儼然爲元劇之代表作。明萬曆間吳江派宗師沈璟，據之改編爲「合衫記」傳奇，呂天成曲品稱：「苦處境界，大約雜摹古傳奇，此乃元劇公孫合汗衫事，曲極簡直，先生最得意作也。……」，惜已亡佚，無從一窺究竟，但所謂「苦處境界」，或指沈璟保留了元劇感人之處。

「汗衫記」敍富人張義救助凍餓路人，不料引來家庭巨變，骨肉流散，自己也淪爲乞丐，後終藉一汗衫之分合，祖孫相認，一家團聚（註六）。曲海總目提要稱「劇中合汗衫關目，與原化記所載崔尉事，及近時（按：指明代）人作白羅衫相似。」按：白羅衫傳奇現存，有鄭振鐸藏傳鈔本，收載於古本戲曲叢刊三集，六也曲譜、綴白裘俱收有散齣（註七），可見流行劇壇。但白羅衫與警世通言「蘇知縣羅衫再合」故事，人名事蹟相同，「汗衫記」則不僅姓名有別，故事入手處卽不相符，僅取親子離別留衫存念，後竟以之團圓的基型，而另出機杼，饒有元人氣息。雖僅四折，結構嚴整，人物鮮活，賓白生動，極具舞臺效果。雖主題嚴正，却無陳腐的說教意味，甚而出之以「嘲弄」與「諧趣」的藝術手法，令人莞爾之餘，別有一番感喟。

本文所謂的「嘲弄」，是指含有譏諷戲弄意味的言辭。如三國志吳志卷六十五載韋曜（昭）「又於酒後使侍臣難折公卿，以嘲弄侵克發摘私短以爲歡。」顯然是取某人缺點作爲取笑對象，而引起歡笑。在我國傳統戲劇裏，也常借用上場詩，把某一類型人物作取笑對象，如元雜劇裏對昏庸貪墨官吏的嘲笑（註八）；以及對某種職業的嘲笑，如元劇慣稱庸醫爲「賽盧醫」（註九），是用反語打諢，譏笑此輩醫道拙劣。而這種以反語打諢的情況，約略相當於西洋文學中的「反諷」（irony），如 D.C. Muecke 引哈肯・傑弗利（Haakon Chevolier）之說：

> 舉凡反諷的最基本特徵，就是一次事實和一次表象之間的對比，所以造反諷的反諷家看來似在敘述一種事情，可是實際却又是在講某種完全不同的事情。（註一〇）

哈肯・傑弗利的論點，在我國古書中可以找到非常類似的觀念，如史記滑稽列傳，司馬貞索隱釋「滑稽」二字：

滑，亂也；稽，同也；言辨捷之人，言非若是，說是若非，言能亂異同也。

所謂「言非若是、說是若非」，正是一種「反語」或「反諷」的運用，這種解釋和傑弗利氏如出一轍。但「滑稽」一詞的現代意義，與古義頗有距離，今人所謂之「滑稽」，不一定有顛倒是非之義。通常是指某些事實或語言令人感覺詼諧而有趣味，也就是某種「諧趣」的表現。而「諧」字在古代，又常與諷刺、嘲弄混用，如文心雕龍諧隱篇曰：

諧之言皆也，辭淺會俗，皆悅笑也。昔齊威酣樂，而淳于說甘酒；楚襄宴集，而宋玉賦好色：意在微諷，有足觀者。及優旃之諷漆城，優孟之諫葬馬，並譎辭飾說，抑止昏暴。是以子長編史，列傳滑稽，以其辭雖傾回，意歸義正也。

劉勰指出「諧」是帶有諷刺的言辭，能引人悅笑，近於笑話，但是與單純的引人發笑的笑話不同，因爲它有諷喻的作用，或於宴集場合出之以游說，或形諸筆端，都是詼諧中帶有規勸色彩的，而優旃、優孟的例子，則近於戲劇的表現了。值得注意的是，劉勰不僅從功用上指出「寓諷於諧」的必要（諧隱篇又說：「會義適時，頗益諷誡，空戲滑稽，德音大壞」。）而且提示了諧有「傾回」和「譎辭飾說」的特性，他所謂的「諧」，即是一種以曲折的、委婉的、或用反語的方式，配合說笑的態度，表達含有譏刺意味與諫諍作用的言辭或文章。本文所用「嘲弄」一詞，即取義於此。

劉勰雖認爲「諧」在文學表現上有獨特的意義，但他不贊成「空戲滑稽」，以爲單純引人發笑的文辭，「詆嫚媟弄」，「無以匡正」，是「有虧德音」的「蕘言」（俱見諧隱篇）。劉勰之論，誠然是實用主義的觀點，但文學本有根源於遊戲的一面，特別是戲劇，「空戲滑稽」的做表與言辭，可以昇高舞臺的娛樂效果。再進一步說，如果這種表演謔而不虐，甚至帶有「愛」的成份，表現出對人類某些缺陷有所同情與關懷，也是無可厚非的事。本文所謂「諧趣」，其範圍在此。（註一一）

本文將就前述有關「嘲弄」與「諧趣」的意義範圍，析繹「汗衫記」的編劇手法，並探索其企圖呈現的人生觀照。

二、「汗衫記」的版本

「汗衫記」現存三種版本，計有：元刋雜劇三十種本（以下簡稱元刋本），脈望館鈔校內府附穿關本（簡稱脈望館本）與雕蟲館本（卽臧懋循元曲選本），三種版本均係四折，沒有楔子。元刋本無賓白，情節不詳，可由題目正名得其脈絡，卽：

題目：馬行街姑姪初結義
　　黃河渡妻夫相抛棄
正名：金山院子父再團圓
　　相國寺公孫汗衫記

脈望館本與雕蟲館本情節俱完足而略有差異，卽：

①第一折，張員外妻子與趙興孫結義爲姑姪的關目，脈望館本有，而雕蟲館本無。

②第三折，張孝友爲陳虎陷害，推墜入河的關目，脈望館本以明場搬演，而雕蟲館本則略去，而由陳虎自白中交待。

脈望館本與雕蟲館本俱爲明代刊刻，如以近於元人眞相而言，則脈望館本近元刊本。故本文撰述，以脈望館本爲主，其他二本亦參酌不廢。

三、「汗衫記」的嘲弄

本劇沒有楔子，十八年前後發生兩地的事件，分別以兩折的篇幅安排，事件的發展依延展（註一二）的形式進行，無論是情節的處理，或人物的刻劃，多在對比的形式下完成。如第一折，張員外先後救助兩人，一個是經商失敗的流浪漢陳虎，一個是過失殺人的人犯趙興孫。雖然有學者以爲趙興孫的出現不免畫蛇添足，如吉川幸次郎說：「卽使在第一折裏，這個人物沒有出現，只要有一個無賴漢陳虎，已經足以陷全家於不幸的境地；又卽使在第四折裏，這個人物不再出現，只要孫子考中武狀元，也足以使全家團圓。」（註一三）但是吉川先生也補充說，作者之所以拉出一個不必要的趙興孫，說不定是爲了「想描寫一個小人心理場面」，卽陳虎羞辱趙興孫的場面：

邦老（陳虎）冲上云：呸！我兩個眼裏見不得這等窮的，你是什麼人？

趙興孫云：小人是親眷。
邦老云：甚麼親眷？
趙興孫云：那壁是姑夫姑姑哥哥嫂嫂。
邦老云：你認的我麼？
趙興孫云：你是誰？
邦老云：則我是二員外。
趙興孫做叫科，云：二員外。
邦老云：住！住！住！你不要叫。你拿的是甚麼東西？
趙興孫云：姑夫姑姑與了我十兩銀子，一領綿團襖，一隻金鳳釵，著我做盤纏。
邦老云：父親母親好小乎兒也，則與你這些東西。將來！我如今過去，對父親母親說，我多多的與你些盤纏，你則在這樓下等著。
邦老見正末（張義）科，云：父親，樓下一個披枷帶鎖的，可惜了他偌多東西，與您孩兒做些本錢可不好。
正末云：婆婆你覷波，小大哥，你見麼；陳虎，我這家私早則由了你也那？
邦老云：看了那厮嘴臉，一世不能勾發跡。那眉下無眼觔，口頭有餓紋，到前面不是凍死，便是餓死的人也。

此段賓白極爲生動，鮮活反映了陳虎虛僞、貪婪而又刻薄的一面，尤其令人不齒的是，他甫脫離叫化的困境，卽一副倚勢而驕的姿態，無怪乎員外要斥責：「豈不聞道馬向那羣中覷，陳虎咪！我則理會的人居在貧內親。」（第一折、後庭花曲文）「你也曾哭哭啼啼瀟瀟洒洒切切悲悲淒淒涼涼，唱一年家春盡一年家的這春盡，佛囉佛囉，一年家春。陳虎咪！你呸！也曾這般窮時分！」（靑哥兒曲文）藉著陳虎獲救前後情節的對比，加上員外當場的指斥，作者對這類人物的嘲弄已淸晰呈現。而趙興孫的添入，更由人物的對比中深化此一嘲弄，可再舉一例證之，如陳虎與趙興孫分別領受員外搭救並贈物的謝辭：

邦老（陳虎）云：多虧了老的救我性命，今生已過，那生那世，做驢做馬，塡還老的。

…………

趙興孫云：哦！姑夫張員外，姑姑趙氏，哥哥張孝友，嫂嫂李玉娥。您孩兒印板似記在心上，您孩兒到前面死了呵……那生那世做驢做馬塡還那壁。姑夫！小人若不死呵，但得片雲遮頂，此恩必當重報也。

元曲選本此處，陳虎答辭同，趙興孫則云：

老爹妳妳，小人斗膽，敢問老爹妳妳一個名姓，也等小人日後結草銜環，做個報答。

趙興孫是刺配的囚徒，生死未卜，但只要一息尚存，必當重報。樸質而誠懇的言辭，與其打抱不平誤傷人命的行事正相脗合。而陳虎的處境沒那麼差，却說「今生已過，那生那世做驢做馬塡還老的」，不正是門面話，虛應故事嗎？其後在第四折，趙興孫打死解子淪爲匪徒（註一四），仍不忘以所得財物圖報，雖然其行不足取，而立意甚善，受人點滴，湧泉以報，正是前面信誓的實踐。善良信守的赤忱，正不能以其身分之微賤，外貌之妍醜來衡量的。如此看來，趙興孫的出現，不論是第一折或第四折，都不是一種「蛇足」或「不合理」；除了映襯陳虎的惡行，達到嘲弄此一人物的目的，對於「施恩不望報，受施愼勿忘」這一古老教訓，還有直指人心的正面意義的。

本劇主要人物是張員外，他的行動、言語應該是作者寄託意念的重心，張國賓是如何傳達此一訊息？可由下述的對比情境來尋繹。

第一折序幕伊始，張員外與家人登樓賞雪，坐錦帳，枕華裀，金盤銀瓶，美食佳釀，「鵝黃嫩」似的美酒醴的熱呼呼的，啜上一口，那股暖意直教他以爲春天已屆，因爲窗外紛飛的大雪，在他看來，却似「梨花片片，柳絮紛紛，梨花落粧成銀世界，柳絮飛翻做玉乾坤」（混江龍曲文），在他這等「龍袖裏嬌民、鳳城中黎庶」（混江龍曲文）眼裏，雪就是國家祥瑞的徵兆。

相反地，到了第三折，員外夫婦淪爲乞丐，頂着凜冽的風雪，磨蹭着沉重的步伐，沿門挨戶的叫化着，而久久無人理睬。老員外不禁悲從中來，嘆息道：

〔中呂粉蝶兒〕遶着後巷前街，叫化些餘食剩湯殘菜，受了些霜欺雪壓風篩，我想五臟神，一頓飽，多應在九霄雲外，運拙時乖，叫幾聲爺娘佛有誰憐愛！

但是腹饑身寒，聲嘶力竭，遂央老妻叫化幾聲，不料引起爭執：

正末云：婆婆！

卜兒云：老的，你叫我怎麼的？

正末云：我叫了這一日街，我可也乏了也，你替我叫些兒街。

卜兒云：你着誰叫街？

正末云：我着你叫街。

卜兒云：你着我叫街？你到(倒)不識羞！我好歹也是財主人家的女兒？着我如今叫化，我也曾喫好的，穿好的，我也曾車兒上來，轎兒上去，誰不知我是金獅子張員外的渾家，如今可教我叫街，我不叫！

正末云：你道甚麼里？

卜兒云：我不叫。

正末云：你道你是好人家兒，好人家女，你從那車兒上來，轎兒上去，你那裏會叫那街。偏我不是金獅子張員外，我是胎胞兒裏叫化來？赤緊的嚐手裏無錢也！我要你叫！

卜兒云：我不叫！我不叫！

正末云：我要你叫，要你叫！

卜兒云：我不叫，我不叫。

正末云：你也不叫，我也不叫，餓他娘那老弟子！（悲科）

正末云：婆婆！你也說得是，你是那好人家兒，好人家女，你那裏會叫那街，罷！罷！罷！我與你叫，與你叫。

卜兒云：你是叫咱！

正末云：哎約約！可憐見，無捱無靠，無主無倚，火燒了家緣家計，長街市上有那等捨貧的咱波，叫化些兒波，爺娘佛囉！

眞所謂「命有窮通」，當年慷慨贈金，義助貧困的有名富豪，今日卻淪爲乞食無援的老叫化，如此尷尬的轉變，自然不是養尊處優慣了的員外夫婦承受得了的。這段賓白，不僅交待情節，對劇中人的心理刻劃也有淋漓盡致的發揮。尤其是對張員外，一句「偏我不是金獅子張員外？我是胎胞兒裏叫化來？」對老妻無理取鬧的不滿，對目前生活的不甘與無奈，表露無遺。論處境，同樣是一個大雪紛飛的冬日，昔日暖衣玉食，釃酒賞雪；如今「無鋪無蓋，教我冷難挨」（第二折朝天子曲文），當年看似「梨花片片、柳絮紛紛」的瑞雪，如今「風吹的我這項（頭）怎抬，雪打的我這眼難開」（快活三曲文），也曾贈金添衣濟助貧困的善人，竟至「破瓦窰中又無米柴，眼見的凍死尸骸，無人揪（瞅）採（睬），誰肯着這半撇兒家土埋老業人，眼見的便撇在他這荒郊外。」（四邊靜曲文）當年救人性命「可也爲陰隲」的員外，卻因救人而淪落至此田地。豈非命運播弄？人竟不能掌握自己的命運至此？通過這兩處情境的對比，顯示了行善卻得惡報的嘲弄。同時，藉貧富兩種截然分明的對比情境，對元代那種商業社會中嚮慕富人生活，渴望坐享榮華的世情，做了無情的嘲弄。

上承兩宋商業文明蓬勃發展之餘，元代社會的商業也極度發達，南北兩大都會，如大都與杭州的繁盛，在馬可孛羅的遊記中可見一般。由於雜劇的興起，與都市生活的富庶有密切關聯，蓋都市人民生活的富裕，造成娛樂的需求孔殷，戲劇也因此得到推波助瀾的發展。而都市生活的形形色色，也極易成爲劇本取材的內容。既然都市商業發達，描繪商人性行的作品自亦可見，元劇中如「看錢奴買寃家債主」、「龐居士誤放來生債」等以商人爲描摹對象的劇本，爲數不少。各種類型的商人，其致富途徑容或有殷勤或僥倖之別，但通常非關劇作宏旨，而彼等買官鬻爵，勾結官吏，欺心昧己魚肉貧民等惡行，以及重利風氣下「錢親人不親」的人情冷暖，方是作者所極欲披露的。(註一五) 舉凡有錢人倚富而驕、仗勢欺人的心態，鄙吝慳嗇、盤剝貧民的醜行，眞不知屈辱殺多少家庭與個人，因此有「龐居士誤放來生債」、「崔府君斷寃家債主」、「看錢奴買寃家債主」等勸人散財積德、疏財仗義、安貧樂道的劇作產生。

「汗衫記」中的陳虎，即是作者所要諷刺的一種貧兒乍富後，倚勢而驕、鄙吝慳嗇的嘴臉。而張員外富而好義、疏財救困，竟淪爲乞討度日，正是作者對「錢無那三輩兒家錢，福無那兩輩兒家福」(註一六) 的嘲弄，因爲，在那唯利是圖、唯錢是親，人人嚮往「從古文章磨滅盡，至今猶說孔方兄」(註一七) 的情況下，一種「日中則昃，月滿則虧」的人生無常感，經此突顯。員外之行善救人乃爲求積福，然而頓遭不幸之事實，誠令人不勝惶恐；難道一個人的貴賤、窮通、壽夭、禍福，均已命中註定，非個人之力所能駕馭？此一普遍存在於元雜劇中的「宿命的人生觀」，以及「眼看他起高樓，眼

看他樓塌了」，所顯示的人生的無常感，正是我國小說戲劇中特有的悲劇意識。（註一八）

以西洋戲劇的分類方法觀元雜劇，元劇屬於一種通俗劇，或稱悲喜劇，它的結尾是雙重的：好人得救而受到報償，惡人現形而得到懲罰，因此，它在嚴肅的戲劇行動上與悲劇相似，而在歡樂的結尾上則與喜劇相近。（註一九）由於中西文化精神之異，我國古典戲劇，自其大畧言，並無希臘式的悲劇，也無文藝復興時代的英國悲劇。然而捨棄此一狹義的悲劇定義，往一更廣泛的基礎來看，則我國古典戲劇中，自是有一種展現「人生的悲劇感」的悲劇。也就是說，悲劇必包含受難，亦即包含「一種破壞或痛苦性質之動作」，諸如舞臺上之謀殺，肉體之折磨、傷害、以及其他類似者。且此動作足以引起觀衆哀憐與恐懼之情緒，便是所謂悲劇。（註二〇）以「汗衫記」而言，員外夫婦之喪子、亡家，正是遭遇極大的傷害，無論是精神或肉體上，均被上難以磨滅的創痕。而一切的苦難雖因於惡人的覬覦，卻也肇端於他的一念之仁。這一念之仁，施於人溺己溺的善行上，本是好事，但是施於對子女的溺愛放縱，遂造成瀕臨萬刼不復的極苦大悲了。此一後果，無疑是足以引起觀衆的恐懼與哀憐的。

回溯至令員外命運急轉直下的一場關鍵戲，即第二折，陳虎唆使張孝友帶着妻子和許多貴重財物離家，員外聞訊，與老妻趕到渡口，見不到子媳，就跪在岸邊等候，「父母跪子女」——多麼違背倫理的場面，這正是一種與正常情境對比的情況。身爲一家之主，何以有如此突梯滑稽之擧？不外是：親情的自然流露，重視子嗣的觀念，交織成複雜而又矛盾的心理，造成了此一異常的行爲。

就親情而言，員外的善行可見其有仁愛之心，對子女卻不免溺愛。如第一折，陳虎遇救後，孝友見他是條「好大漢」，想認爲乾兄弟，留在家做名「早晚索錢」的護臂。員外起先反對，認爲陳虎生得有些惡相，名字又有個「虎」字，恐非善類。孝友却堅持：「不妨事，我眼裏偏識這等好人。」耐不過孝友的執拗，員外只得應允。孝友與陳虎結拜完畢，想讓妻子與陳虎見面，員外提醒他：「孩兒也，莫非不中麼？」孝友又說：「不妨事，我眼裏偏識這等好人。」孝友一意孤行，員外沒有堅持己見開導、規勸，反而縱容。就在陳虎見嫂子時，玉娥氣惱他「眼腦恰像個賊也似的」，「養虎遺禍」的惡兆就出現了。孝友是獨子，溺愛之情自然表現在任其主張的行動中。而一旦聽說孝友不告而別，憂慮焦急之情自是不在話下。待二老趕至渡口，眼見偌多船隻，也不知向那條船去尋，只好「跪立」岸邊，欲借此違反倫常之舉，來逼迫兒子下船一見，即是「若是孩兒一日不下船來，喒跪他一日；二日不下船來，跪二日。著那千人萬人罵也罵殺他。」（第二折賓白）做兒子的不理會蒼顏皓髮的二老，擅自遠行，怎不令老員外氣急敗壞。但是，罵他只是個幌子，藉此挽留才是實情。

況且，一個很現實的問題——子嗣——困擾著他，這可由作者安排「分衫、留衫」的舉動來說明。當孝友下船來會老父時，不但不理會員外的諫言，而且以死要脅非去不可。員外體認到「心去意難留，留下結冤讎」，遂不復阻攔。但是要來孝友貼身穿的汗衫一件，由背脊處分開兩半，命孝友帶走半件，自己留半件，供作睹物思人的紀念物品，接著，讓孝友伸手，出其不意的咬了他一口，疼得張孝友直嚷：

張孝友云：哎喲！父親！你咬我這一口，我不疼？

正末（員外）云：你道甚麼里？張孝友云：你咬我一口，我不疼？

正末云：你道我咬你這一口兒，你害疼呵！想著俺兩口兒從那水撲花兒裏抬舉的你成人長大，你今日生各支的撇了俺去了呵，你道你疼呵，俺兩口兒更疼哩！

卜兒云：（略）

正末唱：〔調笑令〕將衫兒拆下，就著這血糊刷，哎！兒也，可不道世上則有蓮子花，我如今別無甚麼兄弟並房下，倘或間俺命掩黃沙，（正末云）倘或間俺兩口兒死之後，不能勾見你呵，（唱）將衫兒半壁匣蓋上搭。哎！兒也！便你哭啼啼拽布拖麻。

十月懷胎，三年餵哺，半生的鞠勞，無怨無尤的付出，臨老却換得忤逆子說走就走，不告而別的回報，能不傷慟欲絕？咬子一口，不過是以代當頭棒喝；而「分衫、留衫」的關目，除作爲日後團圓的伏線，並揭示了「傳宗接代」在老人家心目中的非常意義。養兒雖是防老，暮景桑榆之年，最擔憂的莫過於「命掩黃沙」之際，無個「拽布拖（披）麻」送終的子嗣，何況是「無甚麼弟兄並房下」的單丁。此一「重視子嗣」的觀念，在元雜劇中頗見刻劃（註二一），如武漢臣的「散家財天賜老生兒」與「崔府君斷寃家債主」等。易言之，「重視子嗣」的觀念，正是重視生命延續與不朽，如唐君毅先生所揭櫫的：「子孫之生命，自我之生命而來，則子孫之存在，卽可視爲我之生命未嘗朽壞之直接證明，故愛子孫之念濃，則求個人之靈魂不朽之念自淡。」而「重孝父母與祖宗，則常覺自己生命精神之意義在承繼父母祖宗之生命精神」，亦卽是「在體現一『生吾之生』之生命精神」。（註二二）元劇中重視子嗣的反映，正是此一文化精神的倒影。雖然，它是通俗化的呈現著。

跪子咬子一幕，卽在這個問題上突出父子兩人認知的矛盾。在張員外，孝友是他生命的延續，平日親之愛之唯恐不及，而孝友亦承順無違，不料今天竟爲了微不足道的理由卽不告而別，此一不同尋常的擧動，使員外頓然興起喪失親子的恐懼。喪失親子，卽無疑是自我生命的中絕。這種愛子甚於愛己的父母心懷，孝友顯然沒有充分體會得到，世間爲人子女的類多如此，不獨孝友爲然，本亦不足深怪。所可異者，員外咬子出血，分明在喩示生命受到斲傷的深悲大恨，意在提醒孝友，根荄相連的骨肉至情，非人間任何情理所能取代，而孝友竟懵然不覺，傻頭傻腦的只在乎皮肉之痛。作者這樣安排父子的對話，在舞臺上自然突梯滑稽，旣嘲弄孝友之無情無知，亦譏諷了世間子女的昏昧無義。

張孝友在劇中出現的時間不多，但是他那近似口頭禪的反諷語——我眼裏偏識這等好人，卻令觀者印象深刻。在第一折，員外不願意他認陳虎爲兄弟，也不贊成讓媳婦見陳虎，孝友不聽父言，偏說：「不妨事，我眼裏偏識這等好人」，那時孝友初識陳虎，陳虎的惡性尙未顯現，而孝友這個反諷的受害者卻很有自信，蠻以爲事情就像他想像的樣子，並沒有料到竟有大謬不然者。此時，雖然觀衆可由陳虎「淨」扮的外觀上察知其惡人氣息，但是對孝友的話，只可能有揑把冷汗的感覺，尙不至於「可笑」。到了第三折，孝友夫婦被騙上船後，行至河中，孝友也體會到陳虎「他比在家裏越狠了也」，但是由玉娥勸他不要出艙，到陳虎設計將他推落河中，他仍然是執著那一句「我眼裏偏識這等好人」：

邦老（陳虎）云：……哥也，出你那船來。

張孝友云：他比在家裏越狠了也。

旦兒（玉娥）云：員外你休出去。

張孝友云：你放心咱，我眼裏偏識這等好人，大嫂，不妨事。兄弟，叫我做甚麼？

邦老做殺正末科，云：我要殺你也。

旦兒奪刀科，云：小叔叔，你好下的也！

張孝友云：兄弟，但是金珠財寶你都將的去，你則留我的性命，我也不曾歹看你也。

邦老云：你做甚麼這般叫呼殺喚的？你起來，我那里肯殺你，我故意的這等教那別的船上見

呵，兀那箇船上有這等的好漢，我則與你壯膽哩！我是壓伏別人，你休怕。

張孝友云：你不是殺我，原來教那別的船上看；我眼裏偏識這等好人。

邦老云：哎喲！好東西兒也，一對金色鯉魚在水中鬪，哥，你看咱！

張孝友云：在那裏？

旦兒云：你休看。

張孝友云：我看一看去。

邦老推孝友科，云：你下水去！

張孝友云：哎喲！我眼裏偏識這等好人。

陳虎的狡猾，玉娥已然洞燭機先，而孝友偏冥頑不靈，一連三句「我眼裏偏識這等好人」，即在强調其至死不悟的昏昧，有極盡誇張的醜化孝友性格缺失的功能，使孝友這名外末扮飾的脚色，十足地被「丑」化，而產生了滑稽的效果。即連其名「孝友」，都十足地反映了作者的反諷意味。

到了第四折，十八年後，因墜河獲救而剃度出家的孝友，與父母妻子在金沙院團聚，見到趙興孫逮住陳虎，正要殺他，又是一句：「不要殺他！（正末云：爲什麼？）我眼裏偏識這等好人。」在劇場效果上，當孝友大喊「不要殺他」時，觀衆原以爲會有什麼重大的情節發生，不想居然是這樣一句荒唐的口頭禪，必定引起哄堂大笑。作者刻意經營的嘲弄，實是調侃孝友是非不辨的糊塗個性。

四、「汗衫記」的諧趣

雖然張國賓經營了這樣一個有悲劇感的主題，劇情由幕啓時的歡樂自在，漸漸蘊釀轉向悲苦延伸，在第三折達到高潮，但是，即使在令觀衆落淚的刹那，他也不忘記適時添增幽默諧趣的場面，博人一粲。如第三折，在徐州相國寺附近街道上，凜冽的寒風和著嚴霜襲人，飢寒交迫的員外夫婦，愁悶抑鬱的自以爲不久人世。忽聞相國寺有熱粥捨貧，興奮急切的趕至，却遲了一步，粥已捨完。不勝唏噓的悲歎命蹇之際，役卒送來散齋官捐出的自己那份熱粥，二老由衷感激的吃完後，員外讓老妻送還粥碗並致謝：

卜兒見小末（散齋官陳豹）做拜科，云：官人！官人！積福的官人，今世裏為官受祿，到那生那世又做官人。（做認小末科）

小末云：這老的怎生看我？

卜兒云：官人！官上加官，祿上進祿，輩輩都做官人。（出門科）這官人好和那張孝友孩兒廝似也，仔細看，正是我那孩兒，我對我那老的說去，著他打這弟子孩兒。（見正末云）老的！也歡喜咱！

正末云：則麼那婆婆？

卜兒云：你笑一個。

正末云．我笑甚麼。

卜兒云：你笑。

正末云：我笑。（做笑科）

卜兒云：你大笑。

（正末做笑科了）

卜兒云：你也是箇傻老弟子孩兒，如今咱那張孝友孩兒有了也。

正末云：在那裏？

卜兒云：原來散齋的那官人正是張孝友。

正末云：婆婆！真箇是？

卜兒云：我的孩兒如何不認的？我這眼不喚做眼，喚做琉璃葫蘆兒，則是明朗朗的。

正末云：是真箇？我過去打這弟子孩兒。婆婆！可是也不是？

卜兒云：我這眼則是琉璃葫蘆兒。

正末云：我則記著你那琉璃葫蘆兒。

卜兒云：則是箇明。

正末見小末云：生忿忤逆的賊也！

小末云：長老！喚你哩！

長老云：相公！喚你哩！

正末唱：〔上小樓〕甚風兒便吹你到來，你今日便還俺這鄉界，每日家俺煩（煩）惱惱，哭哭啼啼，想殺我兒也，俺端的可便怨怨哀哀，你如今便歡歡喜喜、停停當當的便無妨無礙。

（正末云）生忿忤逆的賊也。（唱）你合問這雙老爹娘可是在也那是不在。

待陳豹說出姓名、年紀，員外方知錯認了，回身責怪婆婆：

正末云：婆婆！不是了也！

卜兒云：我道不是了麼！

正末云：可不道你眼似琉璃葫蘆兒。

卜兒云：則纔門前擠破了也。

這段賓白俚俗而充滿諧趣，鮮活的刻劃了劇中人物。盼子殷切的二老，面對酷似孝友的官員，將信將疑之間，卜兒自信十足的態度，堅定的口吻，最令人發噱。老員外喜怒參半，不分青紅皂白的莽撞，也令人啼笑皆非。喪子多年，突然失而復得的驚喜；誤以逆子坐享富貴，於二老不聞不問的怨怒；發現錯認後，老倆口之間的諉過、卸責；失望之餘，臆度孝友必遭不測的哀慟；一悲一喜、一哀一樂之間，爲劇情製造了跌宕曲折的發展。這種「悲喜交集、苦樂相錯」的劇情結構，乃我國古典戲劇中有悲劇傾向的劇本所優爲的（註二三），如膾炙人口的「琵琶記」，即是在豪華的相府與凋蔽的蔡宅之間，交互演出窮與富、悲與喜，「串揷甚合局段、苦樂相錯」（註二四）的場面，使得窮困悲慘的五娘的處境，更因相府的富貴歡樂而益形凄涼。又如陳紅綬評點「嬌紅記」，也極贊賞孟稱舜寫一雙男女戀情能「忻喜之餘，忽生悲痛，乃見眞情」「悲復生喜，轉更無聊，可爲曲盡情致」（註二五）。南戲、傳奇因篇幅長，如此構造，正欲爲劇情製造波瀾起伏，以避平板、沈悶。而生在雜劇興起之初的張國賓，卽能在一折之內結構出如此波折，可見其刻劃人物之工力。如淨扮的卜兒，在第三折雪中乞討一場，硬是不願爲討飯吆喝，略帶蠻橫而無理取鬧的使性子，正是她自作主張認趙興孫爲侄的反映（見第一折），而此處誤認兒子時「自以爲是」的偏頗，經其俏皮而傳神的道白，表現了極爲濃厚的諧謔趣味，並且生活化的暗示了人性中這一缺陷。而身爲全劇主角的正末——張員外，也與之一搭一擋的，在俚俗詼諧的賓白中，成功地演出與劇情配合的打諢場面。卽連配角如小末陳豹和長老，對員外罵人時所回的短短的一句話：「長老！喚你哩！」「相公！喚你哩！」都令人忍俊不禁。

元雜劇上承唐代參軍戲、宋雜劇、金院本內滑稽表演的遺緒，發展成屬於插科打諢性質的表演，它具有調笑逗趣的本質，又富有古優以來諷刺諫戒的傳統，在戲劇舞台上，形成一種富有特殊效果的喜劇性穿插，可以用作對某類人物或某種職業人的揶揄諷刺，亦可用在正面人物的輕鬆逗笑。較之金院本，或早期南戲「張協狀元」等劇中，專由淨丑間插一科，與劇情無大關聯，純粹逗笑場面的科諢，已有不同。雜劇中演出滑稽的脚色，雖以「淨」脚爲主，由於科諢的進步至與劇情或人物性格有關，故連正末等主角或其他配脚，均能賦予抓哏逗趣的演出，以豐富舞台演出中的喜劇氣氛。前舉員外夫婦誤認陳豹爲孝友的情節，卽是明證。試再舉一例，如第四折，金沙院內員外父子團圓一場：

正末（張員外）同卜兒（員外妻）上云：婆婆，金沙院裏做好事哩！喒與孩兒插一簡去來。

見科（按：張孝友僧人裝扮，與員外夫婦相見）

正末云：師父，俺特來這裏插一簡來。

張孝友云：那裏走將兩口兒叫化的來？倒好面善！

正末云：俺怎生是叫化的？俺不是叫化的！

張孝友云：你不是叫化的，是什麼？

正末云：俺是那沿門兒討冷飯喫的。

張孝友云：左右一般。

正末云：當初也是好人家來。

張孝友云：兀那兩口兒老的，你那裏人氏？

正末云：師父聽我說一遍。你試聽咱。（唱）

〔沽美酒〕……則我在那馬行街裏開著座門面。師父也，與你這五兩銀權當做些經錢。（張孝友云）哦！他也在馬行街住哩。老的，你可要看誦甚麼經卷。（正末唱）梁武懺多看幾卷。（張孝友云）再呢？（正末唱）消災呪勝讀那幾遍。我告師父可憐老漢也命蹇。（張孝友云）你追薦甚麼人？（正末唱）與俺那張孝友孩兒追薦。

張孝友云：你追薦誰？

正末云：師父，我追薦亡靈張孝友。

張孝友云：這箇正是我父親、母親，我再問咱，你追薦甚麼人？

正末云：追薦亡靈張孝友。

張孝友云：追薦甚麼人？

正末云：追薦亡靈張孝友！你將我那銀子來！

張孝友云：為甚麼？

正末云：我尋一個有耳朶的和尚念去。

張孝友云：那個和尚沒耳朶？這個正是我父親、母親。老的也，則我便是張孝友。

正末云：哎喲！有鬼了也！有鬼了也！（唱）

〔雁兒落〕每日家思念道你千萬言語，啮題道有十餘遍，則被你想殺我也，張孝友，知他是甚日何年見。

〔得勝令〕呀！原來這和尚每都會通傳，我活了七十歲，不曾見。則你那尸首兒歸何處，兒也！作念的你魂靈兒在眼前。

正末云：你若是人呵，我叫你三聲，你一聲高似一聲。你若是鬼呵，我叫你三聲，你一聲低似一聲。

張孝友云：你叫，我答應。

正末云：張孝友兒也！

張孝友應科，云：哎。

正末云：是人！是人！張孝友兒也！

張孝友云：哎。

正末云：是人！是人！張孝友兒也！

張孝友云：我是（試）鬬他耍咱。（低應科，云：）哎。

正末云：有鬼也！

張孝友云：父親！我不是鬼，我是人。

正末唱：〔得勝令〕我兩淚漣漣，我作念的你魂靈兒見，則俺這心堅心堅石也穿。

張孝友云：父親、母親，我是人。

此處描寫員外夫婦誤以孝友爲鬼的舉動，看似愚昧可笑，或以爲是作者不甚高明處，實則不然。因爲就劇場效果而言，雖然台下觀衆已知孝友是人不是鬼，亦無礙於觀劇，因爲台上員外夫婦的毫不知情，直以爲是心誠意靈、鬼神憐憫而使亡魂來見，那種不敢置信，而且既喜其未死，又疑其是鬼的矛盾心理和複雜情緒，若能透過演員自然生動而傳神的演出，必能贏得觀衆對彼等演技的贊賞。這正是吸引觀衆看戲的重要條件，尤其以私人營利性質的劇團而言（註二六），演員是否爲觀衆喜愛，往往是劇情內容之外，另一影響票房的重大因素。何況，我國古典戲劇具有「疏離性」的本質，使觀衆直覺「戲就是戲」（註二七），觀劇中，情節之引人入勝，固甚可喜，卽或不甚動人，或已知劇情，仍可優游於欣賞演員之唱、唸、作、表等技藝之中，而獲得滿足。

再者，這段情節雖非具有諷刺性的諧趣，却在調笑逗趣之餘，另有一番機趣。蓋元劇以四折爲一本，劇情高潮例在第三折，至第四折，若出于庸手，往往已成强弩之末，只是湊個團圓或喜劇收場。但是高明的作者，則不敢掉以輕心，正如喬夢符（吉）所謂「作樂府亦有法，曰鳳頭、猪肚、豹尾是也。」（註二八），雖然論的是樂府，但是「豹尾響亮」正是深諳劇場的作家，如關漢卿者流，所衷心嚮往而戮力以赴的。（註二九）本劇相國寺祖孫合汗衫一場是全劇高潮，此後卽進入尾聲，這段父子相逢金沙院的場面，以近似揶揄的手法來處理，或以爲不倫不類，粗鄙可笑，甚且是黔驢技窮之際，權且用以熱鬧場面而已；殊不知，它是極具「團圓之趣」的。按：李漁論傳奇之「大收煞」時，指出：

全本收場，名為「大收煞」。此折之難，在无包括之痕，而有團圓之趣。……骨肉團聚，不過歡笑一場，以此收鑼罷鼓，有何趣味？山窮水盡之處，偏宜突起波瀾。或先驚而後喜，或始疑而終信，或喜極信極而反致驚疑。務使一折之中，七情俱備，始為到底不懈之筆，愈遠愈大之才，所謂有團圓之趣者也。（註三〇）

李漁雖然論的是傳奇，又何嘗不是編劇者所應該深致意的？張國賓處理父子團圓時的「先驚而後喜」「始疑而終信」，不正是啓迪李漁發此議論的重要前例？

五、結　語

戲劇的本質乃是模擬人生，反映人生，但不是將眞實的人生，活生生的搬上舞台；因爲，不論是在故事題材或表現手法上，爲了必要的舞台效果，必然增加虛構或誇大的成分，只要能表現人情，其間稍作點染，亦無妨害。王驥德曲律說：「戲劇之道，出之貴實，而用之貴虛。」曾永義先生申論其義：「如果戲劇只依據史傳傳說，平鋪直敍，不加點染設色，那就是『以實用實』，必無動人之姿；如果本事雖係憑空杜撰，但却能合情合理，引人入勝，那就是『以虛用實』。」（註三一）「汗衫記」故事雖似脫胎於筆記小說，却能「仍其體質，而變其豐姿」（註三二），所「仍」者，以汗衫之分合爲一家人聚散離合之憑依；所「變」者，跳出故事之「傳奇」性，而賦予新的意念，卽劇本的主題。而意念的呈現則是以「嘲弄」的手法來運作。通常，嘲弄是爲充分表達主題的嚴肅性，經營較突出的舞台效果的方法，雖然它帶有玩笑性。本劇通過張員外父子個性上的缺陷造成的悲劇，傳達了命運對人類的嘲弄，而在宿命觀之外，亦令人對人性中無以自救的缺陷所可能造成的傷害，驚怖不已，尤其是，張員外的悲劇竟出於一種父愛，雖然它是溺愛，其出發點仍是一片慈心，一種冀望子孫有更好的人生的愛心。然而事與願違，竟使整個家庭步向悲慘的命運。作者此一嘲弄的手法頗爲發人深省。

無論是希臘悲劇，或莎士比亞的悲劇作品，常於悲劇高潮前後加入喜劇性的穿插，卽所謂的「喜劇調節」(Comic relief)，這種技巧非但可使觀衆在片刻的笑聲中解除若干緊張情緒，也能使緊接的一幕悲劇高潮益發加深其激烈性，有時甚或有評論故事主題的功用。(註三三)在我國戲劇傳統裏的插科打諢卽是類似的喜劇性穿插，有時也發揮諷刺諫戒或調節劇情的作用，一如西方戲劇；但泰半爲單純的逗笑，娛樂觀衆，以達到吸引觀衆的舞台效果。畢竟，觀衆看戲，不論是東西方，多半爲求娛樂或放鬆精神(註三四)，何況是以平民大衆爲主的元雜劇劇場。卽使以文人爲主的明清傳奇世界，劇論家若王驥德、李漁輩亦不遺餘力地提倡那屬於「劇戲眼目」「看戲的人參湯」的科諢的重要性(註三五)。以此觀之，「汗衫記」的作者——張國賓能在十三世紀初，戲劇理論極不發達之際，就善於掌握戲劇之特性與劇場效果，經營饒有興味的諧趣，誠難能而可貴。

〔註　釋〕

註　一　元刊雜劇三十種本與脈望館鈔校內府附穿關本作「相國寺公孫汗衫記」，元曲選作「相國寺公孫合汗衫」，簡題「合汗衫」。

註　二　天一閣鈔本錄鬼簿作張國賓，曹楝亭本錄鬼簿作張國寶，太和正音譜、元曲選作張酷貧。嚴敦易「元劇斟疑」考證：「酷貧」與「國賓」音相近，似當以「國賓」爲正。見原著四十七條「羅李郎」條下，中華書局印行。

註　三　天一閣本錄鬼簿著錄五部，除「汗衫記」，尚有「七里灘」「高祖還鄉」「衣錦還鄉」「相國寺」等，據嚴敦易「元劇斟疑」考證：「七里灘」應屬宮天挺作，「相國寺」屬元明間無名氏作。

註　四　見靑木正兒「元人雜劇序說」第三章。長安出版社印行，頁六十四。

註　五　同前書，頁七十六。

註　六　脈望館本「汗衫記」劇情大意如下：

南京富戶張義，歲晚與家人賞雪，見一人凍臥雪中，命子孝友救之，問姓名，曰陳虎。孝友見其狀甚偉，結爲兄弟，留於家，託以收債。適有徐州刺配人趙興孫，凍餓至極，亦來行乞。員外妻趙氏，聞其乃打抱不平失誤傷人，又與己同姓，遂認爲義姪。復濟以釵銀棉襖。而甫獲救之陳虎，却擅以二員外名義誣走趙之財物，爲員外斥責。趙與孫謝張詬虎而去。（以上第一折）

孝友因妻玉娥妊娠十八個月而不產，疑爲鬼胎。陳虎誑以徐州東嶽廟有玉杯珓靈驗，順道經商可獲暴利，慫恿孝友夫婦偕往。張義聞訊趕至渡口。勸阻不成，遂命媳取孝友所著汗衫一件分爲二半，各攜一半以爲憑念。二老傷慟而返，却見家宅盡爲大火所焚，遂淪落街頭。（以上第二折）

船至河中，陳虎誆孝友出艙，而推其入河。玉娥顧慮腹中胎兒而委曲求全。後分娩，取名陳豹。十八年後，陳豹長成，精嫻武藝，玉娥命其應舉，並出半件汗衫，囑訪「老親」金獅子張員外，而不言其故。陳豹中武魁，授提察使，於相國寺散齋濟貧，適員外夫婦前來乞粥，見豹狀似孝友，誤爲己子，豹以汗衫示之，員外亦出所携汗衫，合之無異，遂大慟，以爲孝友必遭不測。豹尚不知二老爲祖父母，助以路費，囑先行至徐州金沙院相會。（以上第三折）

陳豹歸叩其母，知悉父讎，時陳虎適山行，豹卽馳騎往赴。時趙興孫亦巧遇員外夫婦，誓爲報仇，遂助陳豹，共縛陳虎至金沙院。時員外夫婦與玉娥各至金沙院追薦孝友，院中一僧卽孝友，蓋彼時落水遇救故。於是一家團聚。（以上第四折）

註　七　古本戲曲叢刊，國內未見。天一出版社「全明傳奇」有「羅衫記」傳奇二卷，與六也曲譜（錄「遊園、看狀、詳夢、報冤」）、綴白裘（錄「賀喜、請酒、遊園、看狀、井會」）所載白羅衫傳奇各散齣內容比勘，除小部分字異，大抵相同。

註　八　如孟漢卿「魔合羅」劇第二折，淨扮孤之上場詩云：「我做官人單愛鈔，不問原被都只要。若是上司來刷卷，廳上打的鷄兒叫。」蕭令史的上場詩云：「官人淸似水，外郎白如麵，水麵打一和，糊塗成一片。」

註　九　如「竇娥冤」第一折，淨扮賽盧醫之上場詩：「行醫有斟酌，下藥依本草；死的醫不活，活的醫死了。」

註一〇　引自 D. C. Muecke 著、顏銀淵譯「反諷」第二章反諷的屬性——事實和表象間的對比，見黎明文化事業公司印行，顏元叔主譯之「西洋文學術語叢刊」上册，頁三四五。

註一一　關於「嘲弄」與「諧趣」的範疇與分別，前輩學者論之已多，於本文所言略有出入，請參姚一葦先生「論對比」中有關嘲弄部分，載「藝術的奧秘」，頁一九八至二一八，開明書店印行。朱光潛先生論「詩與諧隱」中有關「詩與諧」者，載「詩論」，頁二十三至三十一。正中書局印行。

註一二　姚一葦先生論戲劇的時空處理，有集中型與延展型，延展型是將戲劇情節順著時間的序列而依次推展，使劇人在舞臺上所見及的時間為無限量。見其「戲劇論集」之「戲劇的時空觀」。開明書店印行，頁四。

註一三　見吉川幸次郎著「元雜劇研究」第二章「元雜劇的構成（下）」，藝文印書館印行，頁二一八。

註一四　元曲選本作趙與孫至沙門島後，為上司賞識，著令捕盜，因有功而加授巡檢之職。帶領官兵鎮守窩弓峪。

註一五　顏天佑「元雜劇所反映之元代社會」第五章第二節「元劇中的商人角色」與第四節「金錢價值的高漲與社會風氣的轉變」，有詳盡的論述，可參。華正書局印行。

註一六　「龐居士誤放來生債」第二折么篇曲文。

註一七　「龐居士誤放來生債」第一折增福神所引魯褒錢神論語。

註一八　參唐君毅論「中國之悲劇意識」與「中國悲劇之虛與實、悲與壯」等，載於「中國文化之精神價值」第十一章中國文學精神第九節、第十節等，正中書局印行。

註一九　Oscar G. Brockett 著，胡耀恆譯「世界戲劇的欣賞」第三章戲劇的結構、形式與風格，頁七三。志文出版社印行。

註二〇　參姚一葦先生撰「元雜劇中之悲劇觀初探」，中外文學第四卷第四期，頁五十九。民國六十四年九月出版。

註二一　詳參秦慧珠撰「家庭劇研究」綜論篇第一章第一節「家庭劇的主題思想」中，「重視子嗣」一項。輔仁大學中國文學研究所六十八年度碩士論文。

註二二　引唐君毅先生「中國文化之精神價值」第十四章第三節「中國宗教精神比較淡薄之故」內文。正中書局印行，頁四四〇。

註二三　見蘇國龍撰「中國古典悲劇的民族特徵」，收錄於「戲曲美學論文集」，丹青圖書有限公司印行。

註二四　見呂天成曲品。

註二五　陳洪綬評點「嬌紅記」第二十三、三十二等齣眉批。

註二六　朝野新聲太平樂府有杜善夫「耍孩兒」套曲，題為「莊家不識勾欄」，有「要了二百錢放過咱」之語，可見看戲要收費。

註二七　參曾永義先生撰「中國古典戲劇的特質」，論元劇表現方式有象徵性、誇張性和疏離性三種，所謂疏離性卽是「戲劇的目的，不是讓觀衆的感情思想同一，而是讓觀衆游離出來，要他們感到戲就是戲。西洋戲劇家布雷希特（Bertold Brecht, 1989-1956 年）在其「敍事劇」中就加入此一方式。有學者譯爲「變常效果」，見陳淑義撰「布雷希特、敍事劇與中國傳統的舞臺藝術」，與曾先生鴻文俱收載於中外文學五卷一期。

註二八　見陶宗儀輟耕錄。

註二九　關漢卿的劇作，往往將高潮佈置在第四折，極爲引人入勝，如「單刀會」。

註三〇　見笠翁劇論詞曲部格局第六之大收煞。

註三一　見曾永義先生撰「王驥德曲學述評」，收載於「說戲曲」，聯經出版事業公司出版，頁一四〇。

註三二　李漁「笠翁劇論」卷下，演習部變調第二：論「變舊成新」之道在「仍其體質、變其丰姿」，體質指曲文與大段關目，丰姿指科諢與細微說白，本文此處襲用其語，而略變其意。

註三三　參 Moelwyn Merchant 作，高天恩譯「論喜劇」第三章「古典世界」與第四章「喜劇調節」。收載於顏元叔主譯之「西洋文學術語叢刊」（下），黎明文化事業公司印行。與鄧綏寧著「編劇方法論」第六章「戲劇的對話」，正中書局印行。

註三四　Oscar G. Brockett 布羅凱特論觀衆看戲最重要的動機之一是求取娛樂或放鬆精神。另一些則爲的是尋刺激、找靈感，固然也要求娛樂，可是更要求劇院提供對重大問題的新見地與啓發性的看法。無論那一種，均不該固持己見，限制劇院的演出內容，戲劇的吸引力應當兼容並蓄，方能保持它的健全。查我國傳統戲劇既重插科打諢等娛樂效果，又重勸善懲惡的教化功能，正是兼容並蓄的發揮戲劇吸引觀衆的魅力的。布氏論點見胡耀恒譯「世界戲劇藝術的欣賞」第二章「觀衆與批評家」，志文出版社印行。

註三五　王驥德論插科，言：「大略曲冷不鬧場處，得淨、丑間插一科，可博人哄堂，亦是劇戲眼目。」見「曲律」

卷三第卅五條。李漁曰：「插科打諢，塡詞之末技也。然欲雅俗同歡，智愚共賞，則當全在此處留神。……作傳奇者全要善驅睡魔。……則科諢非科諢，乃看戲之人參湯也。養精益神，使人不倦，全在於此，可作小道觀乎。」見載於「閒情偶寄」卷三詞曲部科諢第五。

陳子昂與李白復古思想的比較

吳彩娥

一、前言

自某種角度來說，比較實爲知識建立的開始。二者或二者以上事物的對觀，較單一事物之無照，必更深入廣泛，此爲不爭之事實。荀子解蔽篇說道：「凡人之患，蔽於一曲而闇於大理。」兩兩相照，正可以使我們免囿於一曲。唐朝詩壇陳子昂、李白都有復古之論。兩人曾前後相繼，同學「復古」的大旗，共向文學改革方面不斷努力，終於掃盡六朝餘習、變創唐代詩風。盧藏用爲子昂作文集序說道：「（子昂）卓立千古，橫制頹波，天下翕然，質文一變。」李陽冰「草堂集序」說李白：「至今朝詩體，尙有梁陳宮掖之風，至公大變，掃地並盡。」兩人的復古思想，在中國文學歷史上造成如此强大深遠的影響，實在値得提鍊而出、詳加硏究。尤其唐人孟棨本事詩曾認爲陳子昂與李白的復古之論，是先後合德（註一）；此「合德」何義？兩人所論是否殊無二致？都有待進一步硏析。

「復古」一詞，意指恢復舊制或古風，故至少當涉及三個主要的概念：㈠所欲恢復的內容㈡所欲恢復的時代㈢恢復的方法。現在就此三方面，比較陳李二人的復古思想於後。

二、陳子昂欲與李白所欲恢復的內容

(一)陳子昂所欲恢復的內容

陳子昂「復古」所欲恢復的內容，見於其「與東方左史虬修竹篇並序」一文：

> 文章道弊五百年矣。漢魏風骨，晉宋莫傳，然而文獻有可徵者。僕嘗暇時觀齊梁間詩，彩麗競繁，而興寄都絕，每以永歎。思古人常恐逶迤頹靡，風雅不作，以耿耿也。一昨於解三處見明公詠孤桐篇，骨氣端翔，音情頓挫，光音朗練，有金石聲。遂用洗心飾視，發揮幽鬱。不圖正始之音，復覩於兹；可使建安作者相視而笑。……。

這篇序文明示：反對齊梁間「彩麗競繁」「興寄都絕」的形式主義文學；主張追復漢魏有風骨、興寄的詩風。亦卽：「風骨」與「興寄」爲其復古思想的實質內容。然此「風骨」「興寄」諸詞何義？宜先究明。

作爲文學重要語言之一的「風骨」一詞，若就文學語言的傳統來追溯，應可追溯至文心雕龍。文心雕龍風骨篇說道：

> 詩總六義，風冠其首，斯乃化感之本源，志氣之符契也。是以怊悵述情，必始乎風；沈吟鋪辭，莫先於骨。故辭之待骨，如體之樹骸；情之含風，猶形之包氣。結言端直，則文骨成焉；志氣駿爽，則文風生焉。

這一段關於「風骨」的文字，曾一再地被詮釋。近代的理解大致傾向於將風骨視作「作品之內容情志與形式辭采間緊密融合，以深刻有力的表達。」之謂（註二）。它的表徵特在「明朗健舉」「遒勁有力」。易言之，文章若要顯得風遒骨峻，形成精實有光輝之整體，端賴內容的「眞情正理」（註三），與形式上極精的「析辭捶字結響」等功夫，相濡相融，形成有力的表達。（註四）

陳子昂在「修竹篇並序」此文中，盛讚「詠孤桐篇」爲「骨氣端翔，音情頓挫，光英朗練，有金石聲。」辭與意頗與文心風骨論相合，可知用文心風骨論以解子昂「風骨」之意，應相去不遠。

至於陳子昂復古論所提出之「興寄」，當即是他在「薛大夫山亭宴序」所說的：「詩言志」的「言志」之意。因爲詩中所欲興所欲寄的，無非是詩人的情志。陳子昂又於「喜馬參軍相遇醉歌序」說道：「夫詩可以比興也，不言曷著？」意卽：若無比興入於詩，何勞寫詩？而此「比興」之意，依文心雕龍比興篇所說爲：

比者，附也；興者，起也。附理者切類以指事，起情者依微以擬議。起情故興體以立，附理故比例以生。比則畜憤以斥言，興則環譬以託諷。

指事、擬議、斥言、託諷都不離人事；所以，比與興之方，固由「切類」「依微」等託物起興開始，歸結要在「擬心」「方志」「寫物附意」（註五）等情志方面，是亦可知。如此說來，陳子昂的「興寄」，亦卽是文心雕龍「比興」之意。

淸陳沆「詩比興箋」說道：「昔孔子去魯，回望龜山，而有斧柯奈何之歌；聞孺子滄浪濯纓起興，而有滄浪之歌。是比興之所起，即知志之所之也。」「比興所起，即知志之所之」，故「興寄」一詞的概念，無寧是強調詩之爲文學，須注意內容的「雅有所謂」的一面。

總上所述，陳子昂復古思想所欲回復的內容：「風骨」「興寄」二者，凸出的理念應是：文學當富於情志意趣，生動有力的表現出來；不涉空、不蹈虛，緊與人生現實結合，成爲社會人生之返照，進而可以「以義補國」（註六）。

而此內容富於情志與否之關心，顯爲齊梁間詩（泛指六朝）所最缺乏的。齊梁間「遺理存異，尋虛逐微，競一韻之奇，爭一字之巧。」（李諤上隋文帝書）等偏於形式美的追求，已是文學史上共認的事實。陳子昂批評齊梁爲「彩麗競繁，興寄都絕」即指摘六朝肥辭瘠義，按之內容、言之無物，遑論性情胸臆、國計民生。而陳子昂所屬之初唐，正承此六朝餘風「絺句繪章，揣合低昂」（新唐書文藝傳）的約句準篇，製成律體絕體。如此形式泛濫而風雅不興，故子昂力倡「風骨」「興寄」，有所著重的來矯正六朝至初唐的虛無、偏頗。

至於陳子昂爲何欲回復至「漢魏時代」的風骨，請於下章「所欲回復的時代」論之。

㈠李白所欲恢復的內容

李白「復古」，所欲回復的內容，見於其古風第一首：

大雅久不作，吾衰竟誰陳？王風委蔓草，戰國多荊榛。龍虎相啖食，兵戈逮狂秦。正聲何微茫，哀怨起騷人。揚馬激頹波，開流蕩無垠。廢興雖萬變，憲章亦已淪。自從建安來，綺麗不足珍。聖代復元古，垂衣貴清真。羣才屬休明，乘運共躍鱗。文質相炳煥，衆星羅秋旻。我志在刪述，垂輝映千春。希聖如有立，絕筆於獲麟。

「聖代復元古，垂衣貴清眞」二句固然是頌贊唐代爲一政治清平之盛世；然細觀全詩，都是將政治與文學二者，視合一體，所以此句實亦寓含：文學應取法政治，回復元古的清眞。可知元古的「清眞」，是李白所欲回復的實質內容。然此「清眞」如何索解？在李白之前的文論批評，對於此詞，並無類似於「風骨」，有專篇專章的討論。卽使曾有單字隻詞（如單是清或眞）的出現（如文心雕龍有「清允」、詩品有「眞美」等之詞），却也因各有語意系統，又沒有參證的可能，遂爾無法移用互解。在此僅能就「清眞」一詞所銜接的上下文意，辨析其義。

在李白古風這一首詩裏；「清眞」與「元古」緊相結合，承接於「自從建安來，綺麗不足珍」之後。說明了「清眞」與「元古」有某種關聯，而與「建安後」之「綺麗」正相對立。先談對立。「綺麗」顯指建安後六朝之專嗜雕文繪句、「窮於和韻」（註七）、而未能兼顧內容意境等，對於形式唯美的偏求。「清眞」既與「綺麗」對立，那麼，「清眞」當指修辭調律的不雕繪太過、細密拘忌，的清暢自然，與內容題旨的眞實有物、雅有所謂；以別於六朝以來偏求形式之弊。若再進由李白此詩首幾句：「大雅久不作」「王風委蔓草」來觀察，「眞實有物、雅有所謂」的內容，意當傾向於社會現實、雅正之音的抒寫。

再說關聯。此詩「清眞」與「元古」緊相聯結；而「元古」於此詩，意指「大雅」「王風」正盛未衰的時代。本詩中，李白歷敍春秋、戰國、秦漢至魏晉六朝的文風，嘆其每變愈下：正聲微茫、頹波開流、憲章淪亡、只剩綺麗，要大唐回復至「大雅」「王風」正盛未衰之前的「元古」。常識說來，時代愈古，除了風雅詩道未衰外，文字也當愈無華太樸，詩人直抒所見，辭達而已，正所謂「不求纖密之巧」「惟取昭晰之能」（文心雕龍明詩篇）。「大雅」「王風」正盛時之「元古」，自李白觀之，正應是直而不野（形式）、雅有所謂（內容）的雅正之音，與六朝艷（形式）薄（內容）斯極的頹靡詩風，正呈一明顯對立。而聯結於此大雅王風正盛時代——「元古」的「清眞」一詞，所貴當尤在大雅王風的傳統精神——言天下之事、形四方之風（詩序）——的雅正充實。

由這一首古風的上下文意以指求「清眞」一詞，可知其既重語文的清暢眞切，復重內涵的重現風雅傳統；是兼內容與形式，並爲發論。卽使在李白單用「清」或「眞」以讚許他人、或評論詩文時，亦是由此內容與形式並重發論。例如他讚美謝朓：「中間小謝又清發」（宣州謝朓樓餞別校書叔雲），是連結於「蓬萊文章建安骨」之後，意卽：在建安富風骨的作品之後，又有「清發」如小謝其人的作品出現。下句接著又說：「俱懷逸興壯思飛」，意卽：李白與叔雲二人，皆如建安、謝朓等詩人般，有壯思、有逸興。如此「清發」一詞，不單指語言文字（形式）的清新自然，亦甚可瞭。又如古風第三十五首之反對詩文雕蟲，認爲雕蟲喪天「眞」，且如同「棘刺造沐猴，三年費精神」一樣，可以說是「功成無所用，楚楚且華身」而已；重要的是「安得郢中質，一揮成風斤」。如此，則「眞」一詞的講究，不但要求語言文字不過份雕琢，尤其注意「眞」之語言文字所展現的內容，要「有用」「有實質」。亦是兼內容與形式而言。

雖然，清發之「清」、天眞之「眞」、各有語意系統，未足以卽可移用解釋古風第一首、這二字連言的「淸眞」一詞，却可見「淸」與「眞」如同「淸眞」一詞，都兼含內容與形式，並爲發論。而且在語文（淸新自然、不雕蟲）、內容（有用、有實質）方面，對於「淸眞」一詞，有某種程度的解釋作用，正可相互闡發。

㈢小結

陳子昂復古論的「風骨」與李白復古論的「淸眞」，同是六朝「彩麗競繁」「興寄都絕」「正聲微茫」「綺麗不足珍」的反動。「風骨」一說，凸出詩的內涵富於情志、詩的語言健實有力；「淸眞」一說，凸出詩的內涵富於風雅精神、詩的語言淸暢眞切。∴二人皆由詩的內容與形式相融統一著眼，以救六朝內容形式的頹與靡。

二人於復古論中所信持的詩的理想語言，實不相同：一健實有力（子昂），一淸暢眞切（李白）。前者傾向語言的陽剛之美；後者則未特別標示何種傾向：只是隨物賦形、隨體宛轉、唯適其宜的一種原則性的提示。看來子昂切實，李白浮泛。實則李白「才矣奇矣人不逮矣」（註八）的浪漫個性與天縱奇才的兼擅衆妙，絕非某一種語言風格、某一種語言形式所願、所能必限。本其氣質之浪漫、天才之驅策，一旦衝破形式（語言風格自某種角度言，亦是一種形式）的藩籬，自當能予「形式」以更超脫、更適當的觀照——有法中無法、無法中有法。「安得郢中質，一揮成風斤」（李白古風第三十五首），「形神俱融」「不露形式痕跡」的一揮成風斤，無寧是李白的絕擅，亦應是他理想的文字語言形式。而陳子昂所以傾向於剛健的語言形態，當與其所欲追復的時代——漢魏，有絕大密切的關係。請於下章析論。

二人於復古論中，所信持的詩的理想內容，看似不同，一爲富於情志（子昂），一爲富於風雅精神（李白）——其實大致相同。先論李白風雅精神。詩序大致可視爲秦漢人研究詩經有關風雅的意見之總合，秦漢後關於風雅詩論的開展，亦由詩序開始。而詩序釋風：「上以風化下，下以風刺上，主文而譎諫，言之者無罪，聞之者足以戒；故曰風。」「是以一國之事，繫一人之本，謂之風。」「吟詠情性，以風其上，達於事變而懷其舊俗。」由此可知詩經之風，歷來的理解（至秦漢），其內容是國是與民本，目的在化感上下，使社會各階層得所溝通而致祥和；詩人的關心主在大我的社會現實，然此種內容的展現，亦正是詩人小我心志所向之表徵。文心雕龍因而由是肯定「風」爲：「化感之本源，志氣之符契。」（風骨篇）。至於雅。詩序釋雅：「言天下之事，形四方之風，謂之雅。」「雅者，正也，言王政所由興廢也。」上句略言風雅之別：風反映諸侯國之政，雅反映天子之政；下句談雅之爲詩，內容不外政治與社會。可知：雅與風，內容皆屬國是與民本；詩人總合天下人心、社會風情，作爲己意己志，而作詩道說，是所謂的「風雅自任」。李白嘆風雅道消，欲回復至大雅王風正盛的元古，實欲唐代詩人復歸此風雅傳統，而以此富於風雅的精神從事創作。

至於陳子昂的富於情志，是何種情志？由前文所論比興，可知乃人生現實所激起的情志，亦正是一種人生現實的反映。一向，慨事憂時、感遇嘆志，素爲大部份的中國詩人所不能免；情志之與時事，常爲一體之兩面。若進一步由子昂所倡「漢魏」風骨看來，漢魏由建安至黃初七年的這三十年間，詩人詩筆所向、文心雕龍時序篇所說的：「觀其時文，雅好慷慨，良由世積亂離，風衰俗怨，並志深而筆長，故梗概多氣也。」可知：建安詩人的深志長筆，特在世風與民情；情志所關厥爲時與事。難怪子昂於「修竹篇並序」一文，提出「漢魏風骨，晉宋莫傳」後，便憂形於色的說道：「思古人常恐……風雅不作，以耿耿也。」直視風骨爲風雅。

原此，詩人情志所關而形成的「風骨」，就其文學內容一面，所指卽是「風雅」之事。與李白元古「淸眞」所含攝的風雅自任，應無二致。唐孟棨本事詩說子昂李白「先後合德」，此一詞的確實意義，或在此。

三、所欲恢復的時代

(一)陳子昂所欲恢復的時代

陳子昂復古，欲回復至漢魏時代。於倡言復古的這一篇「修竹篇並序」文說道：「不圖正始之音，復覩於玆；可使建安作者相視而笑。」可知「漢魏」的確指，應是建安至正始這一段時期；同時又以建安總括建安、正始兩時期。

建安時代的文學，以曹氏父子爲首，鄴中七子仰齊足而並驅。其時「俊才雲蒸」（文心雕龍時序篇），諸人並都「體貌英逸」（時序篇），形成一「彬彬之盛，大備於時」（詩品序）的文字集團。無論在當時，或在後來，影響都極大。正始時代雖亦有「能標焉」（文心雕龍明詩篇）的嵇康與阮籍，然二子的藝術風格，如嵇「志」的清峻（明詩篇）阮旨的「洋洋乎會於風雅」（詩品），雖各有極詣，講求「情志」與「風雅」，與建安文學，則無二致。卽使是語言特色：嵇詩的訐「直」、阮籍使人忘其有「鄙近」（詩品）的素樸修辭技巧，亦與建安文人之「不求纖密之巧」（明詩篇）有聲氣相通之處。此或許子昂以建安總括正始之因吧?!

陳子昂復古、何以要回到建安時期的文學？這須由建安文學的內容與形式之特色來考察。

建安文學的內容特色，由上章所擧文心雕龍時序篇之論：「世積亂離」「風衰俗怨」「志深筆長」，可探得消息：亂離的時局、悲苦的民生，爲其共同關心與寫作的題材，同時對這亂離的時局、悲苦的民生，建安詩人除了寫下切身的體驗感受與悲慨外，復又都展現出積極的參與、熱烈的擁抱，既不頹廢、亦不退縮的奮發而進取的胸懷。這種特色自建安而後，日趨式微。建安後六朝的詩題，依次有招隱、玄言、遊仙、田園、山水、詠物、宮體等，這些詩題所展現出的詩人共同特色是：或醉心於虛無玄道、自然風景，甚或身邊瑣物；却不再如建安詩人般，關懷社會現實。（註九）

至於建安文學的語言特色，就文心雕龍明詩篇所云：「造懷指事，不求纖密之巧；驅辭逐貌，唯取昭晰之能。此其所同也。」意思是：建安諸子，修辭簡直素樸而明朗，不致如後來晉宋等各代，對偶排比、整音調律，日趨纖細巧密。詩品稱曹公古「直」、魏文帝鄙「直」如偶語、陳思王體被文

「質」，由這些評論的語言，也可看出建安文學語言這共同的一面：質樸而明朗。

然此質樸明朗亦是與六朝比較而言，非全不講究修辭技巧。就文學演進的歷史看來，中國自建安時代，已開始有意識的萌發有關文學方面的省思。詩歌語言的特色亦已認識清楚；曹丕典論論文卽明言：「詩賦欲麗」。實際創作方面，陳思王之所以被詩品列爲上品：「骨氣奇高，辭采華茂，情兼雅怨，體被文質」，「辭采華茂」是重要因素之一。建安七子亦頗騁文辭之才，如典論論文云：「斯七子者，於學無所遺，於辭無所假，咸以自騁驥騄於千里，仰齊足而並驅。」可見七子於學於辭皆下功夫，非全不顧修辭。故丁福保全漢三國晉南北朝詩緒論道：「溯自建安以來，日趨於艷。魏艷而豐。」正說明了建安文學於修辭方面，不是無所講究。其非無所講究，故雖質樸，却不流於粗野，明朗可感、却非全無修鍊。

建安文學合此內容與形式特色：淸明積極的社會意識，配合能昭晰事理情志的精實朗鍊的修辭，造就成「蓬萊文章建安骨」（李白宣州謝脁樓餞別校書叔雲）——剛健明朗的建安風骨。

陳子昂「修竹篇並序」一文，盛讚東方左史「詠孤桐篇」：「骨氣端翔，音情頓挫，光英朗鍊，有金石聲」既推重其內容、又推崇其語言，並比之爲「正始之音」，嘆爲「雅制」。是可確見子昂對於建安風骨的把握與心儀了。亦卽須合建安文學的內容與形式特色，方知子昂何以欲回復至此時代：內容雅有所謂、明朗剛健——是六朝以來所無，辭雖麗尙質樸、雖質樸亦尙高華——是漢魏以前所不講究；子昂旣側重內容，復不忽視修辭，自要高懸漢魏之建安爲取法的典範。

㈡李白所欲恢復的時代

李白復古，欲回至「元古」時代。有人以爲，李白復古，亦如同子昂，高懸建安。其實李白固亦曾推崇建安文學而如是言：「蓬萊文章建安骨」（宣州謝脁樓餞別校書叔雲）在倡言復古的這一首古風裏亦說道：「自從建安來，綺麗不足珍」（建安自外於不足珍的綺麗）然而李白並未明言復古之「古」指建安。而在倡言復古的「古風」第一首裏，李白從大雅、王風不作的時代敍起，亦卽從春秋開始，中間歷敍戰國、秦漢、魏晉六朝至唐，慨嘆歷世文體屢變（騷→賦→古詩）；每變愈下：風雅不作、正聲微茫、憲章淪喪、最後且只剩最不足珍的綺麗。所以李白高唱聖代（唐）所復要至「元古」，所貴要在「清眞」。由古風上下文義觀之，「元古」顯指風雅正盛、詩道未衰之時。此時可以是西周、可以是西周之前的殷商（詩經中出現的最早的時代；李白之時，商頌尚未經考訂爲宋國之詩），李白並未確指是何年代。（註十）由此可知，此一時間名詞，所重無寧是在「風雅寖盛」這一意義上；强調的是「將復古道，非我而誰？」（註十一）的「風雅自任」的精神。確切的時間意識，對局變天外、不屑瑣瑣的李白而言，正是「得意」卽可「忘言」（忘時間的確指）的。

㈢小結

子昂復古之「古」，指建安時代。建安文學無論就內容或形式言，都是「古意未衰」「前規未遠」的一段時期。然若只重古意前規，那麼，前於建安而樂府詩發達的漢代，以及更加古樸的秦漢、戰國、春秋，則應爲復古的更好時代；顯然的，建安文學於傳統的風雅能繼承、於傳統語言的簡直昭晰亦能把握，更重要的，此時復有修辭的自覺却不泛濫。——這些都是建安之前、之後的時代，所沒能恰當把握的。合此昂揚剛健的內容，配此簡直昭晰的修辭功夫，形成一種雅麗相參、文質彬彬的風力——建安風力。故一提建安，卽予人典型俱在——具體的標的、明確的方向感。而這正是「復古」此一觀念所最須要的。

李白復古之「古」指「元古」。「元古」一詞，於時間上無所確指；在古風一詩中，實已由時間名詞轉成文學上一種風格的暗示——卽詩的內容富風雅精神；於詩的語言則雖隱含素樸之意，但有關詩的語言形式，還須透過前所述「清眞」——清暢眞切——一詞去把握。「元古」一詞予人雲飛水逝、一片神行之感；李白其人飛揚跋扈，無所皈依，人若欲「寢饋沈浸」「亦步亦趨」於其「復古」之後，常總有「蜀道難」之感。

三、恢復的方法

㈠陳子昂恢復的方法

歷史如逝川——魚龍寂寞秋江冷——如何回到似水流年？陳子昂在「修竹篇並序」一文中，並未明顯地觸及這相當實際的問題——如何回復？但在「修竹篇並序」中，我們也看到陳子昂的一些作爲及努力：㈠鼓吹漢魏風骨，使旗幟鮮明㈡唱和友人、推崇友人之作合於古意，以廣其流。透過此二種方式：大加鼓吹、廣爲唱和，淈其泥而揚其波，以播爲聲氣，求其漸變。這是在「修竹篇並序」可看到的方法。

另外，陳子昂亦以實際的創作，轉移一代風氣。如翁方綱「石洲詩話」說道：「子昂、太白，皆嫉梁、陳之艷薄，而思復古之道者，然子昂以精深復古，太白以豪放復古。」「以精深復古」，可知子昂確以實際創作，形成風格，帶動風氣。

若進一步就子昂作品中最重要、藝術評價相當高的感遇三十八首來分析：內容方面，可看出憂時慨事，感遇嘆志等富於人生現實的意識，瀰漫全篇，且一奏再奏，成為三十八首的主調。今舉二首以見一斑：

臨岐泣世道，天命良悠悠。昔日殷王子，玉馬遂朝周。寶鼎淪伊穀，瑤台成故丘。西山傷遺老，東陵有故侯。（感遇第十七）

貴人難得意，賞愛在須臾。莫以心如玉，探他明月珠。昔稱夭桃子，今為春市徒。鴟鴞悲東國，麋鹿泣姑蘇。誰見鴟夷子，扁舟去五湖。（感遇第十五）

前一首泣世道，後一首嘆難得志。所感之時、所嘆之志，無非是社會人生現實所激、而呈現的一股忠憤鬱勃之氣。杜甫以是盛讚子昂：「千古立忠義，感遇有餘篇。」（梓州過陳拾遺故宅）而這種內容，正是建安文人的基調、而為六朝所付諸闕如的。（前已論析）。形式方面，則三十八首全為五古。五古正是建安文人所最熱烈寫作的詩體。五古詩體的結構，本身即掩有散文的疏樸、詩歌的凝鍊等二長，可說是既雅且麗；子昂復不重對偶、不參平仄，語言自然古樸高華，直追漢魏風格。感遇三十八首的內容形式，與建安文學，聲氣相通如此，尤可看出，陳子昂以實際創作來實踐復古的努力。

當此分析，亦可看出，子昂在復古思想的籠罩下，實際的創作，難免有摹擬的痕跡。尤其子昂感遇詩之於阮籍詠懷詩，有幾首無論在命意造境或遣辭用字方面，都有相當明顯的點化痕跡。如阮籍詠懷第十一首云：

湛湛長江水，上有楓樹林。皋蘭披徑路，青驪逝駸駸。遠望令人悲，春氣感我心。三楚多秀士，朝雲進荒淫。朱華振芬芳，高蔡相追尋。一為黃雀哀，涕下誰能禁。

而感遇第二十八首云：

昔日章華宴，荊王樂荒淫。霓旌翠羽蓋，射兕雲夢林。揭來高唐觀，悵望雲陽岑。雄圖今何在？黃雀空哀吟。

二首詩所哀所嘆或異旨，但同借楚地楚事以影射，則相當明顯，甚至於遣辭用字亦多有承襲之跡。正如楚燮原詩所說的：「(子昂) 竟有全似阮籍詠懷之作者。」「全似」二字固然須要重新加以詮釋：師其辭意，巧於點化之意；然而這也隱隱然說明了一點：經過一番陶冶鎔鑄工夫所形成的「摹擬」，往往也是復古的方法之一。

(二)李白恢復的方法

李白的復古思想中，同樣未明顯地觸及回復的方法。古風第一首感嘆「大雅久不作」「王風委蔓草」，第三十五首又長嘆「頌聲久崩淪」提出「大雅思文王」。凡此都是深有感於當世文章無補風教，思求追復大雅與王風。至於如何「追復」，若透過聲明「復元古」的古風第一首來觀察：不外「提倡」以風雅之道刊落不良文風（我志在刪述）和「呼籲」詩壇詩人共同響應（羣才屬休明，乘運共躍鱗），以期待一個光輝燦爛的新文學時代來臨（文質相炳煥，衆星羅秋旻）。

「提倡」與「呼籲」，重在「理念」與「意識」的喚醒，是理論化的、抽象化的。李白同時又以其震鑠古今的創造力，一邁無前的大量創作具體的作品。這些作品光焰萬丈長，在當時必有草上之風的效果；李陽冰「草堂集序」卽說：「至今朝詩體，尙有梁陳宮掖之風，至公大變，掃地並盡。今古文集，遏而不行，唯公文章，橫被六合。」例如李白大量偏重的創造樂府、歌行、古詩等，這些作品，或擬古意，或用古體古題寫新意，而莫不音節豪宕縱放（如蜀道難、夢遊天姥吟留別）、語言平易素樸（如橫江詞、宣城見杜鵑花）、意象鮮活自然（如子夜吳歌、古朗月行），正是從詩經以來，國風、樂府的民歌本色：楊升庵外集說李白「荆州歌」有「漢謠之風」，卽是由此著眼。這已經是文學史上的共識。而此調一彈再唱，不嫌重覆，自李白言，可能只因恣縱不羈的個性使然，故選此較少拘束的詩體抒寫，然其結果，亦必有標示與强化印象的作用，於復古，自可視爲方法之一。

至於內容題材，李白於個人社會家園仙道遊俠山川甚至於草木蟲魚，無所不寫。「他的眼睛洞徹時空，視萬期如一瞬；生命的盛衰變化，歷史的遞嬗興亡，人類在宇宙的孤絕渺小，以至短暫和永恆的對比，在他的詩中都獲得深刻而具體的呈現。」（註十二）這種飽酣的創造力，眞可謂是「橫被六合，力敵造化」（李陽冰草堂集序）。而這些內容題材，自詩三百篇、屈騷以來，卽爲不斷寫作的對象，他人寫此，未必卽具有特定意義，李白廣泛壯濶、牢籠百態的繼承傳統，就其爲標舉「復古」之人這一面來說，對於當時之人，何嘗不具有某種程度的標示作用，而可被詮釋爲復古的方法之一。

李白創作，就傳統形式、題材之適其所近，加以擇取，並隨時推陳出新、不落蹊徑，不同於子昂有明顯的點化痕跡。卽使是「擬」古樂府，都能賦古題以新意義、新思想、新感情，使古樂府有進一步的發展。例如「戰城南」在漢時只寫一般的厭戰思想，李白却加以引申，直截地點出反戰的主題：「乃知兵者是凶器，聖人不得已而用之。」「妾薄命」原來只寫人生歡樂無常，李白却把它拿來寫「以色事他人，能得幾時好」的思想。六朝樂府「烏夜啼」「烏棲曲」原是卽事命題之作，「子夜吳歌」原寫四時行樂，李白都拿來反映自己非戰的立場。(註十三)

這種復古而又不溺於古，或與李白主張的「清眞」——清暢眞切——有關；但與與其明白反對模仿，尤有密切關係。李白在古風第三十五首說道：

醜女來效顰，還家驚四鄰。壽陵失本步，笑殺邯鄲人。一曲斐然子，雕蟲喪天眞。棘刺造沐猴，三年費精神。功成無所用，楚楚且華身。大雅思文王，頌聲久崩淪。安得郢中質，一揮成風斤。

「效顰」「失本步」都是李白所不屑爲的，師古而不模倣、喪失自我，那麼，所師在其精髓、不在皮相，亦可知矣。李白能繼承，復能開新，能入復能出，就這點言，顯較子昂對於文學獨創性的認識，更爲深入。

㈢小結

陳子昂與李白二人，於恢復的方法，皆未明顯討論。所求於新思想的，一在周延細密、二在精實深入；在復古論中，方法之論的闕如，於思想體系之完備，總是個缺憾。心理學談人的行為，認為大致可從人與其所面臨的情境之間的關係來觀察：就人的方面來說，或許兩人皆屬於高瞻遠矚型的「思想家」，擅長於大原則的提示，而不屑瑣瑣於細節；就情境來說，或許兩人皆久已籠罩在中國傳統的述古風氣中，隱隱然視文學復古，如同孔子的託古改制，自無須費辭細論方法。凡此卻也都因無可參證的，而無法析論了。

然而，二人於恢復的方法未明顯討論，並不表示無方法可言。由前文的分析，當可知：由於陳子昂的鼓吹、與友人相唱和，開之於前，李白的提倡呼籲，繼之於後，更重要的，二人悉傾全力，運其如椽之大筆，揮寫大塊文章；「吾欲託之空言，不如見之行事之深切著明」，如此興會標舉以呼號、深切著明以寫作，終於廓清六朝遺習，而另啓盛唐局面。

四、結　論

本文曾就復古一詞所涉及的三個主要基本概念來觀察陳子昂、李白的復古思想，發現：

㈠於所欲恢復的內容方面，子昂的「風骨」與李白的「清眞」，有某種程度的相合：皆指風雅的精神。這源自於他們對六朝以來之文學，單有綺麗外形，而無興寄內涵的共同認識。此就文學內容立論。若論文學形式，「風骨」一詞，偏向剛健明朗的語言形態；「淸眞」一辭，著重自然淸暢、各適其宜的語言形式。他們的不同，子昂與所欲回復的建安時代的文學語言特色有關；李白與其狂放不羈的個性、禀賦有關。然李白對於文學形式語言的見解——有法中無法、無法中有法——却也是千古不磨的認識。

㈡於所欲回復的時代方面，子昂要回復至「漢魏」，確切的說是建安時代——一個文學內容與形式皆剛健明朗、足以彌縫六朝神衰氣疲的時代。李白要回復至「元古」——此一時間所指，當在風雅正盛的時代。李白的時間意識稍嫌籠統，實因李白所重獨在詩歌風雅的內涵上。陳子昂標出「風骨」，復又明白的標出時代——「漢魏」，當使復古的旗幟鮮明觸目，號召易行。

㈢恢復的方法方面，兩人皆未詳細討論方法。然透過分析，自可看出：力倡鼓吹與全力創作，是其不二法門；創作尤其使得「復古」之理念深切著明。至於復古所連帶產生的模擬問題，模擬亦可視爲恢復的方法之一。惟陳子昂雖巧於點化，難免留下痕跡；李白則聲明不模仿，所作亦確能不沾滯、脫棄蹊徑。

總上所述，子昂的復古，可貴在擧世滔滔中，獨奮出一格，倡風骨爲的，比興爲方，變創一代風氣，功在開啓。李白的復古，初看似只沿溪而行，未曾在子昻籠罩下，另所突破開創；但經過三方面——所欲恢復的內容、所欲恢復的時代、恢復的方法——的細繹分析，則見李白於文學形式語言的要求淸暢眞切，模擬手段的要求不失本色，等方面，都有不同於子昂的地方，而對文學的獨創性有更眞實深刻的體認。這種識見是可以超越世代的。

【附　註】

註　一　唐孟棨本事詩高逸第三曰：「白才逸氣高，與陳拾遺齊名，先後合德。」

註　二　如：徐復觀，「中國文學論集」（臺北：學生書局，一九八〇，四版）、廖蔚卿，「六朝文論」（臺北：聯經出版，一九七八）、王金凌，「文心雕龍文論術語析論」（臺北，華正書局，一九八一，初版）。

註　三　王金凌，「文心雕龍文論術語析論」（臺北，華正書局，一九八一，初版，頁二四九）。

註　四　同上書，頁二五〇。

註　五　「文心雕龍」「比興篇」。

註　六　「陳伯玉全集」：「喜馬參軍相遇醉歌序」。

註　七　「文心雕龍」「聲律篇」。

註　八　「白氏長慶集」：「與元九書」。

註　九　林文月，「蓬萊文章建安骨」，刊於「中外文學」十一卷，第一期。

註一〇　李白古風第三十五首云：「大雅思文王」，彷彿李白所重在西周；但接著又說：「頌聲久崩淪」，將雅與頌混爲一談，全不細分雅頌各所當重的時代，可知李白意在內容之有否風雅之道，以教爲世道人心，而不在時間的確指上。

註一一　唐孟棨本事詩高逸第三。

註一二　黃國彬：「中國三大詩人新論」（臺北：明倫出版社，頁二九八）。

註一三　同上書，頁二二九—二三〇。

沈德潛的論詩宗旨

胡幼峯

論詩宗旨，是指一個作家在批評作品時所秉持的中心思想及主張；它超乎作品之上，先作品而存在，並直接影響到作品的精神、風格、內容、取材。沈德潛的論詩宗旨，終生可謂一貫，未曾更改，而且不論作詩、評詩、選詩，無不見其明確的態度、堅定的立場。他的主張卽是——倡詩教、明詩道；孔門「溫柔敦厚」的詩教觀以及「興、觀、羣、怨」的社教作用，爲沈氏論詩的基準。以下將分兩節討論之。

第一節將指出沈氏詩論中所受儒家「溫柔敦厚」及「興、觀、羣、怨」二說的影響，並實踐於編選詩集、論詩、批詩之中。第二節爲沈氏承此思想所作進一步的發揮，論詩重比興，主含蓄，並摒棄一切浮艷綺靡的詩風，使歸於和平中正。

一、倡詩教、明詩道

「詩教」一詞始見於禮記經解篇：「孔子曰：入其國，其教可知也。其爲人也，溫柔敦厚，詩教也。」又曰：「其爲人也，溫厚而不愚，則深於詩者也。」禮記之語未必眞出孔子，但以之代表儒家思想則是毋庸置疑的。孔穎達「正義」釋溫柔敦厚句云：「溫謂顏色溫潤，柔謂情性和柔。詩依違諷諫，不指切事情，故云溫柔敦厚是詩教也。」又釋「溫柔敦厚而不愚」句云：「此一經以詩化民，雖用敦厚，能以義節之；欲使民雖敦厚，不至于愚，則是在上深達於詩之義理，能以詩教民也。故云『深於詩者也』」。孔穎達所謂以詩化民，以詩教民，乃概括了詩大序「正得失，動天地，感鬼神，莫近於詩。先王以是經夫婦，成孝敬，厚人倫，美教化，移風俗」的意思；而大序之言又是從孔子論「學詩」一節話的引申和發展。按夫子教伯魚之言，見於論語季氏篇及陽貨篇：

鯉趨而過庭，曰：學詩乎？對曰：未也。曰：不學詩，無以言。鯉退而學詩。（季氏）

子曰：小子何莫學夫詩？詩可以興、可以觀、可以羣、可以怨。邇之事父，遠之事君，多識於鳥獸草木之名。（陽貨）

春秋戰國時期，詩歌的作用乃在政治方面，言志甚於言情。「多識於鳥獸草木之名」固然是將詩用在致知上，但其主要目的却在於「可以興、可以觀、可以羣、可以怨」。詩在當時的社會裏，能夠「感發志意」，起鼓舞作用；能考察社會現實，「觀風俗之盛衰」；能使羣居終日之人互相感化切磋；若諷刺上政，則能「不怨不悱」。（註一）王夫之更將「興觀」「羣怨」互相發明，認爲「於所興而可觀，其興也深；於所觀而可興，其觀也審。以其羣者而怨，怨愈不忘；以其怨者而羣，羣乃益摯。」（註二）事父事君若遵從詩教，諷誦浸潤日久，必能「移」情「化」性，使學國趨向於「溫柔敦厚」。

由於儒家著重德化，儒教盛行以後，孔門的詩教觀極爲世人所推崇，因此「溫柔敦厚」便成爲詩文評的主要標準之一。沈德潛深受儒家思想的影響，自然奉爲圭臬。他在「清詩別裁集凡例」中指出：「詩之爲道，不外孔子教小子教伯魚數言，而其立言，一歸於溫柔敦厚，無古今一也。」（註三）在「七子詩選序」中指出：「竊謂宗旨者，原乎性情者也。」（註四）歸併二說，我們可知：沈德潛的論詩「宗旨」，係本乎「興、觀、羣、怨」的詩道；進而因教化作用，達於「溫柔敦厚」之境。如此，「詩道」與「詩教」合一，正是沈德潛畢生論詩所追求的最高理想。

沈德潛更明確的指出：論詩之先，先審宗旨。他說：「予惟詩之爲道，古今作者不一，然攬其大端，始則審宗旨，繼則標風格，終則辨神韻，如是焉而已。」（註五）又說：「作詩之先審宗旨，繼論體裁，繼論音節，繼論神韻，而一歸於中正和平。」（註六）此外，他在「說詩晬語」中也作了極爲詳盡的闡述：

詩之為道，可以理性情，善倫物，感鬼神，設教邦國，應對諸侯，用如此其重也。秦漢以來，樂府代興，六代繼之，流衍靡曼。至唐而聲律日工，託興漸失。徒視為嘲風雪、弄花草，遊歷燕衎之具，而詩教遠矣。學者但知尊唐而不上窮其源，猶望海者指魚背為海岸，而不自悟其見之小也。今雖不能竟越三唐之格，然必優柔漸漬，仰溯風雅，詩道始尊。（說詩晬語卷上，總頁六三九—四〇）

又在重訂唐詩別裁集序中再次强調：「詩道之尊，可以和性情、厚人倫、匡政治、感神明。」（註七）

以上論述乃是沈氏論詩的綱領，與詩大序所言甚合（註八），它貫穿在沈氏一切的論著中。在沈德潛看來，詩歌並非僅是言情的產物，它與政治、道德、風俗等有不可分割的關係。「理性情、善倫物、感鬼神，設教邦國，應對諸侯」，這是它的教化作用。可是，歷經漢魏六朝之後，詩的教化作用漸失，陳子昂就曾經慨歎：「文章道弊，五百年矣。漢魏風骨，晉宋莫傳。然而文獻有可徵者，僕嘗暇時，觀齊梁間詩，彩麗競繁，而興寄都絕，每以永歎。」（註九）白居易與元九書中也說道：「晉宋以還，得者蓋寡……於時六義寖微矣。陵夷至於梁陳間，率不過嘲風雪，弄花草而已。」（註一〇）他們的評論，都成了沈德潛議論的張本。因此，沈氏除了指出「詩教遠矣」的事實外，並慨言後之學者「但知尊唐而不上窮其源」，這如同「望海者指魚背爲海岸」，格局愈來愈狹隘，識見愈來愈短淺。由此之故，沈德潛往往於論詩、選詩或批詩的時候，反覆力陳「詩教」，盼能「優柔漸漬，仰溯風雅」，並進而重振詩道。以下便分兩點說明：

第一、編選詩集，秉持詩教之旨：沈德潛在唐詩、明詩、淸詩幾種別裁集的編選序及凡例中，無不强調「詩教」的主要性以及編詩的旨意。玆臚列其說如后：

㈠學詩者沿流討源，則必尋究其指歸，何者？人之作詩，將求詩教之本原也。

㈡唐人之詩，有優柔平中順成和動之音，亦有志微噍殺流僻邪散之響；由志微噍殺流僻邪散而欲上溯乎詩教之本原，猶南轅而之幽薊，北轅而之閩粤，不可得也。

㈢詩教之衰，未必不自編詩者遺之也。（以上見唐詩別裁集原序，總頁一—二）

(四)詩教之尊，可以和性情、厚人倫、匡政治、感神明。（已見前引，重訂唐詩別裁集序，總頁三—四）

(五)嘗取有明一代詩論之，洪武之初……，永樂以還……，弘正之間……，然取其菁英，彬彬乎大雅之章也。自是而後，正聲漸遠，繁響競作，公安袁氏，竟陵鍾氏、譚氏比之，自鄶無譏，蓋詩教衰而國祚亦為之移矣。

(六)余與周子欽萊，夙有同心，旣焉決擇，合羣公選本，暨前賢名稾，別而裁之……皆深造渾厚，和平淵雅，合於言志永言之旨。（以上見明詩別裁集序，總頁一—二）

(七)選中體製各殊，要惟恐失溫柔敦厚之旨。

(八)詩必原本性情，關乎人倫日用及古今成敗興壞之故者，方為可存，所謂其言有物也。（以上見清詩別裁集凡例，總頁一—二）

第二、論詩、批詩以詩教為原則：沈德潛在說詩晬語中，評論詩經諸章，均以「詩教」的觀點來詮釋。如邶風「燕燕」敍述戴嬀溫厚惠遜的德行，「凱風」讚美孝子克盡孝道，沈評「溫柔敦厚，斯為極則」：

州吁之亂，莊公致之，而「燕燕」一詩，猶念『先君之思』；七子之母，不安其室，非七子之不令，而「凱風」之詩，猶云『莫慰母心』。溫柔敦厚，斯為極則。（說詩晬語卷上，總頁六四三）

又如小雅「巷伯」篇，以及鄘風「牆有茨」、「相鼠有皮」兩篇，都屬於詩人諷刺邪惡的；前者「刺幽王也」，後者為衞國人「刺其上也」「刺無禮也」。原文譏訕諷刺，不留餘地，但沈德潛評論此章，仍以「溫柔敦厚」的詩教爲出發點，以「溫厚和平」視之，認爲巷伯篇出語嚴苛，正足以激發其羞惡之心，使同歸於善，因爲，詩乃「依違諷諫，不指切事情」，「怨而不悱」正是詩道：

「巷伯」惡惡，至欲『投畀豺虎』、『投畀有北』，何嘗留一餘地？然想其用意，正欲激發其羞惡之本心，使之同歸於善，則仍是溫厚和平之旨也。「牆有茨」、「相鼠」諸詩，亦須本斯意讀。（說詩晬語卷上，總頁六四五—六）

另外，在唐詩別裁集的批文中，也充份表露了他的詩教、詩道觀，如以下諸條可見一斑：

㈠不言朝家之黷武，而言胡虜之未平，立言溫厚。（卷二李白，子夜吳歌『何日平胡虜，良人罷遠征』句，總頁六三）

㈡聖人言詩，自興、觀、羣、怨，歸本於事父事君。少陵身際亂離，負薪拾橡，而忠愛之意，惓惓不忘，得聖人之旨矣。（卷二杜甫評文，總頁六九）

㈢抱負如此，終遭阻抑，然其去也，無怨懟之詞，有遲遲我行之意，可謂溫柔敦厚矣。（卷二杜甫奉贈韋左丞文二十二韻評文，總頁七〇）

㈣君今往死地以下，層層轉捩，發乎情，止乎禮義，得國風之旨矣。與東山零雨之詩並讀，時之盛衰可知矣。（卷二杜甫新婚別評文，總頁八〇—一）

㈤耕桑近于窮矣，而亦近郊，見中心不忘君也，語厚而不腐。（卷三錢起東皐早春寄郎四校書評文，總頁九八）

二、主含蓄、反浮艷

沈德潛旣主張溫柔敦厚的詩教，因此「上以風化下，下以風刺上，主文而譎諫，言之者無罪，聞之者足以戒」（註一一）政治藉詩歌以通「情」達「義」的手段，必然爲沈氏所肯定。主於文詞而託之以諫，這是詩歌在古代政治上的積極作用。白虎通諫諍篇云：「人懷五常，故知諫有五：其一曰諷諫，二曰順諫，三曰闚諫，四曰指諫，五曰陷諫。諷諫者，知也，知禍患之萌，深睹其事未彰而諷告焉。……孔子曰：『諫有五，吾從諷之諫。』事君進思盡忠，退思補過，去而不訕，諫而不露。故曲禮曰：『爲人臣不顯諫。』」（註一二）儒家重視三綱五常，諫諍是君臣之事，欲使君臣之義完好無傷，不得不採取親和委婉、溫柔敦厚的態度。周禮大師，賈公彥疏云：「比，見今之失，不敢斥言，取比類以言之。興，見今之美，嫌於媚諛，取善事以喩勸之。」（註一三）微言諷諫，「發乎情，止乎禮義」，似乎只有藉「比興」來達成。所以一般人論詩尊「比興」，所尊的並不全在「比」「興」本身的創作技巧，而是在「詩以明道」的作用上。

沈德潛宗主詩教詩道，因此論詩時自然重比興、主含蓄。他在「施覺菴考功詩序」中論道：「詩之爲道也，以微言通諷諭，大要援此譬彼，優游婉順，無放情竭論，而人裒佪自得於意言之餘。三百以來，代有升降，旨歸則一也。」（註一四）說詩晬語亦云：「事難顯陳，理難言罄，每託物連類以形之。鬱情欲舒，天機隨觸，每借物引懷以抒之。比興互陳，反覆唱歎，而中藏之懽愉慘戚，隱躍欲傳，其言淺，其情深也。倘質直敷陳，絕無蘊蓄，以無情之語而欲動人之情，難矣。」(註一五)其中所謂「以微言通諷諭」、「援此譬彼」、「託物連類以形之」、「借物引懷以抒之」等，都是比興的特質。沈氏對於情感的表達或敍事的方式，皆主張隱約含蓄，忌刻露顯陳。他認爲「質直敷陳，絕無蘊蓄」是不足以動人心絃的，惟有「含蓄不盡，愈見情深」。(註一六)至於某些文人表情達意的方式「哀必欲泣，喜必欲狂，豪則縱放，而戚若有亡」，這都是「粗厲之氣」，有礙於敦厚含蓄的詩教。(註一七)他評施覺菴的詩：「和順以發情，微婉以諷事，比興以定則；其體淵淵，其風泠泠，味之澹澹，而炙之溫溫」，使讀者不知不覺靜其志氣，調其性情，這才合乎「詩人之旨」。(註一八)此外，由沈氏在說詩晬語卷上評詩經各章的用語，也充分顯見他「語貴含蓄、重比興」的主張，如以下各則：

(一)「二南」，美文王之化也。然不著一倚齊治化字，沖澹愉夷，隨興而發，有知如婦人，無知如物類，同際太和之感，而相忘其所以然。是王風皡皡氣象。(總頁六四二)

(二)諷刺之詞，直詰易盡，婉道無窮。……蘇子所謂不可以言語求而得，而必深觀其意者也。(總頁六四三)

(三)「匏有苦葉」，刺淫亂也。中惟『濟盈不濡軌』二句，隱躍其詞以諷之，其餘皆說正理，使人得聞正言，其失自悟。(總頁六四四)

(四)「陟岵」，孝子之思親也。三段中但念父母兄弟思己，而不言己之思父母與兄，蓋一說出，

情便淺也。情到極深，每說不出。（總頁六四四）

㈤「鶴鳴」本以誨宣王，而拉雜詠物，意義若各不相綴，難於顯陳，故以隱語為開導也。（總頁六四五）

詩歌原本性情。文心雕龍明詩篇亦云：「詩者，持也，持人情性。」溫柔敦厚之情固是沈氏論詩所持，而論語所記孔子論詩「思無邪」一語，對沈德潛的詩論也有深刻的影響。站在道學的立場，沈氏認爲那些言之無物的溫柔鄉語，或無關風雅的艷情之辭，都是應該芟薙的。「棄綺靡、反浮艷」，是沈氏論詩的另一基本立場；也是他在編選詩集時所堅守的原則。在唐詩別裁集初刻、重刻本的序中，他都明確表白：

時賢之競尚華辭者，復取前人所編穠纖浮艷之習，揚其餘爐以易斯人之耳目，此又與於歧趨之甚，而詩教之衰，未必不自編詩者遺之也。夫編詩者之責，能去鄭存雅，而誤用之者，轉使人去雅而羣趨乎鄭……。（唐詩別裁集原序，總頁一）

他如任華、盧仝之粗野，和凝香奩詩之褻嫚，與夫一切生梗僻澀及貢媚獻諛之辭，概排斥焉。（重刻唐詩別裁集序，總頁三）

在清詩別裁集凡例復云：「詩必原本性情，關乎人倫日用，及古今成敗興壞之故者，方爲可存，所謂其言有物也。若一無關係，徒辨浮華，又或叫號撞搪以出之，非風人之指矣。尤有甚者，動作溫柔鄉語，如王次回疑雨集之類，最足害人心術，一概不存。」（註一九）因此沈氏選詩皆以「去淫濫以歸雅正」爲主旨，略涉綺麗情思他都不取。他認爲：詩並非爲艷情而發，楚辭離騷雖有美人之思，但那是「詞託之男女，義實關乎君父友朋」。至於梁、陳之時的艷情詩，晚唐的香奩體，都失國風「好色而不淫」之旨，距「名教」甚遠。此說見「說詩晬語」卷下，又見於唐詩別裁集凡例，惟文字略有出入，故僅引錄其一：

詩本六籍之一，王者以之觀民風，考得失，非為艷情發也。雖四始以後，離騷與美人之思，平子有定情之詠，然詞託之男女，義實關乎君父友朋；自梁陳篇什，本屬艷情，而唐末香奩，益近褻嫚，失好色不淫之旨矣。此旨一差，自遠名教。（說詩晬語卷下，總頁六八三）

結語

綜合以上論述，沈德潛的論詩宗旨，完全秉承儒教傳統發抒，孔門有關詩的言論，以及毛詩序等解詩的文字，直接提供他立論的依據；詩歌中「忠厚悱惻」、「委婉含蓄」等素材，則成爲他理論闡發的例證。在中國文學批評史中，像沈德潛這樣不遺餘力，自始至終，强調詩歌的教化作用，並澈底貫串於創作、批評中的，實不多見。由於他執著論詩宗旨，因此予人過份强調詩歌的政教作用的印象。同時，也基於這個態度，難免會有曲解詩義的地方；甚至在編選詩集、賞析作品時，不免失之主觀。例如前曾述及他對詩經小雅「巷伯」等篇的解說，明明是諷刺當政者的作品，他却以「溫厚和平」强爲解說。又如他品評徐幹、二謝、王粲等人詩句之高下時，他的取捨亦十分主觀：

古今流傳名句，如「思君如流水」，如「池塘生春草」，如「澄江靜如練」，如「紅藥當階翻」，如「月映清淮流」，如「芙蓉露下落」，如「空梁落燕泥」，情景俱佳，足資吟咏；然不如「南登霸陵岸，回首望長安」，忠厚悱惻，得遲遲我行之意。（說詩晬語卷上，總頁六五五）

詩「依違諷諫，不指切事情」固是溫柔敦厚，但是「溫厚而不愚，則深於詩者也」。孔穎達正義釋「詩之失愚」云：「詩主敦厚，若不節之，則失在於愚。」換言之，溫柔敦厚必得合乎中庸之道，否則「以辭害志」算不得「深於詩」。愚就是過「中」。譬如孟子告子篇下的這段記載，正是「失之愚」的最佳解說：

公孫丑問曰：「高子曰：『「小弁」，小人之詩也。』」孟子曰：「何以言之？」曰：「怨。」曰：「固哉高叟之為詩也！有人於此，越人關弓而射之，則己談笑而道之。無他，疏之也。其兄關弓而射之，則己垂泣而道之。無他，戚之也。『小弁』之怨，親親也；親親，仁也。固矣，夫高叟之為詩也！」曰：「『凱風』何以不怨？」曰：「『凱風』，親之過小者也；『小弁』，親之過大者也。親之過大而不怨，是愈疏也；親之過小而怨，是不可磯也。愈疏，不孝也；不可磯，亦不孝也。」（趙岐注：磯，激也。）

高子因『小弁』詩怨親，便認爲是小人之詩，公孫丑並舉出『凱風』詩的不怨親作爲反證。孟子評高子「固哉」，並指出『小弁』篇的怨是得中，『凱風』篇的不怨也是得中；若以爲凡是怨親都不得中，就不免失之愚了。孟子解詩的態度正是「溫厚而不愚」，是「深於詩」的（註二〇）。沈德潛只能體會『凱風』詩之不怨，並評曰：「溫柔敦厚，斯爲極則。」可見沈氏並非眞正「深於詩」者，有時亦不免失之固、失之愚。此其缺點之一。

詩兼「言志」與「緣情」兩用，但事實上，在中國守舊的傳統中，「情」字總是含混著「志」，且不論「感物吟志」或「緣情綺靡」，都關涉到政教風化，窮通出處；若「發乎情」而不必「止乎禮義」的純抒情詩，終不爲守舊派的文人所接納。所以像沈德潛這般固守儒教傳統，他所認定的「情性」之作，都是關乎人倫日用，君父友朋；否則卽視爲「艶情」，不爲所取。如李商隱的無題詩卽不入選唐詩別裁集。他在說詩晬語論文賦「詩緣情而綺靡」句云：「言志章教，惟資塗澤，先失詩人之旨。」（註二二）由此可知：沈德潛處處謹守著儒教傳統來論詩，因而不免流露出偏仄狹隘的態度，這是我們研究沈氏詩論時不能不指出的地方。

【附　註】

註一　興、觀之解說採朱熹注；羣、怨之解說採集解引孔安國注。
註二　語出王夫之「詩繹」，見船山遺書；又郭紹虞主編中國歷代文論選有節錄，總頁七，香港中華書局。
註三　見淸詩別裁集，總頁一，廣文。
註四　七子詩選序，見歸愚文鈔卷十四，淸代文學批評資料彙編亦選錄，以下簡稱彙編。總頁四〇二—三，成文。
註五　語見七子詩選序，同註四。
註六　語出重刻唐詩別裁集序，見唐詩別裁集總頁四，廣文。

註 七　見唐詩別裁集，總頁三一四。
註 八　詩大序云：「故正得失，動天地，感鬼神，莫近於詩。先生以是經夫婦，成孝敬，厚人倫，美教化，移風俗。」沈氏議論或即本此。
註 九　見陳子昂與東方虯「脩竹篇並序」。四部叢刊陳伯玉文集卷之一，商務。
註一〇　見白居易集卷第四十五書序類「與元九書」，里仁。
註一一　毛詩序語。十三經注疏本，毛詩正義卷一；中國歷代文論選亦錄，總頁四四一五。
註一二　見白虎通（又稱白虎通義）五，諫諍篇論五諫，總頁一九二一四，國學基本叢書第六十八，商務。
註一三　見十三經注疏本周禮卷二十三，大師「教六詩曰風曰賦曰比曰興曰雅曰頌」疏，頁十三。
註一四　施覺菴考功詩序見歸愚文鈔卷十一，彙編總頁三八九一九〇。
註一五　見說詩晬語卷上，總頁六四〇。清詩話（下），藝文。
註一六　語出唐詩別裁集卷三，韋應物初發揚子寄元校書詩評文：「寫離情不可過於悽惋，含蓄不盡，愈見情深，此種可以爲法。」總頁一〇一。
註一七　語出施覺菴考功詩序，同註一四。
註一八　同右。
註一九　見淸詩別裁集總頁二。
註二〇　參考朱自淸古典文學論文集「詩言志辨」論文中「詩教」部份，頁二八五一三〇四，源流。
註二一　見說詩晬語卷上，總頁六五二。

「詩話詞話和印象式批評」商兌

王令樾

一、前言

歷經「五四」以來反對傳統學術，及盛行語體文、俗文學種種變遷以後，近一、二十年來，却對中國傳統典籍視爲瑰寶。這種認識，可謂越來越普遍，自然對其研究的風尚，也就越來越高昂。其中對中國古典文學，則尤爲熱衷，只是在各體創作與文學研究這兩者的成就上，是一不平衡的局面。回視清以前的學人，多以創作爲主，而以創作的經驗，與學養、才賦等的總合，作爲賞析論評的功力，這其中有才學、經驗累積融合而成的「直覺」，也有才學、經驗渾一後，經過分析、歸納等知性思辨而成的論斷。是以才學的創作爲本，所構成的批評。至於今人，正好相反，不能作傳統各體文學的創作，而文學理論、批評却甚多。創作少的原因，蓋謂時代遷流，舊體已不適宜於現代，縱然摹古之作再好，終是摹擬，失去現代精神，所以不作；不是不能，而是不爲。然而何以今人只能處於摹擬，而無法推陳出新，使中國傳統的各體文學光景常新，這一點似乎少有人去追究，大家都頗能安於「非不能也，蓋不爲也」的堂皇理由下怡然自得，使中國傳統各體文學的創作，不是靠少數的舊學宿儒貢獻佳績，就是零星的新秀孤芳自賞，再有的就是科班學生習作的勉強湊數了。創作既不盛，又要傳延中國傳統各體文學，於是研究工作就相當勤勉，不論是文學資料的整理，文學理論的探研，作品內涵的詮釋，批評方法的分析，都投注了不少的心力，姑且不論成果的好惡，也不論創作爲主的重要性，至少研究者認識瓌寶之心，傳延國學之目標是正確的。

在研究中國學術者回頭正視國學的同時，勿庸諱言的有了西洋學術理論的介入，這是「五四」以來風尚所致，也是大勢所趨。而在文學領域中，就有了所謂的「比較文學中國化」，「古典文學現代化」的新趨勢（註一）。於是中西文學，或理論交混，或壁壘分明，而研究中西文學的兩方，則互相推銷，相互關注，互予批評，又各持己見。雖然兩相交糅，截長補短是大家的共識，但實際運用上，不可否認的存在着相當的困難。基本上，作截長補短工作的人，必須先能透徹了解何者爲長，何者爲短，然後還要具備交糅的功夫，截補的能力，而這恐須是深知兩方文學特性，及精讀各方作品的人，方能勝任的。所以這樣的人，豈會是多數？又那會是年青的初學之人？不解兩方文體的差異，不知中國傳統文學各體的原理原則，而冒然强用西學，恐將是强迫推銷，並不實惠的作法。

在倡導西說中用之時，文學批評已蔚爲時尙，而批評方法的批評，又是許多學者關心的課題。大致說來，現今在批評方法上，並未迷失於西洋新式各類批評的「新」，也未迷信批評科學化的機局，但不同的看法，各式的見解，在互有消長的情形下，仍各自存在，約可歸爲三類：

一是支持中國傳統批評方法者。但其中各家對中國傳統批評方法的認定，是不盡相同的，了解的深淺也有異，只是支持之心，排拒西洋文學批評方法之意，是相同的。而各家在實際運用中國傳統文學批評方法時，所作的方法選擇，及運用能力的高下，又是極不相同，所以結果並不齊一。

二是强調西洋文學批評者。這類人士多極力貶斥中國傳統批評法的價值與功能，强調西洋文學批評法的科學性、思考性、系統性……等，欲以西洋文學批評法移植於中國文學中。這其間除了移植者移用技巧的精鑫之別，和學養、觀念的高下之差外，更須强調的恐將是中西文學本質的歧異，因爲不同本質的前提下，作方法模式的移植，誠難免不令人暗懷殷憂。

三是折衷者。此類人士常見的說法是取人之長，補己之短，但對長短的認定，是頗費周章的。又說有選擇的借用西方的新方法，利用現代的新觀念，建立中國傳統文學的完整理論。換句話說，西洋文學批評法既非全盤移植，中國傳統文學批評法也非徹底的去除。這樣的識見，固然受大衆的肯定，但在實際批評的運作上，顯然的未成氣候，成果尚未可觀，原因何在呢？實値得玩味。

由於各類人士心態的不同，所以引起爭論是難免，刻意鼓吹也是必然了。因此對於文學批評方法的介紹與評估，是有其作用，但文學批評的觀念釐清與目標、功效的正確認識，或將更爲重要。

在中國文學批評受重視的今天，拜讀黃維樑先生大作——詩話詞話和印象式批評（註二），深感黃先生欲着眼於中國詩話詞話實際批評手法的探討，是十分有意義的事。在有志之士疾呼建設中國文學理論體系，重整中國文學批評方法的時候，黃先生對詩話詞話印象式批評的析論，則又更耐人咀嚼深思。

由黃先生大作（爲求方便，以下皆以「原文」簡稱），可看出黃君對詩話詞話的批評方式，是在訴病之餘，同時又舉出其優點，既評其失（黃君所謂的失），又美其得（黃君所謂的得）。對於印象式批評，既下定義，還作中西比較，更論斷詩話詞話印象式批評的謬誤。站在中國古典文學現代化，比較文學中國化的大目標下，黃君大作已然具有功績了，而黃君的折衷之言，也幾近於一種公平的主觀見解，所以也必爲多數人所接受。筆者也正站在同樣的立場，只是對於原作論斷過程中，所提出的得失之見，溢美與偏識（非偏激）之語，頗覺歧異。故不揣固陋，提出淺見，就教於大雅之士。

下文卽照原文的三個子題爲節目，分三節析述，末列結論於第五節，以作歸束。

二、詩話詞話的印象式批評

原文此節首先表明，「中國歷代詩話詞話的寫作態度和批評方法，值得訴病的地方很多。從章學誠、楊鴻烈、郭紹虞、劉若愚、姚一葦、張健、吳宏一到顏元叔等人，無不異口同聲指責過。大家也不約而同地用印象式批評來指稱歷代詩話詞話的批評手法。」但讓黃君遺憾的是，「他們對詩話詞話的印象式實際批評手法，只籠統地用幾句話概括了事，從來沒有人做過系統的研究。這些學者用以批評詩話詞話實際批評手法的話，可說是相當印象式的。」且不論何以這些學者一面「指責」詩話詞話的批評方法印象式，一面又以印象式寥寥數語批評詩話詞話（是不自覺的疏忽？是習慣成自然使然？是無意於此運用非印象式的批評法？是印象式批評有其生存的條件，適宜於某樣某處的實際批評？其原因在此暫不討論），重要的是，黃先生因此而激起研究何謂印象式批評？中國歷代詩話詞話的批評手法，究竟印象到什麼地步？換言之黃君將針對中國歷代詩話詞話的實際批評手法——印象式批評，再作精細的批評，這是極可貴的創見。

黃先生首先界定我國歷代詩話詞話的批評手法，與印象主義繪畫的風格，有異曲同工之妙。因表即以漢米頓闡釋印象主義的特色，爲我國詩話詞話印象式批評的特色。然後爲印象式批評的印象此達，確立了兩個層次，一爲初步印象，一爲繼起印象。以六一詩話的「誠佳句也」爲初步印象的例子。原文評說：「他只知道作品佳，但佳在何處，却不加析論。這樣挑出自己認爲好的詩句，或說佳，或稱妙，或曰工，或譽爲警絕，或許爲合於工，這種初步印象的表達，是歷代詩話詞話常用、慣用以至濫用的批評手法。」下面又擧「三昧」一語爲例，評說：「三昧爲梵語，本義爲正定。經過文人生花妙筆的點化，三昧的意義眞是無所不包；凡詩之美，皆可謂得其三昧。難怪翁方綱接下去說：太白詩無一首不可作三昧觀。對歷來詩話詞話用語修辭不內行的人，一定會對着三昧、本色而目迷五色起來。說穿了，這類字眼泰半是好、佳、妙的代詞。」然後另起一段，說明比初步印象高一層的繼起印象。而以滄浪詩話說李白「飄逸」、杜甫「沉鬱」爲繼起印象的例子。此處筆者有幾點不甚明白：

一：詩話詞話所謂三昧，乃指詩的最高神理、韻味，卽所謂「不著一字，盡得風流」，也就是王漁洋所謂的「神韵」。所以既不是「初步印象」，也不是佳、妙之代詞。或許可以說因得其三味，故而佳妙，但這也是評者以詩之原理，去作衡量準則而成的內涵，實不能如黃先生所言，是詩話詞話作者，或要個花招，或拾人牙慧，向門外漢賣弄文字、炫耀一番而已。

二：像「誠佳句也」或「本色」、「三昧」此類評語，如何斷定是初步印象？是因句簡而似直覺初出？還是因沒有以文字析論佳在何處，本色、三昧爲何之故？而和繼起印象的「飄逸」、「沉鬱」又如何區分其前後高下？飄逸等語也是簡單評語，也無析論呀！雖然作者曾說：「初步印象是一片渾沌，批評家所見，是一片美好的森林。繼起印象則已在渾沌中露出端倪，批評家已看到這片森林的形勢，遠遠察見森林中各種樹木花草的一片色彩。」然而，這段話給了我形象解說的喻意，却仍不知二者區別的準則爲何？試看飄逸、沉鬱、孤峻、壯澗……等，雖略示形象，何嘗不帶渾沌的意味？而「誠佳句也」是按詩的原理原則，作深入觀察後的綜合批評，語雖簡單，內容並非渾沌，善讀者自知其所指。所謂渾沌與端倪，或可爲初步與繼起的解釋，但所舉之例，却看不出層次區別的原則。這樣來批論，是否也有直覺之嫌？

三：用語之簡繁，不足以說明印象是初步或繼起；缺少析論，也不足以證明評者未經思辨，純屬初起之印象，因爲析論很可能是省略，而不是本質上的沒有（註三）。例如：楊慎升菴全集云：「白居易集有亞枝，謂臨水低枝也。孟東野：南浦桃花亞水紅，水邊柳絮颺春風。白詩又云：亞竹亂藤多照岸。亦佳句也。」顯然楊用修在贊嘆白詩佳句前，因全用亞枝意而作過聯想、比較、分析，而後才下的評斷，如此能說是初步印象嗎？又如滄浪詩話云：「韓退之琴操極高古，正是本色，非唐賢所及。」而滄浪之前，唐子西文錄謂：「琴操非古詩，非騷詞，惟韓退之爲得體。」又謂：「琴操柳子厚不能作，子厚皇雅，退之不能作也。」滄浪詩話校釋者認爲此爲滄浪所本，此亦可知高古之評，本色之見，絕非直覺，也難以證明是初步印象。

接着原文對印象式批評術語有所評論，認爲是「文字迷宮」、「亂人耳目」、「含糊不清」、「糾纏不明」。歸結整體，則認爲歷代詩話詞話的印象式批評，正符合印象主義繪畫的特色，是「卽感卽興，當下而成」、「粗疏」、「漫不經心」，用語少而且是「訴諸五官六感，活色生香的語言」，對言外意極少細論，須讀者自已玩味，予人「未完成」的感覺。此處筆者亦有數點問題提出：

一：原文所謂的這些排列組合比七巧板還要靈活，效果如萬花筒一樣的複合名詞，含義是否眞是「辨個不清」？它們是否各有意義？今以原文所擧之例來看：簡要的說，風韻指風神韻致，風神指風采精神，風味指風神滋味（味外味），風調指風神聲調，風致指風神姿態，風度指風神氣度，風力指風神骨力，風骨指靈氣要義。以上以風爲首字的術語，多以風字表風神之義，而風神是指風采精神；至於風骨一詞，已成中國文學批評中的重要術語，幾成專有名詞，如建安風骨。至文心雕龍風骨篇的闡述，表明風指剛柔之氣而言，比單純的文氣更虛靈渺遠，而骨指篇章組成的要義（如人之有骨，骨立而肌生），於是風骨一義確立不雜，與其它以風組合的術語，並不混淆，這幾乎是研讀中國文學批評者所明白的。由此說明各個複合名詞甚易分辨，其餘以韵、意、氣、神、格等，各爲首字組合而成的術語，也可依例類推，也是各有其義，並不糾纏不清的。

二：再以骨力、風骨、氣骨而言。骨力指篇章組成的要義與氣力，氣骨指文氣要義，兩者皆指氣與義，但用骨力一詞時，顯然重視的是文氣所散放的「力」，所謂遒勁有力一類的評是也；用氣骨時，自然是重在文氣本身，或實虛，或大小，或清濁，或散整，或凝溢……等，意之所指，各有所重，是其選用有別之故。至於風骨，前已說明，其與氣骨、骨力之不同，自然在風靈氣實的意義差別了。以上是舉複合名詞中，非首字相同而有同字的例子作辨別，餘可類推。

三：再以意味、神味、情味、與味爲例。意味指意象滋味，神味指風神滋味，情味指情致滋味，與味指意興滋味，四者皆評作品內涵所呈現的味道及味外之味（司空圖味外味說），但區別在或言意象，或言風神，或言情致，或言意興，分辨起來並不困難。此乃爲末字相同的複合名詞作辨別，餘亦可類推。

四：前舉之例，或可如原文所謂「近似而不盡相同的詞語的含義」，但有的術語却絕非近似，例如原文所舉的格致、格制。格致指風格姿態，格制指格律體制。又如意興指意象（境）與會，與趣指興致趣味，亦是看似相近，其實絕對不同。相反的，又有完全相同者，例如氣骨、骨氣，原是一辭，特顚倒組成罷了，若強要分辨，自是徒生無謂的困擾，此豈是古代評述者的過失？

今人理應負不察之責吧！

五：這些術語的意義，古人雖未明定，但可由字義及中國歷代各體文學的評析中玩味自得，況歷代傳襲沿用，意義已明，豈會是亂人眼目的名詞？凡近似却不相同者，評者運用時，自然是各有選擇，而不能借用、混用甚至亂用。（當然，若大略一說而又一定要如黃君所謂以意境、風格來概括的話，也未嘗不可。）至於相同術語，不論用何者，了解的讀者自是心領神會而不至強生困擾。這等狀況，是否還能說是「文字迷宮」呢？

六：原文又謂：「中文句法素多駢四儷六的結構，氣象雄渾、風韵飄逸，四字一句，讀起來總比只有雄渾和飄逸二字一句過癮。換言之，氣象、風韵這類字，率多只是陪襯物而已，雄渾和飄逸這類形容詞，才是批評家眞正要傳達給讀者的。」筆者愚見，這四字、二字的選擇，不在於駢儷結構，也不在於要過癮，之所以合成四字，是因氣象、風韵、神理、意趣……是主體，雄渾、飄逸、沉鬱、婉麗、高古……是指主體上的變化現象，因作品之不同，在風韵、神理……上，會有不同的現象，有的氣象雄渾，有的氣象飄逸。又因作家之不同，使有的人氣象越人，有的人最擅意趣……等，因此批評家眞正要傳達給讀者的，是那四個字的整體，而非那「形容詞」而已。所謂的陪襯物，恐不是陪襯，反而是主體呢！

七：其實也有許多詩詞話中，單用飄逸一類表示變化現象的詞，而不强改爲四個字。此時是以此表達整體，省去氣象、神理、聲調……等代表主體的術語。既是整體，自是包含形上形下兩部分。落實時，從形下之文字、聲調去尋其評意。去實從虛時，則從神理、氣韵……去尋得，兩者終須兼顧方是。例如滄浪詩話云：「子美不能爲太白之飄逸，太白不能爲子美之沉鬱。」何義門曰：「愈退菴詩話卷一謂嚴滄浪此評眼光如炬，然余謂太白以天資勝，故語多俊逸；子美以學力勝，故語多沉鬱。」此卽兼顧整體之評。方植之評杜詩云：「大抵飛揚崢嶸之氣，崢嶸飛動之勢，一氣噴薄，眞味盎然；沉鬱頓挫，蒼涼悲壯；隨意下筆，而皆具元氣，讀之而無不感動心脾者，杜公也。」又評太白詩云：「太白當希其發想超曠，落筆天縱。章法承接，變化無端，不可以尋常胸臆摸測。如列子御風而行。」王元美藝苑巵言云：「五言選體及七言歌行，太白以氣爲主，以自然爲宗，以俊逸高暢爲貴。子美以意爲主，以獨造爲宗，以奇拔沈雄爲貴。其歌行之妙，詠之使人飄飄欲仙者，太白也。使人慷慨激烈，歔歔欲絕者，子美也。」

以上析論李杜特色，亦就整體而言。

八：綜合來看，詩話詞話雖若隨筆，但就以詩話而言，內含詩體、詩法、詩評、考證等等，並非僅僅一些術語組合運用而已，而所用之術語，也非亂人耳目之詞，所以令人迷惑不淸的可能性應不大。試看一些西洋文學批評術語，例如「歧異」（deviation）、「前景」（foreground）、「背景」（background）、「符徵」（signifiant）、「符旨」（signifie）、「正文」（Text）、「正文性」（textuality）、「正文間性」（intertextuality）、「詮釋循環」（Hermeneutical Cicle）……。譯成中文後的運用及解釋，何嘗沒有許多非外文系的讀者覺得如墜五里霧中？若因不解就驟下斷語，指陳意義不淸，或說繁雜不明，或謂近期西洋文學批評套用術語，不知所云，則必將引起了解者的不平之鳴吧！

九：原文將詩詞話印象式批評與印象主義繪畫相比較部分，因各人所感不同，所以看法也就相異，其間是否有對錯，絕非筆者敢斷言，今只是一抒粗淺之見，略表不同之意罷了。筆者以爲印象式批評，未作長篇析論，用語不多，像印象主義繪畫所用的畫布比較細小外，它既非全是當下而成，也不粗疏（精評妙論豈可因用語少，即掛以粗疏之名？），寫來或有漫不經心之作，却也有許多千錘百鍊之評，可成一家之見。至於言外意未細論，此乃文學中常態，亦是定理。因文學之極境，終不在文字裡，言外意如遠岫煙雲，託意於筆墨蹊徑之外，可望而不可卽，可神會而不可言傳，因此評者多點到爲止，縱或以妙語點睛，但實難以細論，讀者與評者及作者若同具靈心慧眼，而有一樣的水準，自會相知共鳴，則「未完成」之嘆何來之有？何義門云：「作文之妙處不可言……。文也，幾於道矣。」文章之最高境界如是，精妙之詩體更是如此，故知文學批評不是萬靈之物，不能把文學全部分析盡致的，還有不可言部分，待人學識精博後自去領會，此正是「伊摯不能言鼎，輪扁不能語斤」的道理，今之作文學批評者，可深長思矣。

三、中英印象式批評的比較

原文在中英印象式批評的比較一節中，首先介紹英國十九世紀末的佩特和王爾德，主張批評是藝術創造，着重個人所得的印象，論者遂冠其說以創造的批評、美感的批評或印象式批評等名目。原文說：「中國歷代詩話詞話的印象式批評，和英國十九世紀以佩特、王爾德等爲代表的所謂印象式批評，很難說有甚麼地方是相同的。如果印象主義繪畫的風格，最能反映出印象式批評的面貌；那麼，我國歷代詩話詞話的印象式批評，才是這種批評的正宗，英國十九世紀的所謂印象式批評不與焉。」

但對西洋文學認識貧淺的筆者而言，却不明爲何英國這些與印象式批評手法「貌既大異，神亦不同」的批評家，會被歸爲印象式批評一類中？只因主張着重個人所得的印象？只因那極少的隱喻式批評？而西洋文學理論中的印象式批評，可有確切的定義？若有確切的定義或是衆所公認的解釋，那應不至於出現歸類不當的缺失。再者原文比較中英印象式批評，以印象主義繪畫的風格特色爲準，想來這是很高明的，然後很簡單的得到「正宗」與「不與」的結果。唯不知這個比較的目的何在？似乎藉此表示了詩詞話批評法的缺乏知性思考與分析的缺失，而是個「容易」的批評。那麼爲何不選個西洋「正宗」的印象式批評家及作品作比較，從中得到名同實異，或各有千秋，或共同缺憾的結果，或許更能發揮比較的作用吧？

原文所謂印象式批評，或花過心血，或胡言亂語得到創造樂趣的瀟灑作風，與今日學院式批評嚴肅刻苦的寫作態度比較，詩話詞話初步印象陳述，更覺不費吹灰之力，所以是容易的批評。「結構派」（學院式批評）理論難讀懂，由此可推想出用結構派理論寫出來的批評，一定非艱難的批評莫屬了。對精研中西文學學者的此一特識，筆者深感應尊重而細研之。

依筆者淺見，批評的難易，一則不盡然與批評的價值成正比（難則價值大，易則價值小）；再則也不能以批評過程的繁簡做區分；三則是與批評者感性、知性的敏銳度，學識見解的精粗深淺有關，所以寫作態度的艱苦否，讀者了解的甘苦等，並不能做爲區分批評法難易的準則。批評過程繁者，不必然就一定是高明艱深的批評法。寫作態度的艱苦，也有可能是因批評方法的缺失，或批評者能力的欠缺。至於讀者難以讀懂，作者的寫作能力及讀者的閱讀能力，都是應考慮的因素。詩話詞話中，或有看來不費吹灰之力處，但對那些下筆數語，盡得其妙的批評的產生，對於深具涵養而寫作態度瀟灑的批評家的功力獲得，恐都不是很容易的。

原文並沒有對「容易批評」、「艱難批評」作劣優之分，但從字裡行間，顯見作者對容易批評是頗多憾意的。筆者也無意爲詩話詞話的「容易」之名極力洗除，因爲「容易」與否是因人而變化的，批評能力高者，駕馭任何批評法，都可能是容易的，反之對一般人而言，任何批評法，都有造成其艱難的因素，所以容易與否是無法從單一觀點做絕對論斷的。

四、印象式批評之外

原文至此節，令人有驀然回首之感，其文勢顯然是在既有的定論上，旁及多面，既補前之不足，又避去了評論不周之失。所以不順着原有文理落脈，而以「之外」的子題，將文前的指責，引至文末的部分肯定，由詬病到稱許，而謂「天地間自欠此體不得」。

原文前說印象式批評是歷代詩話詞話的實際批評手法，是容易的批評，是以抽象語、複合詞（曚朧晦澀的套語）所構成的概括性批評，是缺乏知性、理性、科學性的批評，而這些卽是爲人同聲責難、不耐的種因。此節則說印象式批評不是詩話詞話批評手法的全部，等於給前評加註。又學詩話詞話中成書有系統的爲例，加以贊許。然後說到印象式批評的概括性，及概括之外亦有理性解說的例子。原文學例時，認爲青木正兒評金聖嘆解杜詩一書，「決非在詩學上佔重要地位」的看法是不具眼光。此或因金聖嘆的文學批評，多不爲中國文學家納入正流，所以青木正兒有此評。評杜詩的好書甚多，黃先生却特別推崇金聖嘆，不知是因爲他分析詳盡？還是因他見解獨到精妙？黃先生評定金聖嘆杜詩解一書爲鶴立鷄羣，亦不知古今之人皆以爲然否？

原文最後說，印象式批評也許會東山復出，又說：「印象式批評還有另一存在的價值，它那種以少言多，以簡馭繁的手法，是任何文字和言語所絕不能免的。」由此筆者或可進一步說，文學中印象式批評，從創始到現在，始終未曾絕跡，也不曾被其他的方法所完全取代，其原因應在於這種以少言多，以簡馭繁的手法，也能造成高價值的評論結果，而詳細的分析式批評，與其它方法一樣，並不能保證評論結果的價值。所以印象式和新批評式的批評，當批評者的水準相同時，會有殊途同歸的意義與價值的。

五、結　論

原文中各疑問，已詳論如上，今再總合前言，綜合己意，討論得失如下：

中國文學批評，本無印象式批評之說，此以西洋文學理論中之名詞爲架構，將中國文學套入其中，因此自是不能完全符合，而致牽强傅會之病。今以印象主義繪畫特色來印證中國詩話詞話爲印象式批評，顯然也不盡妥當，所以原文作者在文末必須附加一言，說明詩話詞話的批評方法是多樣的。至於在各式批評法中，卽如所謂卽興卽感，純出主觀印象，缺少知性思考部分（此卽所稱之印象批評者），也未如原文所指責的那般惑人耳目，令人擲筆三歎似的無奈。拙文前已言，今歸結如下：

所謂卽興卽感，純出主觀。須知批評不能離於主觀，因批評之價值是靠批評者的識見，而不是靠客觀的方法，方法由批評者來駕馭。如果批評者沒有主見，純以方法模式來套取結果，而不能以自己的感情、見識，與作者、作品做感性、知性的結合，那麼批評的結果，必是空有形式，且將批評看做是判斷的一個樣式，而無批評者的眞知灼見，如此其價值也就可見而知了。再者，文學是含有趣味、眞情，而以精妙的文字技巧來負載的藝術。所以文學批評不僅僅是眞僞的鑑定，或理論的探究與證明的尋覓，或文字的分析，形式的討論。文學作品中空靈的部分，不是批評模式所能分解出來的，而那正是批評家以智慧的語言，去導引讀者的理解力、想像力而成的不可言之言。所以創作與鑑賞，皆須以才學與感情爲原動力，這中間印象的敏銳，才學的深淺，人格的高下有很大的關係，而這些正是所謂的主觀。寄望於批評中不存偏見是對的，但若想因此而求批評的客觀性是不容易的，且也許是錯誤的。縱然文學批評做到絕對客觀，如儀器的分解，秤錘的稱量，但那文學生命還能保存否？值得懷疑。例如一首短小精妙的小詩，在科學性的分析下，幾經折騰，雖有許多的道具(術語與理論模式)，但浩大的歷程下，恐將已是詩味全無，神理意趣盡失了。而這樣的分析，提供給讀者的，可是最好的？對具有詩學根柢者而言，這種分析讀來是苦澀而遺憾的。所以也難怪研究中國傳統文學的宿儒先進難以接受了。

而主觀之是否有價值，全視批評者之學識、智慧和經驗，淺人則低淺，深人則高深。一般而言，中國印象式之批評家，皆有學識智慧經驗的人，雖然其中尙有高下之別，但皆對所評之學，積長年研讀賞析的經歷，絕非未讀整體，卽以一、二首詩，用批評方法去强解的這般作法。又其所作之批評，皆先經知性分析判斷，並非一見卽興感，與「好呀！妙呀！硬是要得」(註四)等印象絕不相同，縱或摘句式的評其爲佳句，亦可從詩話中見到常是經比較、評量而後才有的論斷，因此用妙呀！好呀！……來誣蔑古人，不免讓人有貴今薄古，崇洋輕己的悲哀。而與西方印象式批評純用主觀，無知性思考的定義，並不符合，故近人所譴責之言，自不得奉爲圭臬，此宜斟酌者一也。

就詩話而言，有文字繁簡之別，簡者渾批而不作形容，繁者細批，狀其風格，二者皆取全詩字句外不可以言明指述者而言之，卽詩的最高境界，也就是所謂的神理，文心雕龍所謂「言所不追，筆固知止」，卽指這種文學特具的奇妙處。所以簡渾之批並非就是低淺的主觀判斷，也不是「胎死腹中」(註五)的文學批評。然時至今日，古文凋萎，創作難繼，衆人多不具傳統文學創作之經驗，却縱論恣評，以方法的運用去解析作品，却少有能以一已之才學，作精鍊之評斷。至此，不可否認，渾批之法已因時代變遷，而使原屬簡鍊的長處，成了簡略缺少析論的此一短處。但這能說是詩話等原作者之失嗎？恐是讀者不能體會之咎吧！此宜斟酌者二也。

所謂形象語的批評、隱喻的批評，其法卽中國固有的比興，比興映託頗廣，可象徵詩的全體，呈現有機性。而抽象語的批評，含義亦多，是多義性。再者創作本身常用設境、設象的技巧，批評者轉而用之於批評中，也是很自然的事，這些都已使中國的文學批評，走向不可直解，須經領會的境地。而所以如此，正是因中國傳統文學非語體文學，其文字義涵之精深，文字組織之巧妙，文學形式之繁盛（將中國文學卅七體合爲散文、詩歌兩類是不合宜的，因其各有原理原則），所以對文學的鑒賞，終必是求其意境，會其神理，而不是求其語言的系統，基型的符合，悲喜劇定義的安置……等，此乃出於中國文學特色使然。若因此而論定詩話詞話不當，似失之武斷，此宜斟酌者三也。

由以上的討論，可見任何批評法都各有長短。又因時代精神的變化，讀者、作者能力的增損，文學形式、內容的改易，使得過去的批評法不一定適用，新起的方法也不一定妥善。而不論新舊，用之得當，必是取方法之長，用之不當，自是採方法之短，所以筆者此一拙文，意不在抑西洋批評法而揚中國傳統文學批評法，更不是承認中國文學批評都是印象式批評，而强加辯誣。筆者要表明的是，被詬病的詩話詞話一類批評，實有許多被誤解處，而受當今大力鼓吹的西洋新批評，也非完善無失。所以人們似乎不必非要獨學一法，堅持己見，各取所好又何嘗不可？

若依折衷之見，求融合之道，筆者以爲在順應現今文學環境的情形下，應重視批評過程上的一些問題，例如：文字語言的普及性，條理分明的析論性，求證詮釋的精密性。所謂文字普及，是求其通暢淸晰，人人皆懂，所以艱深的文言不宜，西化的晦澀字句不宜，西化的大串術語連接詞句（且一詞一原文）也不宜。在析論上，以中國文學理論爲依歸，發揮析論的作用，但不是削足適履的附會在西洋文學理論上（具共通性的理論除外）。求證、詮釋上強調精確、細密，所以須小心假設，小心求證，不求新奇，但求實據；而詮釋時，宜以舊有的箋注爲本，愼重的開示「廿世紀才有的鄭箋」（註六）。

這些都不能不說是受了外來文學批評的影響，但在本質上仍以中國傳統精神爲根。筆者並非挾「國粹」以自重，而盲目的排斥西學移植，實因中國文學不論在風神、體制、原理、技巧，都自成體系，而整個文化背景也有所差異，因而硬性移植，難免穿鑿附會，所以筆者才如此執著。試看今天比較文學中國化的努力，未臻佳境，原因恐就出於除了比較的作品及語言是中國的以外，其餘的理論、方法（包括治學態度）都是洋化的，而語言是工具，作品的神髓又因西洋理論配合時之不相妥貼而隱沒，所以中國文學研究，未因比較文學的盛行而更上一層樓，此卽是個例子吧！

爲表示中國文學批評已存的價值，及西洋文學批評法的兼具利弊，不得不在西風強勁東移的趨勢下，暗示「抑洋」的說辭。事實上，西洋文學原有自己的價值，值得研究與推廣，所以翻譯外國作品，闡述西洋文學理論，引介西洋批評方法，增強對西洋文學的了解與興趣，都是很可貴的，所以研究西洋文學者致力於此，對國人而言就是貢獻。至於以西洋方法作中西文學比較，這也是另創新境，各取所好，雖是效果不彰，內存困難，仍無須強做限制。但若認爲現代中國批評家，必須用西洋文學批評的術語與觀念，批評必得用現代新看法，否則就是重複前人見解，成爲一座行動圖書館，這種見解恐難以令人心服；而若否定以西洋現代批評法研究中國古典文學，就是留在文化根由論的束縛中（註七），且視中國文學批評，因無西洋理論、方法而就是古老無新義，淺薄無價值，此種挾西洋文學以自重的論點，實也爲智者所不取。中國古代文學批評大家劉彥和，以阿庇曇心經的結構體系爲藍本，寫下文心雕龍巨著，書中却無一絲標榜印度佛經的意思，而以中國文學精神爲本，此種治學方法與風度，或許值得三思吧！

前面所言種種，幾以文學批評法爲重心。今於總束之際，贅補一意，卽方法如同工具，雖然新工具或能因應時代所需，但再新之工具終是有利有弊，而使用工具之人若能力不足，也一樣會抹滅新工具的長處。況工具如一，巧妙却全在各人，所謂「操斧伐柯，雖取則不遠，若夫隨手之變，良難以辭逮。」運用方法時的巧妙、高下，決定着批評效果的精粗與得失，所以重視批評方法，實不如重視批評者的能力，迷惑於方法，實不如依賴批評功力。夏志清先生曾謂：「文學批評愈來愈科學化、系統化，幾乎要脫離文學而獨立。過份注重方法學，好像學會一套法術，文學上一切問題均可迎刃而解；評者欠缺深厚的閱讀基礎，情願信任方法，而不信任自己的感受力和洞察力，往往是不誠實的。」（註八）可謂灼見。

在各種文學批評法皆無絕對的優劣的情形下，除了應以提昇批評者的能力爲要，而不過份重視方法之餘，若能同時提昇讀者大衆的閱讀能力，品鑑修養，使在閱讀古人之評時，不生誤解，而對現今批評家的批評能再批評，那麼，也許今人所謂的中國文學批評法中的印象式批評，將會再度興起，而爲大衆所能知能批的新方式。而提昇讀者能力一途，想來也不必然是痴人說夢般的不可能吧？

【附　註】

註一　文訊月刊十七期專題企劃此兩種座談，此處借用其名稱，姑且不論此名稱意義是否得當。

註二　收於中國詩學縱橫論一書中。拙文凡引用黃君原文處，皆以「　」號表明。

註三　幼獅文藝二八〇期，思兼先生之「文學批評的層次」一文，頁一九六、頁一九七曾講：「只不過古人沒有把客觀分析的過程寫出來能了。沒有寫出來，並不是沒有，更非不能，而是不爲。」詳見原文。

註四　黃君原文第一八頁引用顏元叔先生「印象主義復辟」一文中之小故事。

註五　幼獅文藝二八〇期思兼先生文頁一九五，引用顏元叔先生「印象主義的復辟」中謂：「印象主義是胎死腹中的文學批評。」

註六　黃君原文頁二四。

註七　葉維廉先生「主觀與批評理論—兼談中國詩話」一文，分析顏元叔先生「印象主義的復辟」文中之五項論點，請詳見原文第五八頁。

註八　幼獅文藝二八〇期頁一九四，引用夏志清先生談中國古典文學研究之新趨向所言。

註九　追念錢鍾書先生—兼談中國古典文學研究之新趨向、印象主義的復辟、勸學篇—專覆顏元叔教授、親愛的夏教授、披文入情、從印象式批評到語意思考、平心論印象批評等大作，因舊報難尋，未能拜讀，至爲遺憾。

註一〇　追念錢鍾書一文，後載於夏志清先生「人的文學」一書，純文學出版社。印象主義的復辟一文，後載於顏元叔先生「鳥呼風」一書，言心出版社。

論漢末魏晉人物品鑒中的形象批評

廖棟樑

東漢以降，人物品鑒漸成新尚，不僅位當機衡者，一般清流雅士皆喜好此道，形諸口舌，著乎篇章，蔚然成風。范曄嘗敍及盛況曰：

自是正直廢放，邪枉熾結，海內希風之流，遂共相標榜，指天下名士，為之稱號。上曰「三君」，次曰「八俊」，次曰「八顧」，次曰「八及」，次曰「八厨」；猶古之「八元」、「八凱」也(註一)。

而「汝南月旦評」更是有名：

初，(許)劭與靖俱有高名，好共覈論鄉黨人物，每月輒更其品題，故汝南俗有「月旦評」焉(註二)。

此等品評自有其現實因緣。不過，黨錮之禍後，品鑒風潮漸而推向藝術欣賞的層面，注重賞析人物的風神尤在於臧否褒貶之上(註三)。目的不同，品評方式自然有別於前，而使用極多且最爲突出者，莫過於運用形象語來狀寫品評的印象，拙文稱之爲「形象批評」（註四）。循此而顯示人物品鑒本身的藝術性與獨特的創意。

形象批評遠源於詩經的比興，用於論人，倍覺含蓄而簡練。其實孔子論人，稱子貢爲瑚璉，謂仲弓犂牛之子騂且角，已早開此路。但是孤例特見，未成風尚。至漢末人倫鑒識，才盛行於士人之間。而後移用於文學，更成爲中國傳統文學批評的一大特色。職是，吾人舉史書及世說新語（註五）爲例，分析漢末魏晉人物品鑒中的形象批評，以略窺當時人物品鑒的風貌。

一

漢世人物品鑒出於政治目的。政治人物品鑒的三項標準是道德、智識與個性。道德以保障政風良好，智識以鑒別處事能力，個性則衡量適任何職。此三者的品鑒必須根據行爲以推知。但是行爲衆多而複雜，勢不能單舉某一行爲而判斷其道德與才性，於是必須將行爲歸類以執簡御繁。歸類則以名言稱之，這些名言俱屬規範的，因此人物名鑒的語言是規範語言。例如光武帝時嘗引丞相故事詔令天下審愼辟召：

方今選擧，賢佞朱紫錯用。丞相故事，四科取士：一曰德行高妙，志節清白；二曰學通行修，經中博士；三曰明達法令，足以決疑，能案章覆問，文中御史；四曰剛毅多略，處事不惑；明足以決，才任三輔令；皆有孝悌廉公之行。自今以後，審四科辟召（註六）。

「德行高妙」、「學通行修」、「明達法令」、「剛毅多略」、「孝悌廉公之行」等名目，均屬規範語言。規範語言雖有執簡御繁之便，但是規範過程，一經化約，則人的個別性漸次消失。而人物品鑒的對象是個人，以規範語言品鑒個人，將使個人的特徵變得模糊。如此則違悖品鑒知人的初衷。故知人物品鑒蔚成風氣之後，將其中種種現象滙爲簡易學理（如人物志（註七））是知識發展的必然趨勢，但是發展的結果却阻礙這套簡易學理的應用。既然規範語言不足以盡符人物品鑒的初衷，不得不藉重描述語言，以勾勒個人的特徵。描述語言則有兩類：一是抽象語詞如神姿高徹、風姿特秀等。此類抽象語詞的組成，通常是由一個抽象概念的名詞與抽象概念的形容詞搭配而成。其名詞一類大多指人物所具含的某種質素，而形容詞一類則大多指這些不同質素而形成的不同風格（註八）。然而，抽象的概念本難把握，形象可使之具體，「道不可見，人求道而恍若有見者，皆其象也」。因此，除抽象語詞外，另得展現一種批評語言——托物連類以形之。

再則，漢末以來，品評的境宇大爲開拓，能自各種角度欣賞不同的人物之美，而絕不同於兩漢但知一本「經明行修」四字取人。錢穆分析當時情形說：

當時人喜把外面一切人事全擺開，專從其人所表現在其本身者作品目，因之事功德業有非所重，而其人之儀容擧止，言辭音吐，反多為人注意。當時人觀念，似乎認為一人之德性，可在其人之日常生活與其聲音儀容中表出，而一切外面之遭遇與作為，則可存而不論。此種德性之表出，而成為一固定之格調，時人謂是其人之標致，亦稱風標，或風格，或標度（註九）。

這種由德業而及於容止的觀念，似乎認爲美的事物乃是道德的善之事物的一項象徵。在美的表現中，展顯出理想的人生境界。因此，每一個人的存在，莫不是生命的創造品，有其種種生動活潑的樣態，儀容舉止，言辭音吐，便爲其表徵。劉劭云：「著乎形容，見乎聲色，發乎情味，各如其象。」（人物志九徵篇）是也。如此一來，品題的焦點，便集中於儀容舉止、言辭音吐所形塑的「風格」(style)上。對於風格的批評，規範語言自然顯得不足與局限。所以，唐君毅以爲：

個別之人性與其本身之價值，就其個別言，乃不可加以定義界說者，亦不能只視為一品類或一種類中之一份子；而至多只可自各方面加以描寫、形容、嗟嘆、讚美者。此即魏晉人言個別之人性者，恆趨於用文學之語言，以言某一特定個人之風度與性情，而罕用表抽象之觀念之語言之故也（註一〇）。

所謂「文學的語言」，即是以形象譬況風格的語言。通過形象的喻示，俾能得其髣髴，而品評亦成爲一美事。例如：

郭林宗少游汝南，先過袁閎，不宿而退；進往從憲，累日方還。或以問林宗，林宗曰：「奉高之器，譬諸氿濫，雖清而易挹。叔度汪汪，若千頃陂，澄之不清，清之不濁，不可量也。」（後漢書卷五三）

瑜卒，統送喪至吳，及當西還，並會昌門，陸績、顧劭，全琮皆往。統曰：「陸子可謂駑馬有遠足之力，顧子可謂駑牛能負重致遠也。」（三國志蜀志卷七）

或有人倫鑒識，嘗目山濤如「璞玉渾金」，人皆欽其寶，莫知名其器；王衍神姿高徹，如「瑤杯瓊樹」，自是風塵表物。(晉書卷四三)

武帝……因曰：「吾未見宣，謂廣言虛耳。今見其進止風儀，真所謂如珪如璋。」(晉書卷一〇一)

而「世說新語」中記載魏晉士人運用形象批評者，不勝枚舉：

季方曰：「吾家君譬如桂樹生泰山之阿，上有萬仞之高，下有不測之深；上為甘露所霑，下為淵泉所潤；當斯之時，桂樹焉知泰山之高，淵泉之深，不知有功德與無也！」(德行篇)

張華見褚陶，語陸平原曰：「君兄弟龍躍雲津，顧彥先鳳鳴朝陽，謂東南之寶已盡，不意後見褚生。」(賞譽篇)

裴令公有儁容儀，脫冠冕；麤服，亂頭皆好，時人以為「玉人」。見者曰：「見裴叔則如玉人山上行，光映照人。」(容止篇)

名士的風神，只能以形象加以描寫、形容、嗟嘆、讚美。此正是觀人之學中，最相應的表達方式。

運用形象批評既然是當時普遍的語言現象，那麼，與人物品鑒及玄理清談所開出的「言意之辨」當有關係。不管是「言不盡意」、「言盡意」，抑且「忘言忘象」說，基本上都正視「言」與「意」的關涉，則魏晉時代對於語言表意的運作方式必然有其普遍的深度自覺(註一一)。這些文獻中，王弼的「周易略例明象篇」最值得注意，因為他的立象說與形象批評有密切關係，提供其在語言哲學的根據。明象篇云：

夫象者，出意者也。言者，明象者也。盡意莫若象，盡象莫若言。言生於象，故可尋言以觀象；象生於意，故可尋象以觀意。意以象盡，象以言著。故言者所以明象，得象而忘言；象者所以存意，得意而忘象。猶蹄者所以在兔，得兔而忘蹄；筌者所以在魚，得魚而忘筌也。然則言者象之蹄也，象者意之筌也。是故存言者，非得象者也，存象者，非得意者也。象生於意而存象焉，則所存者，乃非其象也。言生於象而存言焉，則所存者，乃非其言也。然則忘象者，乃得意者也。忘言者，乃得象者也。得意在忘象，得象在忘言。故立象以盡意，而象可忘也。重畫以盡情，而畫可忘也。是故觸類可為其象，合義可為其徵。

顯然地，王弼這段文字是酌取易繫辭及莊子的要義，在「言」與「意」之間，巧妙地安排了「象」，而言象爲工具，用於得意。誠如釋家慧皎所謂「借微言以津道，託形象以傳眞」（註一二）。論起意、象、言三者的關係，可由二方面觀之：首先是「意——象」、「象——言」間有著類比關係，而象乃直接二者的相似；其次，就其傳達過程言，是「意→象→言」互相乎應，次第生起。形象批評的運用，正是如斯。又王弼「以言著象」的方法「觸類」「爲象」、「合義」「爲徵」，實際同於詩之比興（註一三），亦就是一種譬喻的「間接法」(Oblique)。說理陳義，焉能不取譬於近，假象於實呢？因此，王弼「立象以盡意」的觀念，當促使士子對「象」作爲表意的工具，加以注意與反省，則有助於形象批評的產生與瞭解。

學形象譬況人物的品評方式，蔚爲風尙的因緣，除了前端所述外，另有若干輔成因素：

形象易於顯出美感，則漢魏人對形象之美應該已經有相當深刻的領略。如果缺乏領略，就不易以形象品鑒人物。漢代文學以形象爲材料者首推辭賦，所謂「寫物圖貌，蔚以雕畫」是也。辭賦所述自然景物浩大磅礴，集體羅列，而人物品鑒的對象却是個人，換句話說：辭賦從廣大視野觀景物，這樣的心理傾吐是淵略，而非細膩，仍無法轉用而譬喻個人。東漢晚期士人個體自覺漸興，個體自覺，則士人心理傾向自我、自由，觀物漸從廣大而細緻，景物也不再僅是託物諷喻的陪襯作用，於是能就一物以自由心靈觀賞其美姿。「世說新語．言語篇」記載幾則關於自然之美的論述：

王武子、孫子荊各言其土地人物之美。王云：「其地坦而平，其水淡而清，其人廉且貞。」孫云：「其山嶵巍以嵯峨，其水泙渫而揚波，其人磊砢而英多。」

簡文入華林園，顧謂左右曰：「會心處，不必在遠。翳然林水，便自有濠、濮閒想也。覺鳥獸禽魚，自來親人。」

顧長康從會稽還，人問山川之美，顧云：「千巖競秀，萬壑爭流，草木蒙籠其上，若雲興霞蔚。」

王子敬云：「從山陰道上行，山川自相映發，使人應接不暇。若秋冬之際，尤難為懷。」

在前此的著作中，似乎很少能看到這樣論述自然美的言論，這正標示魏晉時代的人對自然美認識上的提高。「山沓水匝，樹雜雲合，目既往還，心亦吐納。春日遲遲，秋風颯颯。情往似贈，興來如答。」

（文心雕龍物色篇）自然生命與人的情性互相交感，所以，一旦品鑒人物也很自然的取物爲喻了。

再則，辭賦的寫作技巧，亦有助於品鑒。劉彥和分析辭賦「寫物圖貌」的方法說：

故比體雲構，紛紜雜遝……夫比之為義，取類不常，或喻於聲，或方於貌，或擬於心，或譬於事。……圖狀山川，影寫雲物，莫不織綜比義，以敷其華（比興）。

這些喻聲、方貌、擬心、譬事的技巧，施用於人物品鑒上，則不僅使品評文字優美，且更毋庸辭費。故知以形象品鑒人物不能不取賦爲規範。

二

形象批評的應用是本於類比的關係，亦卽是尋求人物風神與形象特徵間的相似。二物相似，故以此喻彼。經由類比才使本是不相干之物得於契合。不過，彼此相似，祇在一端，非爲全體，但以相似的成分愈多者爲愈恰當。那麼，選材、譬喻及遣辭三者，便是品評者著力之處，品評的高明與否，亦由此觀之。

形象批評既然是以形象體示概念，則注意作爲傳達媒介的形象實是首務之急（註一四）。就選材而言，不僅要注意形象的類別，更須瞭解它們的質性。而且其質性應該被人認識，才能將讀者（聽者）導引至品評者顯示其意念的方向。一個不爲人知的形象，自然無法喚起想像與共鳴。「比類雖繁，以切至爲貴。若刻鵠類鶩，則無所取焉」（文心雕龍比興篇）是也。所以，類比雖然相當自由，這個自由却有其知識範圍和注意力的限制。當時使用形象的情形，謹臚舉數例，略加分類，以見梗概（註一五）：

甲、以動物爲形象者，如：

許劭……兄虔亦知名，汝南人稱平輿淵有二龍馬。」（後漢書卷六八）

賈彪……兄弟三人……故天下稱曰：「賈氏三虎！。」（後漢書卷六七）

（龐）統曰：「陸子可謂駑馬有逸足之力，顧子可謂駑牛能負重致遠也。」（三國志蜀志卷七）

公孫度目邴原：「所謂雲中白鶴，非燕雀之網所能羅也。」（世說新語賞譽篇）

有人語王戎曰：「稽延祖卓卓如野鶴之在鷄羣。」（世說新語容止篇）

乙、以植物爲形象者，如：

庾子嵩目和嶠：「森林如千丈松，雖磊砢有節目，施之大廈，有棟樑之用。」（世說新語賞譽篇）

王戎云：「太尉神姿高徹，如瑤林瓊樹，自然是風塵外物！」（世說新語賞譽篇）

桓玄問劉太常曰：「我如何謝太傅？」劉答曰：「公高，太傅深。」又曰：「何如賢舅子敬？」

答曰：「樝、梨、橘、柚各有其美。」（世說新語品藻篇）

丙、以器用爲形象者，如：

陳仲擧嘗嘆曰：「若周子居者，真治國之器。譬諸寶劍，則世之干將。」（世說新語賞譽篇）

裴令公目夏侯太初：「肅肅如入廊廟中，不修敬而人自敬。」一曰：「如入宗廟，琅琅但見禮

樂器。見鍾士季，如觀武庫，但覩矛戟。……」（仝上）

卞令目叔向：「朗朗如百間屋。」（仝上）

祖士少見衞君長云：「此人有旄仗下形。」（世說新語容止篇）

丁、以礦物爲形象者，如：

或問許子將，靖與爽孰賢？子將曰：「二人皆玉也……」（三國志卷一〇注引皇甫謐逸士傳）

王戎目山巨源：「如璞玉渾金，人皆欽其實，莫知名其器。」（世說新語賞譽篇）

驃騎王武子……見玠，輒嘆曰：「珠玉在側，覺我形穢。」（世說新語容止篇）

有人詣王太尉、遇安豐、大將軍、丞相在坐；往別屋見季胤、平子。還，語人曰：「今日之行，觸目見琳琅珠玉。」（仝上）

戊、以自然現象爲形象者，如：

王公目太尉：「巖巖清峙，壁立千仞。」（世說新語賞譽篇）

世目周侯：「嶷如斷山。」（仝上）

時人目「夏侯太初朗朗如日月之入懷，李安國頹唐如玉山之將崩。」（世說新語容止篇）

嵇康身長七尺八寸，風姿特秀。見者歎曰：「蕭蕭肅肅，爽朗清擧。」或云：「肅肅如松下風，高而徐引。」山公曰：「嵇叔夜之為人也，巖巖若孤松之獨立；其醉也，傀俄若玉山之將崩。」（仝上）

己、人物爲形象者，如：

文立……師事譙周，門人以立為顏回，陳壽、李虔為游、夏，羅憲為子貢（晉書卷九一）

庾元規語周伯仁：「諸人皆以君方樂。」周曰：「何樂？謂樂毅邪？」庾曰：「不爾，樂令耳。」周曰：「何乃刻劃無鹽，以唐突西子也。」（世說新語輕詆篇）

正始中，人士比論，以五荀方五陳：荀淑方陳寔，荀靖方陳諶，荀爽方陳紀，荀彧方陳羣，荀顗方陳泰。又以八裴方八王：裴徽方王祥，裴楷王夷甫，裴康方王綏，裴綽方王澄，裴瓚方王敦，裴遐方王導，裴頠方王戎，裴邈方王玄（世說新語品藻篇）

公神明爽儁，德音宣朗，罷朝，景王私曰：「上如何主也？」鍾會對曰：「才同陳思，武類太祖。」（三國志卷四注引魏氏春秋）

尚書梅陶與親人曹識書曰：「陶公機神明鑒似魏武，忠順勤勞似孔明。」（晉書卷六六）

庚、各類形象混用者，如：

林宗曰：「奉高之器，譬諸氿濫，雖清而易挹。叔度汪汪若千頃陂，澄澄不清，淆之不濁，不可量也。」（後漢書卷五三）

有問秀才，吳舊姓何如？答曰：「吳府君，聖王之老成，明時之儁乂；朱永長，理物之至德，清選之高望；嚴仲弼，九皐之鳴鶴，空谷之白駒；顧彥先，八音之琴瑟，五色之龍章；張威伯，歲寒之茂松，幽夜之逸光；陸士衡、士龍，鴻鵠之裴回，懸鼓之待槌。」（世說新語容止篇）

從這些形象的使用，有幾點現象值得我們指陳：

首先是品評者運用的形象範疇遍及各個方面，其中包括動物、植物、器用、自然現象、礦物與人物等自然或人文的部分，正如章學誠所稱「有天地自然之象，有人心營構之象。」(註一六) 顯示出他們觸鬚的敏銳與想像的豐富，而這正說明此一時代的士人對形象之美已經有相當深刻的領略。羅曼、殷格頓 (Roman Ingarden) 分析形象說：

這個「對象」可能是某一具有特別吸引人性質的東西……在我們身上喚起一種感情上多彩多姿的經驗及某種驚奇的氣氛。……對它的注意，可能會變成是對它的特殊性的「品味」；透過它的存在顯現，它也可能滿足觀賞者或聆賞者想與之產生共鳴的願望。如果此一特質能達成這種效果，它便創出某一種原始而簡單的美感對象。產生美感經驗的聆賞着一接觸到這種特質，便會造成某種驚奇、興趣、愉悦，後來甚至是與那種特質產生瞬卽共鳴的快樂 (註一七)。

一幅幅由形象構成的圖畫，喚起了共鳴的欣喜，也避免了直接敍述的偏枯。

其次、舉人物爲形象者，自是「標榜」與「題目」流風所孳衍的。而這些人物 (不管是古人或今人) 當是士人所熟悉。將既知的人物作爲品鑒的媒體，自然容易具體而有共通認識，品評也就不言而喻了。

第三、山水原是風流瀟洒之事 (註一八)，則此類的品評，實已不止但用一物爲喻，而勿寧更近於一種情景，如詩如畫的意境。誠如福洛沁 (J. D. Frodsham) 所云：

水光山色，既足以啓發作着的沈思與妙悟，同時也是表達思悟的喻象泉源（註一九）。山光水色原就是一片心靈境界，拿自然之美來形容人物的美，自是最貼切不過了。而他們讚賞人格美的詞語像「濯濯春月柳」、「軒軒如朝霞擧」，都是一片明朗光亮的形象，則可見當時人的美底理想。（註二〇）

第四、在這些形象上面，往往再綴著疊字狀詞，以擬聲形容。如：

「卓卓」如野鶴之在鷄羣
「森森」如千丈松
「朗朗」如日月之入懷
「肅肅」如松下風
「巖巖」若孤松之獨立
「汪汪」若千頃陂。

如此句式，不惟點活了形象，並且以聲音爲媒介，訴諸聽者的感受。這般充滿詩情的美語，品鑒至此，眞可謂「詩質的品評」（Poetic judgement）了。

第五、品鑒的形式是採用並稱或比較的範疇論法。並稱顯其同類，比較見其優劣。這種形象並置的技巧，宛若電影中的「蒙太奇」（montage），不須多語已可達到品鑒的目的。因此，遣辭皆極簡潔鮮明，絕不辭費。卽使不用並稱比較的形式，亦只用精緻的一二語表出。雖然隻言片語，却有採驪得珠之效。

至於，如何使「喻根」（Vehicle）「喻旨」（Tenor）相聯屬，取其相似之處，便得依賴譬喻。劉勰說得好：「詩人比興，觸物圓覽。物雖胡越，合則肝膽。」（比興篇）引譬連類，往往是述說某事某物最有力的工具，一旦涉及解釋或評價，就更非用它不可了（註二一）。譬喻的手法，通常有直喻與隱喻兩大類。漢末魏晉人物品鑒中的形象批評，泰半採用直喻，那就是把甲乙併列而從中加個「如」、「若」、「譬」、「似」、「方」、「類」、「同」等喻辭，表示「甲如乙」。這種直喻法，除了有醒目，鮮明的特色外，更兼具形容之用。例如：「太尉神姿高徹，如瑤林瓊樹。」、「見鍾士季，如觀武庫，但覩矛戟。」、「山巨源如璞玉渾金。」……等，均是如斯。至於略去「如」「似」之標記，譬如：「嚴仲弼，九皐之鳴鶴，空谷之白駒；顧彥先，八音之琴瑟，五色之龍章。」……等，則為隱喻（註二二）。不管是直喻或隱喻，都是一種濃縮表現。由此可知，形象批評的特點是在顯現（show），而不在直說（say），所以，品評含蓄而有韻致，言者既能顯示高格，聞者亦易生成美感，且此評騭之句，亦自成一境界。不過，譬況之辭，未如顯言之明切，有時不免有「曖昧」(ambiguity）之病，煙茫之感。

最後，特別要辨明是人物品鑒的用喻，與文學的譬喻，有其本質上的差異。錢鍾書分析說：

……求道之能喻而理之能明，初不拘泥於某象，變其象也可；及道之既喻而理之既明，亦不戀著於象，捨象也可。到岸捨筏，見月忽指，獲魚兔而棄筌蹄，胥得意忘言之謂也。詞章之擬象比喻則異乎是。詩也者，有象之言，依象以立言；捨象忘言，是無詩矣，變象易言，是別為一詩甚且非詩矣。故《易》之擬象不即，指示意義之符（sign）也；《詩》之比喻不離，體示意義之迹（icon）也。不即者可以取代，不離者勿容更張。……是故《易》之象，義理寄宿之蘧廬也，樂餌以止過客之旅京也；《詩》之喻，文情歸宿之菟裘也，哭斯歌斯，聚骨肉之家室也。

品鑒若粘滯於言象，則反失本意，殆同語言遊戲了。

三

舉形象爲喩，除了盛行於品鑒中。談家的論辯，亦常以形象出之：

荀鳴鶴、陸士龍二人未相識，俱會張茂先坐；張令共語，以其並有大才，可勿作常語。陸舉手曰：「雲間陸士龍。」荀答曰：「日下荀鳴鶴。」陸曰：「既開青龍覩白雉，何不張爾弓、布爾矢？」荀答：「本謂雲龍騤騤，乃是山鹿野麋，獸微弩彊，是以發遲。」張乃撫掌大笑。（世說新語排調篇）

論辯的機智，便在這巧言慧語中流露出來。而描繪談局的攻難景況，也喜以形象擬之：

謝胡兒語庾道季：「諸人莫當就卿談，可堅城壘。」庾曰：「若文度來，我以偏師待之；康伯來，濟河焚舟。」（世說新語言語篇）

其中描繪得最爲淋漓盡致的，是「三國志」中的這段記載：

諸葛原，字景春。……與輅有榮辱之分，因輅餞之，大有高譚之客。諸人多聞其善卜、仰觀，不知有大異之才。於是先與輅共論聖人著作之源，又敍五帝三王受命之符。輅解景春微旨，遂開張戰地，示以不固，藏匿孤虛，以待來攻。景春奔北，軍師摧衂，自言吾覩卿旌旗城池已壞也。其欲戰之士，於此鳴鼓角、擧雲梯，弓弩大起，牙旗雨集，然後登城曜威，開門受敵。上論五帝，如江如漢；下論三王，如翩如翰。其英者，若春華之俱發；其攻着，若秋風之落葉。聽者眩惑，不達其義；言者收聲，莫不心服；雖白起之坑趙卒，項羽之塞濉水，無以尚之。于時客皆欲面縛銜壁，求束手於軍鼓之下，輅猶總干山立，未便許之。至明日離別之際，然後有腹心始終，一時海內俊士，八九人矣！（註二四）

可見這種利用形象以譬喻人物風神之美或言談之美，實是當時普遍的語言現象，很容易延展到其他方面。用於論畫，則如袁昂「古今書評」：

王右軍書如謝家子弟，縱復不端者，爽爽有一種風氣。王子散書如河洛間少年，雖皆充悅而擧體蹉跎，殊不可耐。羊欣書如大家婢爲夫人，雖處其位而擧止羞澀，終不似真。徐淮南書如南岡士大夫，徒好尚風軌，終不免寒乞。阮研書如貴胄失品次，不能復排突英賢。……（註二五）

轉用到文學的鑒賞批評，則如：

潘安仁之為文也，猶翔禽之有羽毛！衣被之有綃縠。（李充「翰林篇」）

孫興公云：「潘文爛若披錦，無處不善；陸文若披沙簡金，往往見寶。」（世說新語文學篇）

其間能廣爲應用者，當數鍾嶸（註二六）：

陳思之于文章也，譬人倫之有周孔、鱗羽之有龍鳳，音樂之有琴笙，女工之有黼黻。（詩品）

（謝靈運）……譬猶青松之拔灌木，白玉之映塵沙，未足貶其高潔也。（同上）

引湯惠休云：「謝詩如芙蓉出水，顏如錯彩鏤金。」（同上）

范詩清便宛轉，如流風迴雪，丘詩點綴映媚，似落花依草。（同上）

此風一開，唐代張說、皇甫湜等人更以專文出現。揚波扇飆，各個朝代各種文評，皆處處可覩，尤其明朱權「太和正音譜」，是爲翹楚。不僅爲論愈密，取於象者亦愈繁。是爲傳統文學批評的一大特色。溯其源流，實始乎人物品鑒。

【附　註】

註　一　范曄「後漢書卷六七：黨錮列傳」。

註　二　同前，卷六八。

註　三　這層轉折，詳見牟宗三「人物志之系統的解析」一文，收入氏著「才性與玄理」（臺北、學生），頁四三—六六。及張蓓蓓「漢晉人物品鑒研究」（臺大博士論文），頁一一九—五二。

註　四　見拙文「六朝詩評中的形象批評」，刋於「文學評論：第八集」（臺北、黎明），頁二一。

註　五　「世說新語」雖成於宋世，但其書所載有關人物品鑒的資料，則斷於漢末至魏晉，故討論此時代人物品鑒之風者，實大可取資於此。陳寅恪「陶淵明之思想與清談之關係」（金明館叢稿初編，陳寅恪先生文集之二、臺北、里仁、一九八一）云：「世說新語記錄魏晉清談之書也。其書上及漢代者，不過追溯原起，以期完備之意。惟其下迄東晉之末劉宋之初迄於謝靈運，固由其書作者只能述至其所生時代之大名而止，然在吾國中古思想史，則殊有重大意義。蓋起自漢末之淸談適至此時代而消滅，是臨川康王不自覺中却於此建立一劃分時代之界石及編完一部淸談之全集也。」（頁一九四）拙文討論的時代，即以此爲斷限。

註　六　范曄「後漢書卷四：孝和孝孫帝記」註，原文見應劭「漢官儀輯本卷上」。

註　七　「人物志」志序人物，或由資質、或依材能，或考言語，或揆心志，或視謙德，成一體系。請參見江建俊「漢末人倫鑒識之總理則」（臺北、文史哲）。

註　八　參考葉嘉瑩「鍾嶸詩品評詩之理論標準及其實踐」，收入氏著「迦陵談詩二集」（臺北、東大），頁一三。

註　九　錢穆「略論魏晉南北朝學術文化與當時門第之關係」，收入氏著「中國學術思想史論叢㈢」（臺北、東大），頁一五七。

註一〇　參見唐君毅「中國哲學原論：原性篇」（臺北、學生）第五章，頁一四二一三。

註一一　見湯錫予「言意之辨」，收入氏著「魏晉玄學論稿」（臺北、廬山）。牟宗三指出：「但在才性名理，則既是品鑒人品、才性，則在原則上，名與實卽不能一一相對應，此卽函說：名言不是指謂的名言，而是品鑒的名言，欣趣的名言，而『實』亦不是外在的形物，一定的對象，而是生命之姿態。……此爲『言意之辨』與起之直接的理由。」見「魏晉名理正名」，收入氏著「才性與玄理」（臺北、學生），頁二四三一四。

註一二　釋家慧皎「義解論」亦云：「借微言以津道，託形象以傳眞。」見「高僧傳」卷八。

註一三　章學誠「文史通義、內篇一」：「易象雖包六藝，與詩之比興，尤爲表裏。……深於比興，卽其深於取象者也。」

註一四　波桑癸（Bernard Bosanquet）指出：「對於這媒介的感情，對於如何運用此媒介方爲適當或較運用其他媒介爲好，以及由適當運用而生的陶醉與興奮，我都視作解決基本美學問題的眞正線索。」（「The Importance of the Mediam」）轉引自陳國球「語與法：胡應麟的詩學實踐論」，刊於「故宮學術季刊」第一卷第二期，頁六二。

註一五 這個分類採自彭毅「屈原作品中隱喩和象徵的探討」，收入「文學評論：第一集」（臺北，書評書目）。

註一六 同註一三。

註一七 摘自 Roman Ingarden（羅曼・殷格頓）「現象學美學：試界定其範圍」，廖炳惠譯，收入「現象學與文學批評」（臺北，東大），頁四二。

註一八 唐志契「繪事微言」云：「山水原是風流瀟洒之事，……不是拘攣用工之物。」見「畫論叢刊」（臺北，鼎文），頁一〇七。又，第三，四，五點論述，參考張蓓蓓文，同註三，頁一八七—二一五。

註一九 J. D. Frodsham，The Origins of Chinese Nature Poetry，鄧仕樑譯，收入「英美學人論中國古典文學」（香港，中文大學），頁一六三。

註二〇 參見宗白華「中國藝術意境之誕生」及「論世說新語和晉人的美」二文，收入氏著「美學的散步」（臺北，洪範）。

註二一 勃魯克斯（Brooks）和華倫（Warren）的「現代修辭學」（Modern Rhetoric）云：「用比喩往往是最精密最活潑的說話方式，而且往往是述說某事物的唯一方式。要說的話，一旦涉及解釋或評價，我們就更非用比喩不可了。誠然，比喩是解釋經驗的必須工具。」黃維樑譯，摘自氏著「清通與多姿」（臺北，時報），頁一四一。

註二二 這些雖歸屬於隱喩，不過，其形式依然是「甲如乙」，僅是略去「如」之標記，是亦可視爲直喩。陳望道「修辭學發凡」稱之爲「略式的直喩」，以別於「詳式的直喩」。

註二三 見錢鍾書「管錐篇」（臺北，蘭馨室）册一，頁一二，一四。

註二四　見「三國志魏書卷二九：方技傳」注引「輅別傳」。

註二五　見「太平御覽」卷七四八。

註二六　參見拙文「論鍾嶸的形象批評」，刊於「古典文學：第八集」（臺北，學生）。

附　註　本文第一部分，曾承王金凌師賜正，謹此申謝。

賀方回詞之風格探析

陳　靜　芬

文學不是一種靜態的孤立，它是一種動態的精神文化現象。（註一）因而，文學作品的風格，除了受作者本身的個性、身世、際遇……等特殊性影響外，由於創作者不自覺的受着傳統的影響，作品必然也多少沾染上了傳統的某些特質。換句話說，由於傳統具有一種「歷史意識」，「這種歷史的意識是對超越時間即永恒的一種意識，也是對時間以及對永恒和時間合而爲一的一種意識：這是一個作家所以具有傳統性的理由，同時也是使一個作家敏銳地意識到自己在時代中的地位，以及本身所以具有現代性的理由。」（註二）因此，任何文學家或藝術家，他的作品不可能孤立而具有完整的意義，他的風格必然是在文學長流的觀照中，才能被突顯出來。是以姚一葦先生兼取傳統的一般性與個人的特殊性，而對風格下了一個很周延的定義曰：「風格乃一個時代的一般性或社會意識與一個藝術家的特殊性或個人意識透過藝術品的形式與品質而形成的那一藝術家的世界。」（註三）

賀方回是北宋詞壇的奇葩，他的詞在形式上不僅能響應柳永革新詞體，致力長調創作的號召，在內容上更同時致力於接武東坡，向上開展的創新精神，在旖旎傷情之外，開擴出一片繽紛遼濶、無所不包的境域。尤其值得注意的是，在風格上他大量的汲取了傳統豐贍的資源，配合個人獨特的才情，企圖揉合各家風格而完成集大成之使命，因而風格極具多樣化，無論正體、變體無不擅長。可惜歷來論者對此均不甚重視。而基於以上對風格形成的認識，筆者擬將他的作品放在一個時空縱橫交錯的脈絡中去觀察，然後歸納出他在整個詞史上風格的因襲與創新，以奠定其在文學史上應有之地位。玆論述如下。

晚唐五代時，詞體初興，詞大抵皆爲歌妓歡宴傳唱而作，內容多傷春怨別之情，風格上則「鏤玉雕瓊，擬化工而迴巧；裁花翦葉，奪春艷以爭鮮。」（歐陽炯，花間集序）極華艷旎旖之至。此時以溫庭筠、韋莊、馮延巳三家詞爲代表。溫詞富麗穠艷，，語工句麗，情思幽渺，喜以客觀唯美的香艷歌詞展現女子深邃的閨中之思，惟缺少眞實的感情，鮮明的個性。其十四首菩薩蠻鏤金錯采，美不勝收，不僅爲其詞風的代表，更是花間的典型。賀方回創作了十二首菩薩蠻，無論在用字、造語、情思、表達情思的方式上，完全承襲溫詞。試隨拈一首與溫詞相較：

賀方回

朱甍碧樹鶯聲曉。殘醺殘夢猶相惱。薄雨隔輕簾。寒侵白紵衫。　錦屏人起早。惟見餘妝好。
眉樣學新蟾。春愁入翠尖。

溫庭筠

牡丹花謝鶯聲歇。綠楊滿院中庭月。相憶夢難成。背窗燈半明。　翠鈿金壓臉。寂寞香閨掩。

人遠淚闌干。燕飛春又殘。

此二詞皆寫女子深閨落寞之情。賀詞利用客觀的聲音、名物、色澤，如鶯聲、朱甍、碧樹、錦屏……等，堆砌出一片濃麗的景致以托出女子的情思，與溫詞一貫以客觀的景物、精美的意象觸發人之感情的表現手法，如出一轍。由此可見，方回詞中被稱爲「施朱傅粉，學步習容，如宮女題紅」（註四）的這類風格華贍精美的詞，實源諸於飛卿無疑。

韋莊詞的風格雖不脫唐五代，但他却能在花間那片淫濫的閨閣園亭、相思別情中注入新鮮的生命與個性，以主觀抒情的態度直抒胸臆，另創一種清簡直致的風格，如：

女冠子

四月十七。正是去年今日。別君時。忍淚佯低面，含羞半斂眉。不知魂已斷、空有夢相隨。除却天邊月，沒人知。

而方回「辨絃聲」後半闋：「三月十三寒食夜。映花月絮風臺樹。明月待歡來，久背面，鞦韆下。」亦能於樸拙無緣飾中，展現款款眞摯之情，於疏淡中蘊無限濃密之意，深得端已淸簡之妙。又如端已之「菩薩蠻」：

勸君今夜須沉醉。樽前莫話明朝事。珍重主人心。酒深情亦深。須愁春漏短。莫訴金杯滿。遇酒且呵呵。人生能幾何。

全詞由主人勸酒到客感主意，到最後的自勸，用詞素樸，但情感却已數折，尤其末二句淺白眞切，在呵呵的苦笑聲中，不僅有着苦中作樂的放任，更有着年來身世際遇的悲愴，於率直中蘊沉鬱，乃韋莊獨豎一格之作。而方回之「醉中眞」：

不信芳春厭老人。老人幾度送餘春。惜春行樂莫辭頻。巧笑艷歌皆我意。惱花顛酒拼君瞋，物情唯有醉中真。

此詞用「不信」、「厭」、「惱」、「顛」……等生動的動詞，寫出一份任歲月如何覷笑，也要在悲苦失意中强欲尋歡作樂的頑强與宕達，末二句與韋詞末二句一樣眞切，而深曲的道出了自己滿腔不遇的憾恨。全詞無論在語言、風格上皆承自端已。賀詞其他如：蕙清風、浪淘沙「漲潮湛芳橋」、獨倚樓、攤破浣溪沙……等，亦無一不得韋莊直率中見沉鬱或清簡直致之妙，可見方回得諸韋莊之深矣。

詞至馮延已，風格又是一變。由於他顛波受挫的政治歷程，又處在混亂的五代，社會上一方面是汚濁晦暗的，一方面却又是沉醉溫柔鄉的頹廢。個人的際遇益以這社會的氣氛，他因而失望的走向浮華的世界，去過飲酒佚樂的頹靡生活，詞由是醞釀出一種穠麗中却淒苦無限的風格，卽王國維所謂的「和淚試嚴妝」（人問詞話）。「嚴妝」是指外表色澤的濃麗，而「和淚」則是指內心深深的悲哀。「和淚試嚴妝」則意謂正中企圖透過濃麗的色澤與外象表現悲傷與愁苦。如其「蝶戀花」：

花前失却游春侶，獨自尋芳。滿目悲凉，縱有笙歌亦斷腸。林間戲蝶燕間燕，各自雙雙。忍更思量，綠樹青苔半夕陽。

而賀方回同樣有着滿腹的悵然與失意，他所處的北宋也正和南唐一樣，笙歌處處，因而他很自然的承襲了馮詞寓悲涼於濃麗的風格而道：

小重山

飄徑梅英雪未融。芳舒消息到、杏梢紅。隔年歡事水西東。凝思久、不語坐思空。　回頭夾城中。綵山簫鼓沸、綺羅叢。鈿輪珠網玉花驄。香陌上、誰與鬭春風。

此詞在一片穠麗之中流盪出無限的落寞與淒然，是方回體會人間情愛無常變化後的感傷。這種淒麗的風格，在東山詞中不可勝數，其內容除此外，或有寫理想與現實困境的，如念離羣、風流子，或有寫歷史流程之慨的，如臺城柳、凌歊……等。若以方回詞語稱之，卽所謂「彩筆新題斷腸句」（青玉案）是也。

詞至李煜，以白描之筆寫出人人皆懂却又精鍊無比的語言，他的詞風完全超越了溫韋，而創造出一種自然奔放却又富沉鬱頓挫的詞，如「相見歡」：

林花謝了春紅。太匆匆。無奈朝來寒雨晚來風。　胭脂淚。留人醉。幾時重。自是人生長恨水長東。

這種超逸羣倫的風格，在詞史上僅此一人，而東山詞中亦無跡可尋。

詞發展至北宋，士大夫正式介入其間，初期有歐陽修、晏殊、晏幾道……等，他們創作的動機乃在「病世之歌詞，不足以析酲解慍，試續南部諸賢緒餘，作五七字語，期以自娛。」（小山詞自序）純然是爲了賞心悅耳、自娛娛人，並沒有文學的使命感，企圖爲詞的風格開創新機，因而在詞風上仍延續花間、南唐，無大開創，彼此作品往往混淆難分。但由於這些創作者均為文人，他們以精微的感受力，將詩歌的婉約細緻注入詞中，尋求文字詞義的多種可能，發揮文字最大的效用，而建立宋詞傷感與知感性的特質（註五）。或將擬人化語言大量使用，造成物我相生相盪，情感生動具現，是他們在語言上很成功的一種嘗試。如：

此情拚作，千尺遊絲，惹住朝雲。（晏殊，訴衷情）

離愁漸遠漸無窮，迢迢不斷如春水。（歐陽修，踏莎行）

或引用、點化詩句入詞，如：

倡條冶葉恣流連。（歐陽修，玉樓春）

係用李義山「燕臺」詩：「冶葉倡條徧相識。」

涼波不動簟紋平，水精雙枕，傍有墮釵橫。（歐陽修，臨江仙）

係用李義山「偶題」詩：「水文簟上琥珀枕，旁有墮釵雙翠翹。」

這些作法，都在有意無意之間將詩歌的婉約融鑄於詞，而使宋詞更形清雅婉麗。尤其至晏小山，以「嬉弄於樂府之餘，而寓以詩人之句法」（豫章先生文集卷十六，序小山詞）的原則作詞，總結南唐、花間遺風，致力於小令風格的提升，如其「阮郎歸」：

天邊金掌露成霜。雲隨雁字長。綠杯紅袖趁重陽。人情似故鄉。　蘭佩紫，菊簪黃。殷勤理舊狂。欲將沉醉換悲涼。清歌莫斷腸。

此詞爲羈旅中回顧仕途悒悒不得志的感慨。上片由異鄉的佳節輕點鄉愁。下片由簪黃菊、佩紫蘭的狂態，暗喻自己高潔而却不爲賞識的悲哀，滿懷的淒涼唯有以飲酒來尋求解脫，「清歌莫斷腸」一句含蘊不盡，極悲哀之至。全詞表達幽深之思，鋮鏤縝密而毫不露痕迹。宜乎況周頤所謂「沉着重厚」（蕙風詞話卷二）矣。

賀方回，不僅承繼晏殊、歐陽修在語言運用上的特色而發揮得淋漓盡致（詳第三章第一節），更接續小山，而以詩人之句法運入詞中，而有沉鬱悲涼的風格，如：

芳心苦

楊柳回塘，鴛鴦別浦。綠萍漲斷蓮舟路。斷無蜂蝶慕幽香，紅衣脫盡芳心苦。　返照迎潮，行雲常雨。依依似與騷人語。當年不肯嫁東風，無端却被秋風誤。

這首詞亦寫鬱悶不遇之情，與小山「阮郎歸」一詞比較，小山亦有所不逮也。蓋此詞寓情於荷，詞意更爲曲折婉轉，在字句的鍛鍊、擬人化語言的使用、詩句的融鑄等處，都渾化安排得非常妥貼，極富沉鬱頓挫之妙，白雨齋詞話謂：「江南賀老，寄與無端，變化莫測。」（註六）即指這類作品而言。

方回有時亦能超乎花間而以蕭疏之境寫幽婉之思，創出一種清婉的風格，如其浣溪沙數首：

清淺陂塘藕葉乾。細風疏雨鷺鷥寒。半垂簾幕倚闌干。　惆悵寬香人不見，幾回憔悴後庭蘭。行雲可是渡江難。

鸚鵡無言理翠襟。杏花零落畫陰陰。畫橋流水半篙深。　芳徑與誰尋鬭草，繡牀終日罷拈針。

小牋香管寫春心。

這些詞均在清淡而毫無雕琢的自然雅麗之中，蘊藉出一份深婉風調。另外，由於其性情豪邁而富俠氣，故同是作花間旖旎之語，而他自有一種華艷中的清剛之氣，如「暈眉山」：

鏡暈眉山，囊熏水麝。凝然風度長閒暇。歸來定解鷫鸘裘，換時應倍驊騮價。　殢酒傷春，添香惜夜。依稀待月西廂下。梨花庭院雪玲瓏，微吟獨倚鞦韆架。

此詞寫女子閨中之思，一反花間的柔靡之風，而注入作者個性的特質於其中，如「歸來定解鷫鸘裘，換時應倍驊騮價」二句寫相思的期待而竟以俠氣出之，清剛之氣因此流盪全詞。

以上這兩種獨特的風格，揆諸北宋，只此一人，故知方回小令不僅能繼承傳統花間一脈穠麗之風，亦能別創清婉一格，甚至注入個性中的豪氣，表現出一種獨有的風格，實不愧爲北宋小令的後勁。（註七）

詞發展至柳永，他不僅擴大了詞的領域，而且開展出另一種形式—慢詞，方回詞風受其影響至鉅，茲分兩方面闡述如下：一爲柳永以善於鋪敍之筆，幽倩清渾之詞，寫羈旅行役之感，風格清和朗暢，方回寫羈旅之感，風格皆襲自耆卿。如：

雨霖鈴　柳永

寒蟬淒切。對長亭晚，驟雨初歇。都門帳飲無緒，方留戀處、蘭舟催發。執手相看淚眼，竟無語凝噎。念去去、千里煙波，暮靄沉沉楚天濶。多情自古傷離別。更那堪、冷落清秋節。今宵酒醒何處，楊柳岸、曉風殘月。此去經年，應是良辰好景虛設。便縱有千種風情，更與何人說。

石州引　　賀方回

薄雨收寒，斜照弄晴，春意空濶。長亭柳色纔黃，倚馬何人先折。煙橫水漫，映帶幾點歸鴻，東風銷盡龍沙雪。猶記出門時，恰如今時節。將發。畫樓芳酒，紅淚清歌，便成輕別。回首經年，杳杳音塵都絕。欲知方寸，共有幾許新愁，芭蕉不展丁香結。枉望斷天涯，兩厭厭風月。

此二詞無論在語言、情感、風格上皆極相似，而方回之刻意學柳乃昭然若揭。惟耆卿平鋪直敍，雖自然推展出情思，但終嫌過於率直，意義較欠曲折變化。方回雖無柳之蒼渾，但詞則鋪敍縝密，更形婉轉。卽以結尾數句為例，耆卿雖有不盡之情意，然仍出以直致曰：「此去經年，應是良辰好景虛設。便縱有千種風情，更與何人說。」而方回「欲知方寸，共有幾許新愁，芭蕉不展丁香結。枉望斷天涯，兩厭厭風月」則以詩人之句融入其中，造語新奇而餘意無窮，較諸柳詞更為縝密深婉，近人吳梅曰：「北宋詞家以縝密之思，得遒鍊之致者，惟方回與少游耳。」(註八) 實非過譽。東山詞中其他如宛溪柳、更漏子「芳草斜薰」風格均似此。

二為耆卿一反香草美人的花間深婉傳統，而以一種不具倫理道德意識、不具知性回思的寫實態度，大膽的寫下男女情愛，創出側艷綺靡的風格。方回有一小部分的詞可明顯看出是受耆卿此影響者。如：

曲玉管　柳永

隴首雲飛，江邊日晚，煙波滿目憑闌久。一望關河蕭索，千里清秋。忍凝眸。杳杳神京，盈盈仙子，別來錦字終難偶。斷雁無憑，冉冉飛下汀洲。思悠悠。暗想當初，有多少、幽歡佳會，豈知聚散難期，翻成雨恨雲愁。阻追游。每登山臨水，惹起平生心事，一場消黯，永日無言，却下層樓。

斷湘絃　賀方回

淑質柔情，靚妝艷笑，未容桃李爭妍。紅粉牆東，曾記窺宋三年。不問雲朝雨暮，向西樓南館留連。何嘗信，美景良辰，賞心樂事難全。青門解袂，畫橋回首，初沉漢佩，永斷湘絃。漫寫濃愁幽恨。封寄魚箋。擬話當時舊好，問同誰，與醉尊前。除非是，明月清風，向人今夜依然。

此二詞前者由外在淒冷秋景引出，後者由女子溫柔淑靚勾起，皆在追憶過往的一段雲雨歡會，二詞造語、言情，丰神相似，雖自然流暢，但詞格不高，而方回之效耆卿之綺靡可見。惟「曲玉管」在樂章集中仍屬含蓄，柳詞中十之七八則皆如「菊花新」：

欲掩香幃論繾綣。先斂雙蛾愁夜短。催促少年郎，先去睡、鴛衾圖暖。須臾放了殘鍼線。脫羅裳、恣情無限。留取帳前燈，時時待、看伊嬌面。

此類作品，爲下層市民與趣而作，粗鄙淫穢，極閨幃媟褻之至。而方回詞中所能找到的狎媟語也只有如：

背燈偷解素羅裳，粉肌和汗自生香。(浣溪沙)

便翡翠屏開，芙蓉帳掩，與把香羅偷解。(薄倖)

長記合歡東館夜，與解香羅掩繡屏。(醉瓊枝)

其他則皆如：

回首笙歌地，醉更衣處長相記。(惜雙雙)

柳花飛度畫堂陰，只憑雙燕話春心。(浣溪沙)

心事向人猶靦覥，強來窗下尋紅線。(蝶戀花)

有時呢語話如今，侵窗冷雨燈生暈，淚濕羅牋楚調吟。(思越人)

纓挂寶釵初促席，檀膏微注玉杯紅，芳醪何似此情濃。(浣溪沙)

此類詞句，婉約含蓄而毫不淺露。有時甚至還能勾起人純美之感，如「望湘人」：

厭鶯聲到枕，花氣動簾，醉魂愁夢相半。被惜餘薰，帶驚賸眼。幾許傷春春晚。淚竹痕鮮，佩蘭香老，湘天濃暖。記小江，風月佳時，屢約非煙遊伴。須信鸞絃易斷。奈雲和再鼓，曲終人遠。認羅襪無蹤，舊處弄波清淺。青翰棹艤，白蘋洲畔。儘目臨皋飛觀。不解寄、一字相思，幸有歸來雙燕。

此詞緬懷過往繾綣情思。首以鶯聲、花氣的盛麗之藻引出魂夢牽繫的伊人，下寫艷情只輕拈「被惜餘薰」，含蓄婉約。「淚竹痕鮮」一句則用舜之二妃於舜死後，淚洒斑竹的典故（註九），暗指自己於伊人離去後的淒然。末以「記小江、風月佳時，屢約非煙遊伴」二句輕輕道出昔日歡愉之情。下片續寫今日孑然的哀傷，寫舊情却由携手共遊處着墨，用筆輕倩不着痕迹。末句在燕歸中猶存相見的希望，流露款款思憶之情。全詞雖寫艷情却予人淒美眞摯之感，而無輕淫之弊，意致腴濃，展轉不盡，實得騷辯之餘韻。

由以上諸例可看出，賀詞雖有部分受柳詞影響，而有輕俗之語，但大致而言，賀詞仍較柳詞深婉。之所以有這種差別，主要來自於個人面對生命感受態度的不同。有些人慣於以感官去感受，而另有一種人則習以心靈去感受，柳永正屬前者，因而他對於兩情並肩携手、相悅相知的情愛只以感官去感受，是以感受到的只是身體上的雙手、雙肩，故其詞予人以淺俗淫褻之感。方回則屬後者，他以心靈去感受，故感受到的是一種精神上的深合密契，故卽使寫艷情亦深婉綿麗而無纖佻之病。

詞至蘇軾，風格大變，他以個人的氣格、淸性注入詞中而展現出雄放豪縱的風格。如「念奴嬌」：

大江東去，浪淘盡，千古風流人物。故壘西邊，人道是，三國周郎赤壁。亂石崩雲，驚濤拍岸，捲起千堆雪。江山如畫，一時多少豪傑。遙想公瑾當年，小喬初嫁了，雄姿英發。羽扇綸巾，談笑間，強虜灰飛煙滅。故國神遊，多情應笑我，早生華髮。人生如夢，一樽還酹江月。

此詞表達深悟歷史興廢、人生如夢的豪氣，全詞自然放縱，天然超妙，予人「天風海雨逼人」（老學庵筆記）之感，無其氣度襟懷者不能至此。方回爲北宋詞壇上差可接武東坡豪放的一大家。而方回之所以有這種雄放豪縱的詞風，與其說是與東坡交遊、蘇門四學士相善後（註一〇），對東坡揭竿而起，振詞風於纖弱柔婉的一種附和，但方回的個性本具有豪邁處，毋寧說是造成這種風格更重要的一個因素，程俱賀方回詩序所謂「俠氣蓋一座，馳馬走狗，飲酒如長鯨。」正是其性格疏狂豪邁的寫照。故正如田同之西圃詞話所說：「塡詞亦各見其性情，性情豪放者，强作婉約語，畢竟豪氣未除；性情婉約者，强作豪放語，不覺婉態自露。」（註一一）也就是性情才是決定詞風豪婉的關鍵。正因如此，故同樣是處在東坡改革詞風的風潮下，而蘇門四學士中亦僅有晁無咎一人得蘇之風格，而有「摸魚兒」（註一二）一類雄放豪縱之作。其他如秦觀、黃庭堅、張耒，則因性情不相侔，故均未能接續發揚東坡詞風，秦觀甚至讓東坡有「不意別後，公竟學柳七作詞」！（高齋詩話）之歎，可見詞風與性情乃相輔相成，實强求而不可得也。是以筆者認爲方回詞中這類具豪放風格的詞應該說是其自身性格、氣度，配合時代風潮後，自然凝鑄而成的。以下玆舉「薰清風」一闋爲例如下：

何處最悲秋，淒風殘照。臨水復登山，莞然西笑。車馬幾番塵，自句長安道。問誰是，後來年少。飛集兩悠悠，江濱海島。乘雁與雙鳧，强分多少。傳語酒家胡，歲晚從吾好。待做箇，醉鄉遺老。

此詞與前引之蘇詞相較，同爲表達對歷史的感受。方回的「自古長安道，問誰是後來年少」與東坡之

「大江東去，浪淘盡，千古風流人物」正有異曲同工之妙；「傳語酒家胡，歲晚從吾好，待做箇醉鄉遺老」正似「人生如夢，一尊還酹江月」。但賀詞終不及蘇之奔騰肆逸，一瀉千里。賀詞中，其他如水調歌頭、臺城柳、凌歊、六州歌頭、行路難、將進酒（小梅花），豪放處均逼近蘇詞，而意境亦極開濶，惟賀方回由於本身之氣度、際遇均未及蘇，故在豪放之中仍暗含流年飛逝、一事無成的傷感，而無東坡之全然宕達，故其詞終乏超然渾成。然而由於方回亦本其情性入詞，故詞亦極厚而無豪放詞人之多率易之失。況周頤云：「塡詞以厚爲要恉。蘇、辛皆極厚，然不易學，或不能得其萬一，而轉滋流弊，如麤率、叫囂、瀾浪之類。東山詞亦極厚，學之却無流弊，信能得其神似，進而閱蘇、辛堂奧，何難矣！」（註一三）況氏這段話一方面肯定方回豪放詞的成就，一方面將賀、蘇並列，謂賀詞爲學蘇詞之門徑，可謂深諳賀、蘇豪放詞的差異，實極具特識之論。

以上我們將方回詞放在詞發展的脈絡中觀察，明顯的發現，方回詞的風格正是張耒所說：「夫其盛麗如游金張之堂，而妖冶如攬嬙施之祛，幽潔如屈宋，悲壯如蘇李。」（註一四）具有多樣的風格，而這多樣的風格事實上可用婉約、豪放涵蓋之。就婉約的風格而言，他承繼晚唐五代花間、陽春一脈而來，兼取飛卿的富麗穠艷，正中的寓悲淒於穠麗，並繼小山而後努力提升小令的風格，蘊出沉鬱悲涼的詞風，有時亦能超乎花間而有清婉及華艷中的淸剛之氣之風格。此外又能得柳永之淸和朗暢、側艷綺靡，雖無其滄渾，却能去其卑俗而極深婉之至。就豪放的風格而言，他得端已的淸简直致、直率沉鬱，東坡的雄放豪縱，雖不及其超然絕詣，然亦無率易之失。換言之，他一方面因襲深厚的傳統，一方面又能隨自己的情性，取擇衆家之長而去其短，融滙成自己的風格。不僅注重音律、精鍊字句、言情深婉、措辭雅正，「欲兼取衆家之長以建立詞之正體」（註一五），爲南宋格律古典派的先鋒；另外由於情性所近，對於詞之變體的豪放風格也多所創作。方回這種兼具豪放、婉約之風的特色，在宋詞中除東坡外，幾無第二人能若此，因而極爲出衆，而不容輕忽。近人薛礪若只將方回列爲艷冶一派（註一六），實未深識方回者也。

【附註】

註一　丸山學，文學研究法，郭虛中譯，頁一一。

註二　艾略特，艾略特文學評論選集，杜國淸譯，頁五。

註三　姚一葦，藝術的奧秘，頁三〇九。

註四　郭麐，靈芬館詞話卷一，詞話叢編本，頁一五二二。

註五　參 James J.Y. Liu, Major Lyricists of the Northern Sung. 頁一七。

註六　陳廷焯，白雨齋詞話，卷五，詞話叢編本，頁三九一七。

註七　龍沐勛，兩宋詞風轉變論，收入中國文學史論文選集，羅聯添編，頁一四〇八。

註八　吳梅，詞學通論第七章，概論二，頁七七。

註九　博物志卷八云：「堯之二女，舜之二妃，曰湘夫人。舜崩，二妃啼，以涕揮竹，竹盡斑。」

註一〇　方回與東坡之交遊，文獻可考者惟其所著之慶湖遺老集，集中卷二有「登黃樓有懷蘇眉山」、卷六「題彭城南臺寺蘇眉山詩刻後」、拾遺「聞蘇眉山謫守英州作」。與四學士中之張耒、黃庭堅相善，史料可佐者，如黃山谷詩集卷十八「寄賀方回」詩：「少游醉臥古藤下誰，與愁眉唱一盃；解作江南斷腸句，只今唯有賀方回。」，張耒張右史集卷五一「賀方回樂府序」。

註一一　詞話叢編本，頁一四八五—一四八六。

註一二　全詞引錄於下：「買陂塘、旋栽楊柳，依稀淮岸湘浦。東皐雨足新痕漲，沙嘴鷺來鷗聚。堪愛處。最好是、一川夜月光流渚。無人自舞。任翠幕張天，柔茵藉地，酒盡未能去。青綾被，休憶金閨故步。儒冠曾把身誤。弓刀千騎成何事，荒了召平瓜圃。君試覷。滿青鏡、青青鬢影今如許。功名浪語。便作得班超，封侯萬里，歸計恐遲暮。」

註一三　況周頤，歷代詞人考略。

註一四　張耒，張右史集卷五一，賀方回樂府序。

註一五　葉師慶炳，中國文學史，下册，頁四三。

註一六　薛礪若，宋詞通論，見一二六，艷冶派的賀鑄一節。

王靜芝先生七十壽慶論文集 / 王靜芝先生七十壽慶論文集編委會編著. --初版. -- 臺北市：文史哲, 民 77.05
頁： 公分.
ISBN 978-957-547-568-0 (平裝)

1.論文, 講詞

030

王靜芝先生七十壽慶論文集

編著者：王靜芝先生七十壽慶論文集編委會
出版者：文史哲出版社
http://www.lapen.com.tw
登記證字號：行政院新聞局版臺業字五三三七號
發行人：彭正雄
發行所：文史哲出版社
印刷者：文史哲出版社
臺北市羅斯福路一段七十二巷四號
郵政劃撥帳號：一六一八〇一七五
電話 886-2-23511028 · 傳真 886-2-23965656

二冊實價新臺幣一四〇〇元

中華民國七十七年（1988）五月初版

ISBN 978-957-547-568-0 07007

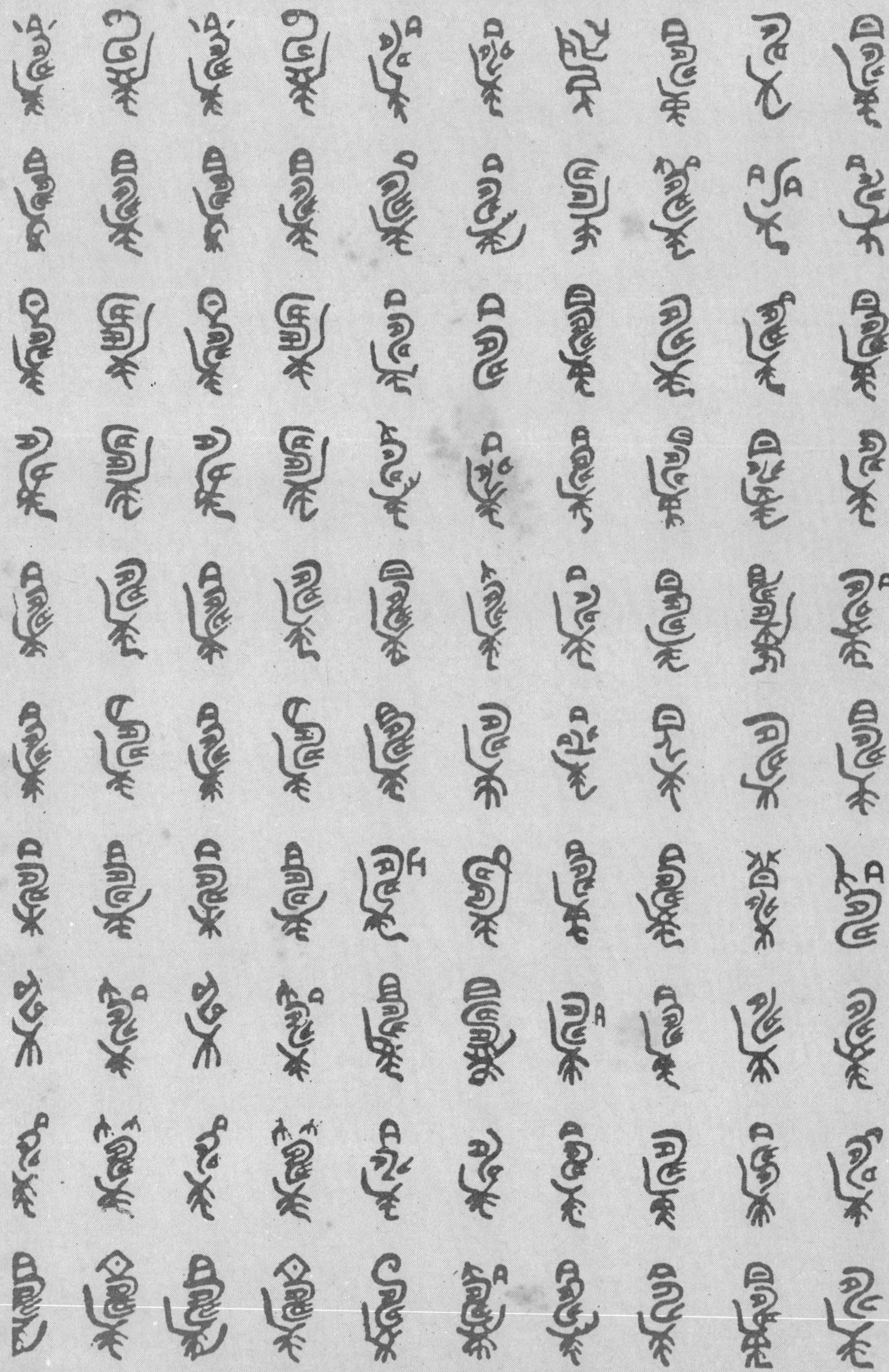